NICOLE ADLER

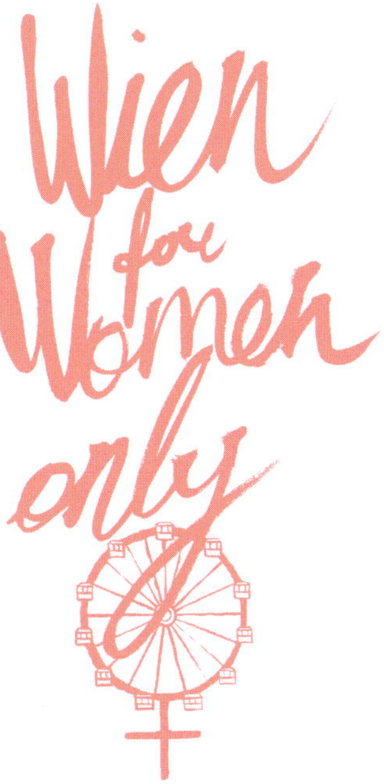

Mit Fotografien von
Anaïs Horn
Anastasia Ekhlakova
u. a.

—

Illustrationen von
Johanna Lakner

—

Beiträge von
Margit J. Mayer, Isabella Khom, Sabrina Möller, Alexandra Palla, Katharina Remeny, Stephanie Rugel und Florentina Welley

—

Grafikdesign
Mitra Farahmand und Bernadette Brandl

Brandstätter

„LASS DICH FALLEN,

pflanze unmögliche Gärten,
lade jemand Gefährlichen zum Tee ein,
mache kleine Gesten,
werde ein Freund von Freiheit und
Unsicherheit, freue dich auf Träume,
weine bei Kinofilmen,
tu Dinge aus Liebe, mach es jetzt,
glaube an Zauberei, lache eine Menge,
nimm Kinder ernst, bade im Mondlicht,
lies jeden Tag,
stell dir vor, du wärst verzaubert,
höre alten Leuten zu, freue dich,
lass die Angst fallen, unterhalte das Kind
in dir, umarme Bäume,
schreibe Liebesbriefe, lebe!“

JOSEPH BEUYS

Aida
CAFÉ-KONDITOREI
PROUSEK & CO

WIEN UND DIE WELT

Als Wienerin neigt man zuweilen dazu, alle anderen Städte besser zu finden als die eigene. Man pflegt ein seltsames Verhältnis und oszilliert zwischen liebevoller Verklärung und einem unerbittlichen Blick auf die Stadt – je nach Wetterlage und Gemütszustand. Tatsächlich aber gedeiht die Stadt ganz prächtig. Davon zeugt ein vitales Wachstum an allen Ecken und Enden. Etwa die junge, boomende Gastronomie. Durch sie erlebt die Wirtshauskultur ein längst fälliges Revival. Design- und Modeschaffende bedienen sich entspannt der Formensprache der Wiener Moderne und übersetzen sie selbstbewusst ins Heute. Eine junge Musikszene zeigt sich versöhnlich mit dem Erbe von Falco und Ambros und huldigt auch unüberhörbar und höchst unterhaltsam dem Wienerlied. Der „Neue Wiener Soul“ ist inzwischen ein popkulturelles Phänomen, das selbst im deutschen Feuilleton als Großereignis gefeiert wird.

Auch wenn letztere Szene es vermuten ließe: Wien ist keine Macho-Stadt. Der Wiener ist weder Draufgänger noch Aufreißer. Schon eher Charmeur, gerne auch lässiger Antiheld, meistens ausgestattet mit einem gut sitzenden Anzug, darüber hinaus mit Manieren oder zumindest Schmäh – im besten Fall beides.

Wien ist eine Stadt der Frauen. Vorbilder gibt es genug. Fanny von Arnstein hat den Wiener Salon erfunden, Emilie Flöge das Korsett verbannt, Rosa Mayreder die Rollen neu verteilt und Valie Export ein modernes Frauenbild provoziert. Aber das ist Geschichte. Uns geht es um jene Frauen, die das Leben heute prägen. Mit Stilsicherheit und wienerischem Laisser-faire führen unsere Protagonistinnen an Orte, an denen sich die Stadt neu erfindet und die Perspektiven wechselt oder einfach nur das Leben feiert.

Nicole Adler

forWOMENonly.at

Irina Gavrich für Roshi Porkar

Mode & Shopping

IN DER INNENSTADT IST EINKAUFEN EIN ABENTEUER FÜRS AUGE UND EIN INTENSIVKURS IN LEBENSART. IN DEN JUNGEN GEGENDEN HERRSCHT FRÖHLICHE VIELFALT. DORT TREFFEN CONCEPT-STORES AUF STREETWEAR UND VINTAGE.

DAS WIENER EINKAUFSGEFÜHL

VON MARGIT J. MAYER

Wer wie ich prägende Jugendjahre in Wien verbracht hat, kann nur lächeln, wenn wieder einmal ein Marketingmensch „Shoppen als atmosphärisches Erlebnis" zum hochaktuellen Konzept erklärt. *Been there, done that* – schon in den Achtzigerjahren.

In der Wiener Innenstadt, also rund um Graben und Kohlmarkt, ist Einkaufen seit jeher ein Abenteuer fürs Auge, ein Intensivkurs in Lebensart, ja eine Form der Seelenpflege. Ob Schokobonbons oder Batistpyjamas, hauchfeines Glas oder butterweiche Handschuhe, Brillen aus Naturhorn oder Abendblazer nach Maß – all das verkaufen Wiener Shopping-Destinationen nur nebenbei. Worum es eigentlich geht, zeigt uns Audrey Hepburn in der berühmten „Was haben Sie für zehn Dollar?"-Szene aus „Frühstück bei Tiffany": das Gefühl, als Kundin einem herrlich zivilisierten Club anzugehören, in dem Geld nur Nebensache und die Welt in Ordnung ist, trotz allem.

Wie im Film beginnt dieses Erlebnis schon mit der Innenarchitektur eines Geschäfts. In der Beziehung ist Wien tatsächlich eine Metropole wie Paris oder London: Innerhalb von zwei Einkaufsstunden lässt sich hier eine Tour durch 150 Jahre Stilgeschichte absolvieren. Bei *Wilhelm Jungmann & Neffe* an der Oper etwa ersteht man Schals und Regenschirme, die selbst blasierteste Instagram-Follower aus Mailand nur bejubeln können, unter einem Deckengemälde von 1881. Umschwirrt von Seidenspinner-Schmetterlingen, hält darauf ein Putto einen Maulbeerbaumzweig, der zweite eine Spindel, und der dritte schultert den fertigen Stoffballen. Trefflicher als jedes Geschichtsbuch erzählt diese Allegorie der Seidenproduktion in palaiswürdigem Neo-Rokoko – der Textilimporteur als Fürst – vom verspielten Größenwahn der Gründerzeit.

Oder wie wäre es mit den regalgesäumten Shop-Schatullen der Moderne, deren nobelste mit dem Herrenausstatter *Knize* am Graben liegt? Sich in Adolf Loos' Geniestreich von 1913 ein Herrenhemd zum Eigengebrauch auszusuchen, heißt, auf den Spuren von Marlene Dietrich zu wandeln, ganz wörtlich. Und sich dabei zu fragen, ob Spannteppich in Moosgrün nicht doch der eleganteste Bodenbelag ist.

In den Nachfolgern dieses holzgetäfelten Schneider-Glamours, den Handschuh- und Dessousgeschäften aus der Nachkriegszeit, trifft

Lobmeyr-Luster von Wimmer-Wisgrill 1931 und Donhauser 1968. Orchidee von Florian Ladstätter 2007

man mit etwas Glück dann einen *human treasure*: die klassische Wiener Verkäuferin. Ihr Alter: unbestimmbar, auch dank einer Beweglichkeit, der das Wort „alert" nicht annähernd gerecht wird. Ihre Erscheinung: auf so exzentrische Art normal, dass sie Gucci, Prada oder Dries Van Noten sofort als Startpunkt für die nächste Kollektion dienen könnte. Identifikation, Intuition und Inspiration, darin brilliert diese Virtuosin der materiellen Lebenshilfe. Und eher würde sie sich in den Finger schneiden, als der Kundin mit einem „Das habe ich mir selbst auch gekauft“ zu nahe zu treten. So ein Fauxpas passiert nur Frischlingen. Wenn man ihr Reich betritt, will man bloß eine Strumpfhose oder zwei Gläser von Josef Hoffmann (hallo, Frau Bryant bei *Lobmeyr*) erwerben. Wenn man wieder geht, hat man zwei Tüten am Arm und die Kreditkarte bis zum Anschlag strapaziert. Aber was soll's – man ist ein Stück klüger, deutlich besser gelaunt und bereit für die Eroberung der Welt mit weiblichen Mitteln. Endlich kennt man seine exakte BH-Größe und weiß, warum eine Dame niemals Seidenslips mit frontaler Mittelnaht trägt. Sonnenklar sind einem die Vorzüge von Kamelhaar, Peccary-Leder, Halbleinen oder echtem Blattgold. Den heimischen Gläserschrank wird man sofort umräumen (alle Kelche nach oben), und die Blumensprühflasche im Koffer wird einem künftig Unsummen von Last-minute-Bügelkosten im Hotel sparen.

Wie vieles in dieser Stadt wurde auch die klassische Wiener Verkäuferin oft totgesagt. Darin gleicht sie dem Panda: von Alarmismus umgeben, dabei putzmunter. Und wie dieser hat sie sich in den letzten Jahren überraschend tüchtig fortgepflanzt. Denn längst sind ihre geistigen Töchter und Enkelinnen in den Concept-Stores und inhabergeführten Spezialläden zugange, die in den Bezirken rund um die Ringstraße nur so aus dem Boden sprießen. Söhne gibt es natürlich auch: Wer sich im Altbau-Atelier des Wiener Modestars *Petar Petrov* in der Praterstraße eine Clutch mit Auböck-Verschluss aussucht, bekommt dazu eine Einführung in Lederkunde sowie eine Adresse für tolles Briefpapier mit auf den Weg. Und der Kaffee schmeckt exzellent.

Ernsthafte Webshop-Konkurrenz erwüchse diesem Wien-Kosmos des humanen Luxus nur durch einen Algorithmus, der a) mit der vollen Autorität der Erfahrung „Das schaut nicht gut aus, ich hole Ihnen/Dir den Pullover in einem weniger blaustichigen Grün“ sagen kann und b) dabei leicht nach Penhaligon's „Artemisia“ oder nach „Nord du Nord“ von *WienerBlut* duftet. Good luck, liebe Entwickler im Silicon Valley.

Wilhelm Jungmann & Neffe – 1., Albertinaplatz 3 / *Knize & Comp.* – 1., Graben 13 / *J. & L. Lobmeyr* – 1., Kärntner Straße 26 / *Petar Petrov* – www.petarpetrov.com / *WienerBlut* – www.wienerblut.at

make today
so awesome
yesterday
gets jealous

Goldenes Quartier

Alexander McQueen

Das Konzept der Wiener Dependance stammt von Chefdesignerin Sarah Burton, die ihre Inspiration dafür in Francis Bacons Papstporträts und den Salons des 18. Jahrhunderts fand. Auf zwei Ebenen können saisonale Kreationen wie auch ikonische McQueen-Klassiker erstanden werden.

1., Tuchlauben 7A, Tel.: 01/535 03 95, www.alexandermcqueen.com, Öffnungszeiten: Mo–Fr 10.00–19.00, Sa 10.00–18.00

Bambini

Flauschteppiche, grau-weiße Tapeten mit floralem Dekor und Kupfergestänge – ein modernes Märchen im Concept-Store Bambini ist die Bühne für die luxuriöse Kindermode von Armani, Young Versace, Missoni bis hin zu Fendi, Gucci oder Dolce & Gabbana.

1., Tuchlaubenhof 7, Tel.: 01/890 69 67, www.bambinifashion.at, Öffnungszeiten: Mo–Fr 10.00–19.00, Sa 10.00–18.00

Bottega Veneta

Die erste Wiener Niederlassung des italienischen Traditionshauses verbindet hohe Handwerkskunst in Form einzigartiger Lederflechttechnik mit zeitgenössischem Design und italienischer Tradition.

1., Tuchlauben 5, Tel.: 01/535 00 24, www.bottegaveneta.com, Öffnungszeiten: Mo–Fr 10.00–19.00, Sa 10.00–18.00

Chanel

Architektonisch ließ sich Peter Marino von Coco Chanels Pariser Apartment in der Rue Cambon 31 inspirieren und setzte auf klare Linien als Kontrast zu der opulenten Fassade. Auf 350 Quadratmetern erschließt sich das Universum des Modehauses – angefangen bei der Prêt-à-porter über Handtaschen, Schuhe und Accessoires.

1., Tuchlauben 1, Tel.: 01/532 24 68-00, www.chanel.com, Öffnungszeiten: Mo–Fr 10.00–18.30, Sa 10.00–18.00

Brunello Cucinelli

Im Flagship-Store des Familienunternehmens findet man nicht nur Feinstes aus Kaschmir für Damen und Herren, sondern auch Kerzen und Home-Accessoires.

1., Bognergasse 4, Tel.: 01/535 02 25, www.brunellocucinelli.com, Öffnungszeiten: Mo–Fr 10.00–19.00, Sa 10.00–18.00

Church's

Bis zu acht Wochen kann die Fertigung eines Paars Schuhe des britischen Luxushauses, das schon James Bond einkleidete, dauern. Der Eingangsbereich der Boutique wurde mit dunkelbraunem Marmorboden und Holzeinrichtung einladend gestaltet.

1., Seitzergasse 1–3, Tel.: 01/535 04 00, www.church-footwear.com, Öffnungszeiten: Mo–Fr 10.00–19.00 Sa 10.00–18.00

Emporio Armani

Der 500 Quadratmeter große Shop ist nicht zu übersehen, da eine riesige Videowall in der Auslage die Fashionshow unmittelbar auf die Straße überträgt. Zu kaufen gibt es Kollektionen von Giorgio Armanis Zweitmarke „Emporio Armani".

1., Tuchlauben 7A, Tel.: 01/532 12 40, www.armani.com, Öffnungszeiten: Mo–Fr 10.00–19.00, Sa 10.00–18.00

Etro

Auf drei Etagen werden hier Mode und Accessoires präsentiert, mittendrin sorgen die Kristall-Kronleuchter von Mark Brazier-Jones für ein höchst edles Ambiente.
1., Tuchlauben 5, Tel.: 01/532 10 86, www.etro.com, Öffnungszeiten: Mo–Fr 10.00–19.00, Sa 10.00–18.00

Kiton

Seit über 40 Jahren steht das neapolitanische Label für exquisite Maßschneiderkunst. Auf zwei Etagen sind alle Modelle und Accessoires der noblen Damen- und Herrenkollektionen erhältlich.
1., Seitzergasse 1–3, Tel.: 01/535 04 48-44, www.kiton.it, Öffnungszeiten: Mo–Fr 10.00–19.00, Sa 10.00–18.00

Louis Vuitton

Stararchitekt Peter Marino schuf ein modernes, luxuriöses Ambiente für die französische Luxusmarke. Das Sortiment des großzügigen Stores umfasst die gesamte Louis-Vuitton-Palette.
1., Tuchlauben 3, Tel.: 01/533 61 51, www.louisvuitton.com, Öffnungszeiten: Mo–Fr 10.00–19.00, Sa 10.00–18.00

Miu Miu

Das Interieur des Geschäfts ist laut Miuccia Prada einer Schatzkammer nachempfunden und besticht durch eine intime, elegante Atmosphäre mit schwarzem Marmor und Damast.
1., Tuchlauben 7, Tel.: 01/532 30 53, www.miumiu.com, Öffnungszeiten: Mo–Fr 10.00–19.00, Sa 10.00–18.00

Mulberry

Der Shop des britischen Luxusbrands wird von hellem Kalkstein dominiert. Die „Del Rey"-Tasche aus schwarzem Alligatorleder wurde exklusiv für den Wiener Store gefertigt.
1., Seitzergasse 2–4, Tel.: 01/532 09 76, www.mulberry.com, Öffnungszeiten: Mo–Fr 10.00–19.00, Sa 10.00–18.00

Prada

Im größten Prada-Shop Europas sind Verner Pantons berühmte Cloverleaf-Sofas ein zusätzliches Designerlebnis.
1., Bognergasse 4, Tel.: 01/513 61 65, www.prada.com, Öffnungszeiten: Mo–Fr 10.00–19.00, Sa 10.00–18.00

Amicis Deuxieme

In einem Eckgeschäft, gegenüber des schicken Japaners Aï, hat sich Amicis einen zweiten Laden gegönnt. Hier fokussiert man sich auf Zweitlinien und kontemporäre Mode, darunter hippe Labels wie Off-White, Yeezy, Alexa Chung und Isabel Marant Étoile.
1., Tuchlaubenhof, Tel: 01/532 24 78, www.amicis.at, Öffnungszeiten: Mo–Fr 10.00–19.00, Sa 10.00–19.00

Saint Laurent

Der Saint-Laurent-Store erstreckt sich auf 300 Quadratmetern und bietet alles, was die

MÜHLBAUER

Herzen der Fans des französischen Luxushauses höherschlagen lässt.
1., Bognergasse 4, Tel.: 01/535 03 50, www.ysl.com, Öffnungszeiten: Mo–Fr 10.00–19.00, Sa 10.00–18.00

Valentino
Stararchitekt David Chipperfield gestaltete den luxuriösen Store, der an einen italienischen Palazzo erinnert – passend zum Glanz und Glamour der Valentino-Kollektionen.
1., Tuchlauben 5, Tel.: 01/535 00 30-100, www.valentino.com, Öffnungszeiten: Mo–Fr 10.00–19.00, Sa 10.00–18.00

7 For All Mankind
Seit die kalifornische Kultjeans mit eigenem Shop vertreten ist, kann man es Angelina Jolie gleichtun und sich in seine eigene „Seven" hüllen.
1., Seitzergasse 3, Tel.: 01/533 77 96, www.7forallmankind.com, Öffnungszeiten: Mo–Fr 10.00–19.00, Sa 10.00–18.00

Pomellato
Das italienische Schmucklabel hat mit seinem Motto „Raus aus dem Safe, rein in den Alltag" die Haute Joaillerie verändert.
1., Tuchlauben 7A, Tel.: 01/905 23 24, www.pomellato.com, Öffnungszeiten: Mo–Fr 10.00–18.30, Sa 10.00–18.00

Das zieht an

1. BEZIRK

Chegini
Bei Chegini, einem der besten Multibrand-Stores der Stadt, kann man sich von Kopf bis Fuß mit den aktuellsten Kollektionen von Alaia, Dries Van Noten, Vetements, Marques Almeida, Lanvin, Rick Owens, Céline, The Row, Marni, Uma Wang, Giambattista Valli und anderer hochwertiger Labels einkleiden. Auch eine ganze Menge Accessoires wartet darauf, geshoppt zu werden. Der kleineren Geldbörse sei das Chegini-Outlet ans Herz gelegt. Hier gibt es Stücke der letzten Saisonen zu guten Preisen.
1., Kohlmarkt 7 & Kohlmarkt 4 (Outlet), Tel.: 01/533 20 58, www.boutique-chegini.at, Öffnungszeiten: Mo–Fr 10.00–18.30.00, Sa 10.00–18.00

Mühlbauer *Top!*
Wenn es um handgefertigte Kopfbedeckungen geht, kommt man um Mühlbauer nicht herum. Der Hutmacher betreibt sein Gewerbe seit über 100 Jahren und verkauft seine coolen Kappen von Tokio bis New York. In den Shops im ersten und siebten Bezirk findet man die neuesten Kollektionen und kann sich nach Lust und Laune auch sein eigenes Hut-Unikat anfertigen lassen.

LISKA

AMICIS

1., Seilergasse 10, Tel.: 01/512 22 41, www.muehlbauer.at, Öffnungszeiten: Mo–Fr 10.00–18.30, Sa 10.00–18.00
7., Neubaugasse 34, Tel.: 01/890 32 95, Öffnungszeiten: Mo–Fr 10.00–18.30, Sa 10.00–18.00

Tribbe Hats by Blanka

In ihrer Heimat Slowenien zählt Blanka Slak Rupnik zu den Influencer-Größen. In Wien liebt man sie vor allem wegen ihrer hippen Turbans. Ihre kleine Boutique, liegt mitten im Goldenen Quartier. Ein Must-Shop für alle Jungen und Junggebliebenen Diven!
1., Bognergasse 7, www.attitudebybsr.com, Öffnungszeiten: Mo–Fr 10.00–14.00, 15.00–18.00

Liska

Top!

Gestaltet wurde der zweistöckige Multibrand-Store vom Architekten Adolf Krischanitz. Neben den Trendpelzen des Hauses werden Kollektionen von internationalen Topmarken wie Fendi, Yves Saint Laurent, Givenchy, Jean Paul Gaultier, Christophe Lemaire, Petar Petrov und Agnona angeboten.
1., Graben 12, Tel.: 01/512 41 20, www.liska.co.at, Öffnungszeiten: Mo–Fr 9.30–18.30, Sa 10.00–18.00

Amicis

Top!

Ein wenig abseits der Luxusmeile wartet die Amicis-Damenboutique mit einer Fülle an chicen Kollektionen sowie Taschen und Schuhen auf, u.a. von Tom Ford, Alexander McQueen, Stella McCartney, Balmain, Balenciaga, Givenchy, Chloé, Valentino, Isabel Marant, Erdem und Christian Louboutin. Auch Amicis verfügt über einen Outlet-Store, in dem man tolle Schnäppchen findet.
1., Tuchlauben 11, Tel.: 01/513 26 36, www.amicis.at, Öffnungszeiten: Mo–Fr 10.00–18.30, Sa 10.00–18.00
1., Seilerstätte 11 (Outlet), Tel.: 01/513 81 62, Öffnungszeiten: Mo–Fr 10.00–18.30, Sa 10.00–18.00

Renate Asenbaum

In dem winzig kleinen Geschäft mitten in der Stadt findet man wunderbaren Vintage-Schmuck und rare antike Accessoires. Der Laden ist charismatisch und bunt – genauso wie seine Eigentümerin, die hier zusätzlich individuelle Schmuckstücke fertigt. Ein kleines Juwel mitten in der Stadt.
1., Tuchlauben 12, Tel.: 0676/404 60 09, Öffnungszeiten: Di–Fr 10.30–18.00, Sa 10.30–17.00

Agent Provocateur

Lust, Laszivität und eindeutige Posen: Die provokanteste Versuchung, seit es Lingerie gibt, kommt von der Themse und ist so gar nicht „very British". Wer raffiniert verführen will, landet früher oder später bei Agent Provocateur. Die Hemden und Höschen bestechen mit Nostalgie und Sex. Bekannte Gesichter

WEITER AUF SEITE 20 →

Marina Hoermanseder

—

Modedesignerin

—

Worin unterscheiden sich Wien und Berlin, was Lifestyle, Lebensgefühl und Chancen angeht?
Berlin ist vergleichsweise immer noch eine preiswerte Stadt. Inspirationen findet man hier zuhauf: Street-Looks, Lokale, Künstler. Wien ist für mich die schönste Stadt der Welt! Ich finde es wunderbar und typisch wienerisch, wenn sich die Menschen schön machen, um am Samstag in die Stadt zu gehen. Es gibt mir das Gefühl, hier ist die Welt noch Ordnung.

Sie haben für Ihre Kollektionen die Trachten der österreichisch-ungarischen Monarchie studiert. Ein Mantra der österreichischen Mode nach Lang, Kronthaler und Hoschek? Woran erkennt man Ihre Modelle?
Am Rindsleder, dem ich mit Spitzenapplikationen, Keksdruck und Lochspitze eine neue Haptik und Optik verpasst habe. Schon als Kind hatte ich mindestens drei Dirndl im Schrank. Zu besonderen Anlässen ziehe ich nach wie vor eins an. Die Frage nach dem passenden Outfit stellt sich somit nie.

Wiener Handwerk und Manufakturen: Welche schätzen Sie besonders?
Ich mag die Blumenkränze von *We Are Flower Girls* und trage den Schmuck von *Katie g. Jewellery* sehr gern. Auf *Manner-Schnitten* kann und will ich nicht verzichten. Nicht zu vergessen die *Wiener Porzellanmanufaktur Augarten*, die es schon seit fast 300 Jahren gibt.

Wohin gehen Sie, wenn Sie auf Wienbesuch sind?
Der erste Weg führt immer zu meinen Eltern. Wenn ich mich dort überhaupt wegbewege, dann zur Jesuitenwiese, um mit meinem Hund Peanut spazieren zu gehen. Für gute Kost gehe ich *Zur Herknerin*, und am Abend genieße ich gern einen Veilchen-Gin-Tonic am *Tel Aviv Beach*.

www.weareflowergirls.com / *Katie g. Jewellery* – 7., Lindengasse 5 / *Manner-Shop* – 1., Stephansplatz 7/Ecke Rotenturmstraße / *Wiener Porzellanmanufaktur Augarten* – 2., Obere Augartenstraße 1 / *Zur Herknerin* – 4., Wiedner Hauptstraße 36 / *Tel Aviv Beach* – 2., Donaukanal (Höhe Obere Donaustraße 65)

MAX MARA

wie Schauspielerin Maggie Gyllenhaal, Kate Moss und Dita Von Teese ließen sich bereits für die Dessousmarke ablichten.
1., Tuchlauben 14, Tel.: 01/890 41 92, www.agentprovocateur.com, Öffnungszeiten: Mo–Fr 10.00–18.30, Sa 10.00–18.00

Dsquared²

Der Innenraum der Boutique erhält durch champagnerfarbene Glasregale, warme, helle Farben, Holzpaneele, satiniertes Messing und Marmorböden eine elegante Note. Das Angebot umfasst die Dsquared²-Kollektionen sowie eine Capsule Collection mit Cocktail- und Abendkleidern. Ebenfalls erhältlich sind Accessoires und Parfüms sowie Eye-, Beach- und Underwear.

URBAN SPEED

1., Tuchlauben 16, Tel.: 01/532 14 12, www.dsquared2.com, Öffnungszeiten: Mo–Fr 10.00–18.30, Sa 10.00–18.00

Tod's

Der Flagship-Store, der ganz im Sinne der italienischen Marke, stillvoll und modern mit Marmor, Leder und Chrom ausgestattet ist, führt das ganze Tod´s Sortiment - vom klassischen Gommino über Ballerina bis zu den schicken City-Bags und der Junior-Kollektion. Ganz nach dem Motte der Marke: zeitloser Lifestyle, bestmögliche Qualität und das richtige Quäntchen Spaß am Leben.
1., Graben 17, Tel. 01/ 532 200 60, www.store.tods.com, Öffnungszeiten: Mo–Fr 10.00–19.00 Sa 10.00–18.00

Max Mara

Bei einem Besuch der Boutique des Labels Max Mara an Wiens prominentester Shoppingmeile kann auf zwei Etagen in italienischen Luxus eingetaucht werden. Viele kleinere Räume, die mit den unterschiedlichen Kollektionen von Max Mara (Sportmax, Max Mara Elegante, Weekend Max Mara, 'S Max Mara und Max Mara Accessori) bestückt sind, laden zum Anprobieren ein. Insbesondere auf der zweiten Ebene wurde das historische Flair des Palais aus dem späten 19. Jahrhundert beibehalten.
1., Graben 14, Tel.: 01/532 09 21, www.maxmara.com, Öffnungszeiten: Mo–Mi, Fr 10.00–19.00, Sa 10.00–18.00

Karl Lagerfeld

Die ehemalige Spielwarenhandlung am eleganten Kohlmarkt ist über 120 Jahre alt. Die historische Einrichtung, wurde in den neu gestalteten Store erstaunlich stilsicher integriert. Und es passt, denn man findet hier Taschen, Accessoires und Lagerfeld Miniaturen, die in gewisser Weise selbst Spielzeugcharakter haben.
1., Kohlmarkt 11, Tel.: 0720/88 00 81, www.karl.com, Öffnungszeiten: Mo–Fr 10.00–19.00, Sa 10.00–18.00

COS

Den modernen Minimalismus der hochwertigeren Kultmarke „Collection Of Style" von H&M mit gedeckten Farben, vielen Basics und straighten Schnitten kann man in Wien an zwei Standorten erstehen. Diese setzen im Gegensatz zu H&M eher auf das Ambiente einer Edelboutique, aber dennoch mit einem moderaten Preiskonzept.
1., Bauernmarkt 2A, Tel.: 01/532 05 38, www.cosstores.com, Öffnungszeiten: Mo–Fr 10.00–20.00, Sa 10.00–18.00, 7., Neubaugasse 11, Tel.: 01/522 20 20-67110, Öffnungszeiten: Mo–Do 10.00–19.00, Fr 10.00–20.00, Sa 10.00–18 .00

Inked

Top!

Die beiden Shops von Nicole Dolhe führen neben gut sitzenden Designer-Denims die chicsten US-Labels und europäischen It-Brands der Stadt. Vertreten sind Acne Studios, Rag & Bone, Pas de Calais, Étoile Isabel Marant, Golden Goose Deluxe Brand und T by Alexander Wang. Der neue Store nebenan erweitert das Sortiment nun um Herrenmode sowie Schuhe und coole Accessoires.
1., Bauernmarkt 15 & 16, Tel.: 01/533 77 88, www.inked.at, Öffnungszeiten: Mo–Fr 10.00–18.30, Sa 10.00–18.00

Urban Speed

Top!

Das Palais Batthyany in der Herrengasse, ist das Zuhause dieses Ladens, dessen Innenräume mit den gewölbten Decken und verspiegelten Wänden, von Architekt Roman Delugan gestaltet wurde. Ein cooler Markenmix, erfrischend und selbstbewusst unkonventionell , schwankt zwischen Marken wie Antonio Marras und Dondup und jungen Labels wie Brokenbow und Cecilie Kopen-

COS

hagen. Ergänzend dazu gibt's Accessoires, spritzige Parfüms und T-Shirts.
1., Herrengasse 21, Tel.: 0676/5744744, www.urbanspeed.at, Öffnungszeiten: Mo–Fr 10.00–19.00, Sa 10.00–18.00

Spodd
Im Multibrand-Store findet man eine große Auswahl an zeitgemäßen Labels zu moderaten Preisen: Essentiel Antwerp, Equipment by Kate Moss, Marie Martens, Shirtaporter, Theory, J Brand, P448, Faliero Sarti, Velvet und Citizens of Humanity. Cooles Interieur von Architekt Georg Lippitsch paart sich mit einem farbenfrohen Wandgraffito der jungen Künstlerin Frau Isa.
1., Schultergasse 6, Tel.: 01/890 44 84, www.spodd.com, Öffnungszeiten: Mo–Fr 10.00–18.30, Sa 11.00–18.00

BR-Fashion Concept
Mix & match könnte das Motto dieses Concept-Stores lauten, denn hier gesellen sich internationale Designermarken ganz selbstverständlich zu trending-sportlichen Kollektionen, Denim und Casual Brands. Neben Klassikern wie Max Mara, M Missoni oder Transit rundet unter anderem French Connection das Sortiment ab. Auch die Auswahl an Accessoires und Duftkerzen von Culti ist gut gelungen.
1., Kärntner Ring 5–7, Tel.: 01/512 86 30, www.br-fashion.com, Öffnungszeiten: Mo–Fr 10.00–19.00, Sa 10.00–18.00

Liebeskind Berlin
Liebeskind Berlin steht für urbanes Design. Inspiriert von der pulsierenden Atmosphäre Berlins, individuell und zeitgemäß. Das hippe Lebensgefühl der Stadt ist untrennbar mit dem Label und dessen Kollektionen verbunden. Jede Tasche ist überdies handgefertigt und mit viel Liebe zum Detail verarbeitet. In Wien befinden sich zwei Stores.
1., Seilergasse 3, Tel.: 01/512 07 23, www.liebeskind-berlin.com, Öffnungszeiten: Mo–Fr 10.00–19.00, Sa 10.00–18.00
7., Mariahilfer Straße 56, Tel.: 01/522 10 89-11, Öffnungszeiten: Mo–Fr 10.00–19.00, Sa 10.00–18 .00

Steffl Department Store
Auf der fünften Etage des Steffl Department Stores sind über 60 Designermarken auf einer Fläche von 1.600 Quadratmetern versammelt. Labels aus New York, London, Mailand und Stockholm sind hier vertreten: Neben Victoria Beckham, Kenzo, Maje und Self-Portrait findet man hier auch Brands wie Sandro Paris, Lala Berlin oder MSGM. Das umfangreiche Lingerie-Atelier im ersten Stock hält zauberhafte Underwear von Love Stories Amsterdam, La Perla, Chantal Thomass, Wolford und vielen mehr bereit.
1., Kärntner Straße 19, Tel.: 01/93 05 60, www.steffl-vienna.at, Öffnungszeiten: Mo–Fr 10.00–20.00, Sa 9.30–18.00

Peek & Cloppenburg
Das vierstöckige Gebäude auf der Kärntner Straße hat niemand Geringerer als Architekt David Chipperfield entworfen. Auf 12.000 Quadratmetern gibt es eine Fülle an internationalen Marken. Von sportiv-casual über Business und Day-Wear bis zu Party Glam, Abendkleidern, Mänteln und Trenchcoats, Designerjeans und It-Pieces. Der Accessoires Floor ist mit Taschen von See by Chloé, Coccinelle oder

STEFFL DEPARTMENT STORE

LENA HOSCHEK FLAGSHIP-STORE

Michael Kors bestückt. Im Premium Department gibt es die neuesten Kollektionen von Burberry Brit, Sonia by Sonia Rykiel, Strenesse, Versace Jeans Couture, Belstaff, Moschino und vielen anderen.
1., Kärntner Straße 29, Tel.: 01/890 48 88-0, www.peek-cloppenburg.at, Öffnungszeiten: Mo–Fr 10.00–20.00, Sa 10.00–18.00
7., Mariahilfer Straße 26–30, Tel.: 01/525 61-0, Öffnungszeiten: Mo–Mi 10.00–19.00, Do–Fr 10.00–20.00, Sa 9.30–18.00
22., Donauzentrum, Wagramer Straße 94, Tel.: 01/890 29 69-0, Öffnungszeiten: Mo–Fr 9.00–20.00, Sa 9.00–18.00

Lena Hoschek Flagship-Store

Wer auf der Suche nach Glanz und Gloria alter Zeiten im Stile Hollywoods ist, dürfte wohl in Lena Hoscheks neuem Flagship-Store im ersten Bezirk fündig werden. Tapeten von Sanderson, spektakuläre Lampen, Vintage-Radios, eine nostalgisch anmutende Kassentheke und von Lena Hoschek persönlich gestaltetes Interieur bieten eine detailverliebte Kulisse für die wunderbaren Kleidungsstücke der jungen Modedesignerin.
1., Goldschmiedgasse 7A (Trattnerhof), Tel.: 01/503 09 20-0, www.lenahoschek.com, Öffnungszeiten: Mo–Fr 10.00–19.00, Sa 10.00–18.00

Schneeweiß

Die Schwesterboutique des Rosenrot im siebten Bezirk führt Mode aus Skandinavien, Frankreich und den USA. Ein Gefühl von Avantgarde zaubern die puristischen, edlen Designerstücke von Filippa K, Custommade, Equipment, James Perse, Enza Costa, Derek Lam 10Crosby, Avalon by Joie, Villa Gaia und R13.
1., Wollzeile 20, Tel.: 01/916 64 16, www.schneeweiss-wien.com, Öffnungszeiten: Mo–Fr 11.00–18.30, Sa 10.30–17.00

Milk Store

Nach dem Motto „Kleidungsstücke, die niemals den Boden des Kleiderschranks berühren" wurde das Label Milk gegründet, dessen minimalistische Kollektionen nun in einem kleinen Store im ersten Bezirk zu erwerben sind. Helle Wände, riesengroße Spiegel und ein dunkelbrauner Holzboden, alles in reduziertem Stil, geben der dramatischen Avantgardemode den Platz, um zu wirken.
1., Spiegelgasse 15, Tel.: 0699/11 14 31 14, www.pleasemilk.me, Öffnungszeiten: Mo–Fr 13.00–19.00, Sa 12.00–18.00

2. BEZIRK

Song

Top!

Ein Multibrand-Store vom Feinsten, der Mode von Dries Van Noten, Dosa, Marc le Bihan und eine eigene Song-Kollektion, Schmuck von Sabine G, Düfte von Frédéric Malle, WienerBlut, Nana de Bary und noch vieles mehr führt. Außerdem gibt es wechselnde Ausstellungen, prachtvolles Porzellan und Gläser sowie ausgefallene Möbel. Inspiration pur!

DER AFFE UND DER BRÄUTIGAM

2., Praterstraße 11–13, Tel.: 01/532 28 58, www.song.at, Öffnungszeiten: Di–Fr 10.00–19.00, Sa 10.00–18.00

Luv the Shop
Alltagsgarderobe oder Business-Outfit? Luv im zweiten Bezirk führt Marken wie Vila Clothes, Soaked in Luxury, Lazamani, Rosefield, Essentials for Zula und TomShot Berlin. Vintage-Ledertaschen, Schmuck von lokalen Designern, feine Stoffe, bequeme Schuhe – hier finden Frauen in allen Lebenslagen Kleidung im urbanen Hippie-Look.
2., Taborstraße 24, Tel.: 01/958 04 32, www.luvtheshop.com, Öffnungszeiten: Mo–Fr 10.00–19.00, Sa 10.00–18.00
6., Gumpendorferstraße 24, Öffnungszeiten: Mo–Fr 10.00–19.00, Sa 10.00–18.00

Der Affe und der Bräutigam *Top!*
Liebevoll ausgewählte Stücke für stilbewusste Eltern und Kinder gibt es im neuen Laden Der Affe und der Bräutigam. Hier sind nicht nur modische Kleidungsstücke von Marken wie Tinycottons, Bobo Choses, Gray Label oder Œuf, sondern auch Möbel von Rafa Kids oder Bettwäsche von Tobias & the Bear vertreten. Auch für Eltern gibt es das eine oder andere Einrichtungsstück sowie viele schöne Dekoobjekte.
2., Große Sperlgasse 8, Tel.: 01/958 10 74, www.deraffeundderbraeutigam.com, Öffnungszeiten: Mo–Fr 11.00–18.00, Sa 10.00–15.00

4. BEZIRK

Pregenzer
Der Laden präsentiert sich mit handverlesenen Labels und einem netten Produktmix inklusive Kunstausstellung bei puristischem, einladendem Ambiente. Das Markenangebot reicht von Closed und Samsoe über Else Jacobsen oder Hay bis hin zur hauseigenen Pregenzer-Collection.
4., Schleifmühlgasse 4, Tel.: 01/586 57 58, pregenzer.com, Öffnungszeiten: Mo–Fr 10.00–18.30, Sa 10.00–17.00

Unikatessen
Ein sehenswerter Laden, der Einzelstücke und Kollektionen aufstrebender Jungdesigner aus Mode und Design anbietet sowie Vintage-Fashion und Accessoires verkauft. Auch Events finden hier statt – doch allein das liebevoll gestaltete Interieur und die herzliche Betreiberin sind einen Besuch wert!

WEITER AUF SEITE 28 →

Die Mon Palais
Kollektion aus dem Hause
Dorotheum Juwelier
MP
MON PALAIS
MON PALAIS
MEIN STYLE
selected by Chen Reiss
Erika Suess Couture
DOROTHEUM
juwelier
www.dorotheum-juwelier.com

Melanie Gleinser

Chefredakteurin

Wäre Wien ein Kleidungsstück, wie sähe es aus?
Weit! Wahrscheinlich wäre es ein leicht nostalgisches Cape, in dem man sich behaglich und geborgen fühlen kann, das aber aus feinem Kaschmir ist und eine Pelzverbrämung hat – also auch Glamour ausstrahlt. Und natürlich muss es auch etwas von der Zeit gezeichnet sein, so wie die Stadt selbst.

Wiens Modeszene – wie gut hält sie internationalen Vergleichen stand?
Hier gibt es ein absolutes Qualitätsbewusstsein. Das hängt mit den Ausbildungsstätten zusammen, etwa der Modeklasse der Universität für angewandte Kunst. Petar Petrov etwa besticht durch eine zeitgemäße und dennoch sehr eigenständige Designsprache. Femme Maison ist gerade dabei, den französischen Markt zu erobern. Und dann gibt es die Exil-Österreicher wie den in Mailand beheimateten Arthur Arbesser, den in London wirkenden Peter Pilotto und die Bademode von Veronica Dreyer.

Shopping in Wien: Verraten Sie uns Ihre persönlichen Highlights?
Ich gehe kaum shoppen, sondern sehe gerne bei den Designern selbst vorbei. Momentan liebe ich die Schuhe von *Rani Bageria*, die Taschen von *Sagan Vienna* und den Street-Style von *Meshit.*

Ein perfekter Abend mit Freundinnen – wie sieht der aus?
Bei einem Heurigen! Ein besonderes Schmankerl, wenn Livemusik dazukommt, wie beim *Gschupftn Ferdl.* Wenn wir keine Lust auf Heurigen haben, findet man uns in der *Bonbonniere Bar.*

Wohin muss man gehen, um auf Wiens Modeszene zu treffen? Tagsüber und nachts?
Tagsüber im Vintage-Store *Burggasse 24* oder im *peng! Shop* gleich daneben vorbeischauen. Abends trifft man dieselben Leute im *Club X* oder beim *peng! Mode Talking im Volksgarten.*

Rani Bageria – 4., Wiedner Hauptstraße 64/5 / *Sagan Vienna* – 7., Gutenberggasse 1–5/2 / *Meshit Shop* – 7., Westbahnstraße 25 / *Zum Gschupftn Ferdl* – 6., Windmühlgasse 20 / *Bonbonniere Bar* – 1., Spiegelgasse 15 / *Burggasse 24* – 7., Burggasse 24 / *peng! Shop* – 7., Burggasse 24 / *Club X* – 1., Wollzeile 19 / *Volksgarten* – 1., Burgring

4., Margaretenstraße 45/11–12, Tel.: 01/943 09 96, www.unikatessen.at, Öffnungszeiten: Mo–Fr 12.00–19.30, Sa 12.00–18.00

Kleiderzimmer

In dieser heimelig anmutenden Boutique gibt es vom nordischen Stil inspirierte, schlichte und lässige Kleidung in hellen, unaufdringlichen Farben. Die Bandbreite an Marken reicht von bekannteren Namen wie Drykorn oder Closed über Not Shy, Delicate Love und Becksöndergaard bis hin zu Neulingen wie die Bandlwerkstatt oder Attic and Barn. Ein guter Mix aus fließenden Blusen, lässigen Jeans und Seidenkleidern.
4., Margaretenstraße 39, Tel.: 0664/112 23 55, www.kleiderzimmer.at, Öffnungszeiten: Di–Fr 12.00–18.30, Sa 11.00–17.00

Choicy

Choicy ist kein normaler Modeladen, sondern setzt auf Handverlesenes. Frauen, die sich gerne persönlich von Stylistin Nina Kepplinger beraten lassen wollen, finden hier ein offenes Ohr. Kepplinger, die neben anderen Marken hier auch mit ihrem eigenen Label Ninali vertreten ist, steht mit Trend-Moodboards, Tipps und Rat und Tat zur Seite.

AMOUR FOU DESSOUS

4., Margaretenstraße 37, Tel.: 0664/594 64 36, www.choicy.eu, Öffnungszeiten: Mo–Fr 10.00–18.00 Sa 11.00–18.00

6. BEZIRK

Nachbarin

Dieser ambitionierte Laden bringt eine feine Auswahl internationaler Mode und spannende Newcomer nach Wien. Mode gibt's von Chalayan, Tim Van Steenbergen, Veronique Leroy, SWASH, Robert Clergerie, Elena Ghisellini und hui-hui, Schmuck von Florian Ladstätter, Ambre & Louise und Renard Bijoux sowie Sonnenbrillen von Thierry Lasry.
6., Gumpendorfer Straße 17, Tel.: 01/587 21 69, www.nachbarin.co.at, Öffnungszeiten: Mo 12.00–18.30, Di–Fr 11.00–18.30, Sa 11.00–16.00

We Bandits

Ein Multibrand-Store, dessen Fokus auf südkoreanischen und skandinavischen Brands liegt, die sich irgendwo zwischen Urban Chic und Avantgarde bewegen. Neben Mode von Maska und Won Hundred findet man lässiges Schuhwerk und Lederwaren von Royal Republiq oder funky Socken und Düfte von Henrik Vibskov. Über immer wieder stattfindende Pop-up-Stores und Special Events informiert die Facebook-Seite www.facebook.com/webanditsvienna.
7., Neubaugasse 36, Tel.: 0699/19 00 38 95, Öffnungszeiten: Mo–Fr 10.00–19.00, Sa 10.00–18.00

Weekday

Skandinavischer Minimalismus zeichnet die Mode des zur H&M-Gruppe gehörenden Weekday aus. Hier überwiegen die Farben Grau, Beige, Weiß und Schwarz. Zu kaufen gibt es ein breites, schlichtes Sortiment. Ebenfalls erhältlich: eine Unisex-Jeans für Mann und Frau sowie angesagte Marken wie Vans, Birkenstock oder Le Specs.
6., Mariahilfer Straße 83, Tel.: 01/581 12 53, www.weekday.at, Öffnungszeiten: Mo–Fr 10.00–20.00, Sa 10.00–18.00

Amour Fou Dessous

Neben Nachhaltigkeit wird hier Wert darauf gelegt, dass die Wäsche sinnlich und gleichzeitig bequem ist. Die klitzekleine Dessous-Boutique verbindet kompetente Beratung mit in Österreich bisher unbekannten Lingerie-Marken wie etwa Aikyou (BHs für kleine Brüste), Recyclingstrümpfe von Swedish Stockings, Under Protection oder Hanro und Swimwear von Veronica Dreyer. Das Motto: „Say no to boring underwear!"
6., Barnabitengasse 14,
Tel.: 0660/694 23 43,
www.amour-fou.at, Öffnungszeiten:
Mo–Fr 11.00–19.00, Sa 12.00–18.00

7. BEZIRK

Comerc

Top!

Streetwear der gehobenen Art großteils aus Skandinavien und Frankreich findet man im schwarz gestrichenen Comerc-Store, der trotz seiner Wandfarbe einen wahren Shopping-Lichtblick darstellt. Neben Marken wie Wood Wood oder Samsøe & Samsøe finden sich hier auch Schuhe von Reebok oder Adidas sowie Schmuck von Malaikaraiss oder The Boyscouts, außerdem allerhand Nützlich-Schönes wie außergewöhnliche Glühbirnen, Duftkerzen, ausgefallene Nischenparfüms und die super sexy Foxy-Sleep-Masken.
7., Westbahnstraße 20,
Tel.: 0660/237 36 80,
www.comerc-store.at, Öffnungszeiten:
Mo–Fr 11.00–19.00, Sa 11.00–18.00

Park

Top!

Einer der besten Concept-Stores Wiens mit zeitgenössischer Mode für Sie und Ihn von Ann Demeulemeester, Christian Wijnants, Sacai, Femme Maison, Haider Ackermann, Christophe Lemaire, Petar Petrov u.v.a. Außerdem gibt es hier Vintage-Brillen von Robert La Roche, eine gute Auswahl an Kunstbüchern und internationalen Modemagazine wie ID, Purple oder 032c.
7., Mondscheingasse 20,
Tel.: 01/526 44 14-3,
www.park-onlinestore.com,
Öffnungszeiten: Di–Fr 10.00–19.00,
Sa 10.00–18.00

Kauf Dich Glücklich

Top!

Den ersten Kauf-Dich-Glücklich-Shop außerhalb Deutschlands gibt es im typischen Look – Naturholz in klaren Formen und geometrische Strukturen – in Wien. Neben skandinavischen Labels wie Mads Norgaard oder Cheap Monday findet man hier die eigene Kauf-Dich-Glücklich-Kollektion. Home-Accessoires, Bücher und Vinylplatten ergänzen das Sortiment, und das integrierte Café macht das Shopping-Glück perfekt.

7., Kirchengasse 9, Tel.: 01/924 77 55, www.kaufdichgluecklich-shop.de, Öffnungszeiten: Mo–Fr 10.00–20.00, Sa 10.00–18.00

Sight

Jedes Teil im Sight ist sorgfältig ausgewählt, der Look genauso clean und minimalistisch wie der Shop. Ein sehr interessanter Mix an Labels von internationalen und heimischen jungen Designern wie das eigene Label Sightline, meshit, Moto Djali und die Badeanzüge von Veronica Dreyer.

7., Kirchengasse 24/5, Tel.: 0699/12 25 62 05, www.sight.at, Öffnungszeiten: Mo–Sa 11.00–18.00

Edited

Das junge, aus Hamburg stammende Modeunternehmen Edited, hat sich an der Mariahilfer Straße mit einer Flagship-Filiale und einem guten Markenmix-Konzept niedergelassen. Hier gibt's Labels wie
Superga, Adidas, Espadrij und Le Specs, die Edited-Eigenkollektion und Sportswear. Deutsche Influencerinnen wie Schauspielerin Karoline Herfurth, Caro Daur oder Jessica Weiß sind übrigens bekennende Edited Fans.

7., Mariahilfer Straße 22-24, Tel.: 01/5 222 403, www.edited.de, Öffnungszeiten: Mo–Fr 10.00–20.00, Sa 9:30–18.00

QWSTION invites

Qwstion-Taschen und -Rucksäcke sind nicht vorne Party und hinten Business, sondern Modelle, die man am Fahrrad genauso wie beim Geschäftstermin tragen kann – die perfekte Fusion der Funktionalität eines Sportrucksacks mit der Eleganz einer klassischen Ledertasche. Wertschätzung erfahren zudem junge Designerinnen und Designer, die neben einem Shopbereich auch immer wieder die Schaufenster gestalten.

7., Zieglergasse 38, Tel.: 01/522 20 64, www.qwstion.com/de/stores, Öffnungszeiten: Di–Fr 11.00–19.00, Sa 11.00–18.00

Sneak In

In diesem Store mit dem Untertitel „Rare Goods" gibt es einiges für anspruchsvolle Sneaker- und Streetwear-Fans zu entdecken. Während und auch außerhalb der Öffnungszeiten laden die lichtdurchfluteten Räume dazu ein, im Café das eigene Hausbrot, Kaffee von Moka Consorten oder toskanischen Wein zu kosten. Außerdem heißt es sonntags „Cosy Mornings" – serviert wird ein herrliches Brunch-Buffet. Unbedingt reservieren!

7., Siebensterngasse 12, Tel.: 0664/279 75 57, www.sneakin.at, Öffnungszeiten Shop: Di–Fr 12.00–20.00, Sa 10.00–18.00, Öffnungszeiten

Café: Di–Do 10.00–24.00, Fr, Sa 10.00–2.00, So 10.00–18.00

Eigensinnig

Der Schauraum für Mode und Fotografie direkt am lauschigen St.-Ulrichs-Platz hat sich ganz den Nicht-Farben Schwarz und Weiß verschrieben – mit allen Grautönen, die dazwischen liegen. Das betrifft sowohl die meisten der wechselnden Street-Photography- und Reportagefotografie-Ausstellungen als auch die urban-avantgardistische Mode von Lui Hon, Daniel Andresen oder Sosnovska.
7., St.-Ulrichs-Platz 4, Tel.: 01/890 66 37, www.eigensinnig.at, Öffnungszeiten: Mo–Fr 11.00–19.00, Sa 10.00–18.00

We Bandits & VIU

Top!

Der riesige Concept-Store präsentiert zwei Labels auf zwei Ebenen. Im Erdgeschoß ist die Brillenkollektion von VIU mit Brillen und Sonnenbrillen ausgestellt. Die Brillen sind nicht nur individuell designed, sondern auch nachhaltig produziert. Im ersten Stock findet man Mode von We Bandits, deren Kollektionen südkoreanische Modelabels umfassen.
7., Neubaugasse 36, Tel.: 720 81 54 41, www.shopviu.com, Öffnungszeiten: Mo–Fr 10.00–19.00, Sa 10.00–18.00

WE BANDITS & VIU

PENG! SHOP

peng! SHOP

Top!

Roman Globans peng! SHOP präsentiert sich auf einer kleinen Fläche innerhalb des Vintage-Stores Burggasse 24. Neben Mode und Accessoires von nationalen Designern (Astrid Deigner, Christina Steiner von GON, Markus Binder und Emil Beindl oder Eva Zar) werden auch gut ausgewählte Vintage-Teile von internationalen Labels wie Acne, Comme des Garçons, Dries Van Noten, Givenchy oder Maison Martin Margiela angeboten. Der Shop fungiert als Plattform für Designer, Kreative und Künstler und wurde vom Künstler Milan Mladenovic gestaltet.
7., Burggasse 24, Tel.: 0677/61 64 17 84, www.pengmag.com, Öffnungszeiten: Mo–Fr 11.00–20.00, Sa 11.00–18.00

Rosenrot

Wer auf der Suche nach ausgefallenen Kleidungsstücken und Accessoires ist, wird im Rosenrot fündig. Hier werden Labels verkauft, die es nicht an jeder Ecke gibt. Das Sortiment reicht von Black Lily, Zoe Karssen, Lili Radu, IRO, iheart, Mellow Rose, MM6, FIRMA Berlin bis Matthew Williamson oder Faliero Sarti. Die Schmuckmarken Chaingang und Alles aus

Liebe runden das Angebot ab. Rosenrot ist kein Concept-Store, sondern eine Wohlfühloase.
7., Lindengasse 26, Tel.: 01/522 26 96, www.rosenrot-wien.com, Öffnungszeiten: Mo–Sa 11.00–18.00,

uppers & downers

Eine lustige Mischung aus Vintage-Mode, Accessoires, Zeitschriften, Büchern und Beauty bietet uppers & downers in der Burggasse. Darüber hinaus gibt es hier die Taschen gewordenen 2D-Design-Illusionen „JumpFromPaper" aus Taiwan.
7., Burggasse 46, Tel.: 0650/680 01 33, uppers-downers.com, Öffnungszeiten: Mo–Fr 11.30–19.00, Sa 11.00–18.00

Urban Outfitters

Im umfangreichen Sortiment von Urban Outfitters, findet man vor allem Vintage-angehauchte Teile und „American Girl"-Style für Teenager und alle Junggebliebenen.
7., Mariahilferstraße 38-40, Tel.: 01/522 24 15, www.urbanoutfitters.com, Öffnungszeiten: Mo–Fr 9.30–20.00, Sa 9.30–18.00

Comma

Hier gibt es Looks, die von den Modemetropolen inspiriert sind. Zwölf Kollektionen im Jahr bieten ausreichend Inspiration und eine Verquickung von Business-Fashion, Femininität, und Urban Casual. Der Flagship-Store auf 560 Quadratmetern zeugt davon.
7., Mariahilfer Straße 56, Tel.: 01/522 10 89-11, www.comma-store.at, Öffnungszeiten: Mo–Do 10.00–20.00, Sa 9.30–18.00

wmns running store

wmns steht für Women's, und der Name ist Programm: Der Running-Store ist der erste in Europa, der sich auf qualitativ hochwertige Lauf- und Trainingsbekleidung nur für Frauen spezialisiert. Für Läuferinnen und Sportlerinnen wurde hier ein Ort der Inspiration, Motivation, Mode und des Know-hows in angenehmer Atmosphäre geschaffen. Das Angebot beinhaltet mit Nike, Asics, Polar, Nike Vision, LED Lenser® und Isostar namhafte Marken.
7., Breite Gasse 11, Tel.: 01/522 07 75, www.wmns.at, Öffnungszeiten: Mo 12.00–18.00 Di 10.00–19.00, Mi–Fr 10.00–18.00, Sa 10.00–17.00

8. BEZIRK

Mala

Bei Mala haben geradliniges, exquisites Design und das nordische Lebensgefühl Einzug gehalten. Sucht man nach puristisch-eleganter skandinavischer Mode, ist man hier richtig. Die kleine Boutique führt Marken wie Bruuns Bazaar, Filippa K oder Day Birger et Mikkelsen. Die Kollektionen bestehen aus unkompliziert wirkender und dennoch chicer Every-Day-Wear.
8., Josefstädter Straße 17, Tel.: 01/403 08 31, www.mala-wien.at, Öffnungszeiten: Mo–Fr 10.00–18.00 Sa 10.00–14.00

MALA

WEITER AUF SEITE 36 →

Marlene Nussmüller

Fashion-Buyer

Wo sieht man Wiens bestgekleidete Menschen?

Von internationalen Modemessen bin ich es gewohnt, nach dem letzten Trend gekleidete Menschen zu sehen. Niemand ist aber eleganter als feine, ältere Damen in der Wiener Innenstadt, die beim *Demel* ihre Kuchen- und Jourgebäck-Bestellungen für das Sonntagsfrühstück abholen.

Was macht Wien für Sie einzigartig?

Ich verreise beruflich sehr viel – nirgendwo harmonieren Tradition und Moderne so perfekt wie in Wien. In einer kleinen Nebengasse bewundert man Silberaltwaren des vergangenen Jahrhunderts, während wenige Meter weiter die neueste Avantgardemode fasziniert, etwa in der Plankengasse.

Ihre persönlichen Highlights, wenn Sie durch den ersten Bezirk spazieren?

Mein absolutes Highlight ist die Brioche vom *Landtmann*. Allerdings ergattere ich nur selten eine, da diese kleinen Schätze gewöhnlich schon um 11 Uhr aufgegessen sind. Ein Faible habe ich für die kleinen Lingerie-Boutiquen der Innenstadt (Habsburgergasse, Judenplatz). Einen Besuch wert, nicht nur bei Kopfschmerzen: die *Engel-Apotheke*, eine wunderschöne, alte Jugendstil-Apotheke. Und das *P&C-Weltstadthaus* – es erinnert mich an prächtige Wiener Warenhäuser der Belle Époque, in die Neuzeit transportiert. Bei Nacht verschließt ein Ornamentgitter die Eingänge, das mag ich besonders.

Wo entspannen Sie sich, wenn Sie mal schnell eine Pause brauchen?

Ich liebe den *Botanischen Garten* – unsere Zentrale ist gleich daneben, das ist perfekt für einen Office Lunch im Freien oder einen Spaziergang, um zwischen Meetings und Kollektionssichtungen wieder einen klaren Kopf zu bekommen.

Demel – 1., Kohlmarkt 14 / *Café Landtmann* – 1., Universitätsring 4 / *Apotheke zum Weißen Engel* – 1., Bognergasse 9 / *P&C-Weltstadthaus* – 1., Kärntner Straße 29 / *Botanischer Garten* – 3., Eingang Mechelgasse 1

18. BEZIRK

Splendid

Mitten im Herzen von Währing liegt der großzügige Splendid-Flagship-Store. Mit gut ausgewählten Stücken von Etro, Fabiana Filippi, Marc Cain, Hugo Boss, Cambio oder Fay. Zum edlen Mix kombiniert man hier die beiden Labels Marc O'Polo Casual und Marc O'Polo Pure. Lokal shoppen, mit internationalem Flair!
18., Währinger Straße 89, Tel.: 01/512 34 00, www.splendidfashion.at, Öffnungszeiten: Mo–Fr 10.00–18.30, Sa 10.00–17.00

Schuhe

6th Floor

Top!

Die größte Auswahl an High Heels und allem, was Frauen Beine macht, bietet das Rooftop des Kaufhauses Steffl. Von Marc Jacobs über Jimmy Choo, Balenciaga und Yves Saint Laurent bis Tom Ford. Aber auch etwas preiswerteres Schuhwerk ist auf großzügigster Fläche zu bewundern, anzuprobieren und zu shoppen – Taschen und Sneakers inklusive.
Kaufhaus Steffl, 1., Kärntner Straße 19, Tel.: 01/930 56-668, www.steffl-vienna.at, Öffnungszeiten: Mo–Fr 10.00–20.00 Sa 9.30–18.00

Jimmy Choo

Die High Heels der Luxusklasse! Erstaunlich, aber wahr: Der Wiener Jimmy-Choo-Store ist aktuell der größte Europas. Tolles Extra: der „Made-to-order-Service".
1., Tuchlauben 4, Tel.: 01/535 03 00, www.jimmychoo.com, Öffnungszeiten: Mo–Fr 10.00–19.00, Sa 10.00–18 .00

Musette

Musette führt trendige High Heels und Taschen zu freundlichen Preisen. Designerin Cristina Batlan legt Wert auf mondänes Design sowie Tragekomfort. Das Besondere: Alle Modelle sind auf Wunsch bis Schuhgröße 43 maßgefertigt erhältlich.
1., Bauernmarkt 2A, Tel.: 0676/533 67 32, www.musette.ro, Öffnungszeiten: Mo–Mi 10.00–19.00, Do, Fr 10.00–20.00, Sa 10.00–18.00

Brillen

Mykita

Klein, aber oho. Auf kompakten 18 Quadratmetern erstreckt sich die Wiener Niederlassung der Berliner Brillenkünstler. Das tut der Auswahl an optischen Brillen und Sonnenbrillen jedoch keinen Abbruch, die selbstverständlich auch hier in der selbst designten Shop-Architektur präsentiert wird.
1., Herrengasse 19, Tel.: 01/532 18 35, www.mykita.com, Öffnungszeiten: Mo–Fr 10.00–18.30, Sa 10.00–17.00

Viu Eyewear

Nachdem sich das junge sehr dynamische Schweizer Brillenlabel Viu Eyewear erfolgreich mit einem Store in der Neubaugasse niedergelassen hat, folgt nun eine Innenstadt-Dependance. Die in der Schweiz designten Brillen, werden in Italien und Japan, mit einem Fokus auf Individualität und handwerkliche Exzellenz, produziert.
1., Bauernmarkt 2, Tel.: 0720/ 81 54 45, www.eu.shopviu.com, Öffnungszeiten: Mo–Fr 10.00–19.00 Sa 10.00–19.00

ROLF Spectacles

Außergewöhnliche Brillen aus Holz von ROLF gibt es am Franziskanerplatz zu kaufen. Der Shop präsentiert diese auf minimalstem Raum hinter einer schmucken Holzfassade. Wunderbare Designs aus handgearbeiteten Materialien bescheren der Firma einen Designpreis nach dem anderen. Hergestellt wurden die Brillen in einem kleinen Dorf im Tiroler Außerfern.
1., Franziskanerplatz 3, Tel.: 01/512 29 84, www.rolf-spectacles.com, Öffnungszeiten: Mo–Fr 10.00–13.00, 14.00–18.00, Sa 11.00–17.00

Ace & Tate

Brillen als modisches Accessoire und das für jede Lebenslage - Ace & Tate, das holländische Brillenlabel konzentriert sich auf hippe aber

leistbare Modelle. Das Konzept ist clever und kommt den Shoppern entgegen: nicht mehr als 98 Euro kostet eine Brille, unabhängig von der benötigten Brillengläserstärke.
7., Neubaugasse 40, Tel: 0720/88 29 47, www.aceandtate.de, Öffnungszeiten: Mo–Fr 10.00–19.00 Sa 10.00–18.00

Brillenmanufaktur

Hier gibt es kaum „klassische" Marken aus dem Windschatten bekannter Modelabels, sondern innovative Modelle aus den Werkstätten junger, engagierter Designer: Dita Eyewear, ic! berlin, Monokel, Mykita, Vava, Paul Smith, Hapter, Oliver Goldsmith, Claire Goldsmith und viele mehr.
7., Neubaugasse 18, Tel.: 01/523 82 00, www.brillenmanufaktur.at, Öffnungszeiten: Mo–Fr 10.00–18.30, Sa 10.00–17.00

Optiker Roland Längle

Das traditionsreiche Geschäft besteht bereits seit 1876 und überzeugt nicht nur mit seiner feinen Auswahl an optischen Brillen und Sonnenbrillen, darunter die Kultmarke Cutler and Gross oder die Stylemarke Blinde, sondern auch durch stets kompetente und freundliche Beratung. Zusätzlicher Pluspunkt: das nostalgische Interieur.
7., Neubaugasse 21, Tel.: 01/523 31 49, www.optikerlaengle.at, Öffnungszeiten: Mo–Fr 9.30–18.00, Sa 10.00–14.00 (März–Juli bis 15.00)

Dirndl

Trachten Tostmann

Vom schlichten Alltagsdirndl bis zur Festtracht und zum Hochzeitsdirndl, von Größe 32 bis Größe 50 – alle Sonderwünsche werden in der hauseigenen Maßwerkstatt umgesetzt, in der noch heute sämtliche Tostmann-Dirndl entstehen. Auch Kinder kommen nicht zu kurz: Es gibt Dirndl bereits ab dem ersten Lebensjahr. Ein heißer Tipp für alle, die auf traditionelle Dirndlkleider stehen.
1., Schottengasse 3A, Tel.: 01/533 53 31, www.tostmann.at, Öffnungszeiten: Mo–Fr 10.00–19.00, Sa 10.00–18.00

Susanne Bisovsky

Top!

Trachten-Couture und Prêt-à-porter: Susanne Bisovsky entwirft mit Abstand die außergewöhnlichsten Dirndl und die exklusivste Festtagskleidung weit und breit. Es empfiehlt sich, einen Termin für einen Besuch in ihrem „Salon" zu vereinbaren. Hier wird auf geschichtsträchtigem Terrain mit „Wiener Chic" ein Bekleidungsstil für die Wiener Damen oder jene, die es noch werden wollen, präsentiert und verkauft.
7., Seidengasse 13, www.bisovsky.com, Anfragen und Termin: Tel.: 0699/11 17 67 55

Vintage-Läden & -Märkte

Das Neue Schwarz

Top!

Tanya Bednar hat ein Händchen für modische Raritäten: In Berlin ist ihr Nobel-Secondhandshop längst Kult. Und auch in Wien eine echte Fundgrube an Fashion-Pieces. Von Helmut Lang über Yves Saint Laurent, Comme

MODISCHES SAMPLING: DIE WELT IN WIEN

Es wurde schon oft der Versuch unternommen, das spezifisch Österreichische im Modedesign junger Labels dieses Landes festzumachen oder ein gemeinsames, verbindendes Element heraufzubeschwören, das die Generation der Nachwuchsdesigner und jungen Talente in ihrer Arbeit verbindet. Hier und da ist das sinnvoll, schließlich arbeiten die, um die es hier gehen soll, alle im selben Land, meist sogar in derselben Stadt, betreiben ihre Ateliers und Shops oft nur ein paar Gehminuten voneinander entfernt. Trotzdem scheinen es meist etwas krampfhaft übergestülpte Attribute zu sein, die allein aufgrund geografischer Gegebenheiten vergeben werden. Dass die jungen, in Österreich arbeitenden Modedesignerinnen und -designer mindestens so viele unterschiedliche Nationalitäten haben wie kreative Ansätze, wird gerne wenn nicht vergessen, so doch unter den Schneidertisch fallen gelassen. Dabei ist es gerade diese Vielfalt an kulturellen, politischen und sozialen Hintergründen, die eine große Bandbreite an Kreativität entstehen lässt. In Österreich, besonders in Wien, treffen diese Einflüsse aufeinander, ergänzen sich, konkurrieren und reiben sich aneinander. Genau das macht die hier ansässige Modeszene so spannend.

Wer sich in österreichischer Mode kleiden möchte, hat die Wahl zwischen luxuriöser High Fashion eines Labels wie *Femme Maison* und *Hvala Ilijas* Streetwear mit Ghetto-Attitüde, findet die handwerklich perfekte Maßschneiderei eines *Leopold Bossert* genauso wie *Flora Mirandas* technoide Haute Couture an der Grenze zur Kunst und jede Menge genreübergreifende und Staatsgrenzen überwindende Kollaborationen.

Beheimatet in Wien und Kopenhagen, verfolgt das neu gegründete Label *We Are The Faces*, das zugleich Designplattform ist, einen äußerst spannenden Ansatz. In Zusammenarbeit mit Künstlern und Kreativen entwickeln die beiden Gründerinnen Hannah Gutkauf aus Österreich und die Norwegerin Amanda Karijord unkonventionelle Mode, die sich über Geschlechtergrenzen, Sasionen und Trendkonventionen hinwegsetzt. Ihre ersten Minikollektionen sind Kollaborationen mit dem Schweizer Grafiker Felix Pfäffli, dem US-amerikanischen Illustrator Tim Lahan und der schwedischen 3D-Künstlerin Anny Wang, die nicht nur die Vorlagen für die Prints lieferten, sondern von der Skizze über den Schnitt bis zur Stoffauswahl aktiv an der Entwicklung der einzelnen Stücke beteiligt waren. Zu jeder der Kollektionen wurden auf Basis der Stoffdrucke virtuelle Welten entwickelt, in welche die Kunden, die hier zugleich Galeriebesucher sind, per Virtual-Reality-Brille eintauchen, die künstlerischen Ideen erkunden und zu einem Teil des Ganzen werden können.

Auch Ilija Milicic ist ein Meister der Grenzüberschreitung. Die Kollektionen seines Herrenmodelabels Hvala Ilija tragen so schöne Namen wie „Blume aus dem Gemeindebau“, schlagen Brücken zwischen Home- und Streetwear und weisen in ihrer Roughness und Antihaltung in Bezug auf herkömmliches Modeverständnis durchaus eine ästhetische und intellektuelle Nähe zum momentan überhippen Multikulti-Designerkonglomerat Vetements auf. Der aus dem ehemaligen Jugoslawien stammende Modemacher arbeitet außerdem als Styling-Assistent und realisiert Projekte mit internationalen Künstlern aus den Bereichen Performance, Video und Fotografie.

Vivien Sakura Brandl wurden die internationalen Beziehungen bereits in die Wiege gelegt. In Rio de Janeiro als Tochter eines Österreichers und einer Japanerin geboren, wuchs sie in Brasilien und Österreich auf. Zunächst in einer ganz anderen Branche tätig, entwickelte sie aus einer Leidenschaft für Mode heraus das Konzept für den kleinen, doch sehr feinen *S/GHT Store* in der Wiener Kirchengasse und betreibt nun ihr eigenes Label Sightline, das mit zahlreichen kulturellen Referenzen und biografischen Erinnerungen spielt. Dabei mixt die Designerin sorgfältig Handgeknüpftes mit offenen Nähten, verwendet Mantelstoff für einen Faltenrock und lässt dabei permanent das Alltägliche mit dem Individuellen in ein aufregendes Spannungsfeld treten.

ARTHUR ARBESSER

Sabinna Rachimova präsentierte die erste Kollektion ihres Strickwaren- und Ready-to-Wear-Labels Sabinna auf der London Fashion Week, deren fixer Bestandteil sie inzwischen ist. Die in Russland geborene und in Österreich aufgewachsene Designerin vereint in ihrer Mode nicht nur verschiedene Kulturen, sondern verbindet ganze Epochen und Generationen, wenn sie die handgestrickten Details in ihren Kollektionen als Hommage an ihre Großmutter versteht und deren Techniken bewahren und an die moderne Frau weitergeben will.

Ohne auf die auch im Ausland sehr erfolgreichen jungen österreichischen Designer und Labels wie *Marina Hoermanseder*, *Roshi Porkar* oder *Arthur Arbesser* einzugehen, wird schon anhand der wenigen aufgeführten Beispiele klar, dass es brummt in der österreichischen Modeszene! So vielfältig die Ansätze, so international die Kooperationen, so zahlreich die Genres, die hier ineinanderfließen – womöglich ist es genau das, was österreichisches oder Wiener Modedesign ausmacht: aus einem Schmelztiegel an Nationalitäten, Kulturen und kreativen Köpfen das jeweils Interessante herauszufiltern, neu zusammenzusetzen und daraus etwas charakteristisch Eigenes zu entwickeln. Typisch Wien eben! — STEPHANIE RUGEL

Femme Maison – 9., Hahngasse 15 / *Hvala Ilija* – www.hvalailija.com / *Leopold Bossert* – www.leopoldbossert.com / *Flora Miranda* – www.floramiranda.com / *We are The Faces* – www.wearethefaces.com / *S/GHT* – 7., Kirchengasse 24, www.sightline.at / *Sabinna Rachimova* – www.sabinna.com / www.marinahoermanseder.com / www.roshiporkar.com / www.arthurarbesser.com

des Garçons und Azzedine Alaia bis zu Margiela reicht die Liste. Besonders die Japaner und Belgier haben es der Besitzerin angetan.
1., Landskrongasse 1, Tel.: 01/532 01 05, www.dasneueschwarz.de, Öffnungszeiten: Mo–Sa 10.30–18.30

Bocca Lupo

Bei Bocca Lupo findet man Secondhandmode aller denkbaren Designermarken. An beiden Standorten lässt sich herrlich im riesigen Angebot an Kleidung, Schuhen, Taschen und Accessoires stöbern, die die Wiener Gesellschaft abgelegt hat. Dafür muss man zwar etwas tiefer in die Tasche greifen, aber viermal jährlich gibt es beim Super Sale die Gelegenheit, auf Extraschnäppchenjagd zu gehen.
1., Landskrongasse 1–3, Tel.: 01/532 49 93, http://boccalupo.at, Öffnungszeiten: Mo–Fr 10.30–19.00 Sa 10.00–18.00
2., Praterstraße 14, Tel.: 01/904 37 76, Öffnungszeiten: Mo–Fr 10.30–18.00, Sa 10.00–15.00
19., Döblinger Hauptstraße 60, Tel.: 01/367 40 82, Öffnungszeiten: Mo–Fr 9.30–18.00, Sa 9.00–13.00

FLO Vintage

Der wie ein privates Modemuseum anmutende Vintage-Laden in der Schleifmühlgasse bietet 100 Jahre Mode von Kopf bis Fuß. Die Auswahl der Kleider ist groß, es gibt ausschließlich Originale aus den 1880er- bis in die 1980er-Jahre. Dazu findet man Hüte, Taschen, Modeschmuck und Accessoires sowie eine große Auswahl an Bademode von 1920 bis 1970. Kostbarkeiten, wie sie nur mehr selten zu finden sind.
4., Schleifmühlgasse 15A, Tel.: 01/586 07 73, www.flovintage.com, Öffnungszeiten: Mo–Fr 10.00–18.30, Sa 10.00–15.30

Secondhand Fashion Monica Arens

Der in München und Wien ansässige Shop verfügt über ein breites Netzwerk an Einkäuferinnen, die in den internationalen Modemetropolen auf der Suche nach Designerschnäppchen sind. Die Wiener Filiale wird von ihnen dreimal wöchentlich mit Kleidung, Accessoires und Schmuck von Chanel bis Versace bestückt, alles zu gut einem Drittel des regulären Preises zu haben.
4., Margaretenstraße 10, Tel.: 01/58 50 806, www.secondhand-agentur.com, Öffnungszeiten: Mo–Fr 11.00–18.00, Sa 11.00–14.00

Fräulein Kleidsam

Einen ausgesuchten Mix aus eher glamourösen Originalen der 1920er- bis 1980er-Jahre und neuen Stücken bietet Ursula Wagner aka Fräulein Kleidsam. In ihrem Vintage-Paradies in der Gumpendorfer Straße findet man nicht nur echte Raritäten, sondern kann sich auch hinsichtlich des perfekten Stylings beraten lassen.
6., Gumpendorfer Straße 10–12/8A , Tel.: 0699/17 13 38 07, www.fraeulein-kleidsam.at, Öffnungszeiten: Di–Fr 11.00–18.00, Sa 12.00–17.00

Burggasse 24

Top!

Der Mangel an Wiener Vintage-Shops mit leistbaren Preisen wurde in der Burggasse 24 mit dem gleichnamigen Store endgültig behoben. In großzügig bemessenen, lichtdurchfluteten Räumen mit hohen Decken entstand ein Paradies für Vintage-Fans. Im direkt angeschlossenen Café kann man nicht nur gemütlich sitzen, sondern auch wahnsinnig gut frühstücken!
7., Burggasse 24, Tel.: 0677/61 64 17 84, www.burggasse24.com, Öffnungszeiten Shop: Mo–Sa 11.00–20.00, Öffnungszeiten Café: Mo–Sa 10.00–20.00, So 10.00–18.00

Österreichische Designer/ -innen & Modeateliers

Michel Mayer (Shop)

Fließende Stoffe, Raffungen, Abendroben und Brautkleider sind die Spezialitäten der Designerin. Ihr Laden liegt in unmittelbarer Nähe vom Stephansplatz.
1., Singerstraße 7, Tel.: 01/967 40 55, www.michelmayer.at, Öffnungszeiten: Di–Fr 11.00–18.30, Sa 11.00–17.00

Schella Kann (Shop)

Anita Aigner und Gudrun Windischbauer kann man mit gutem Gewissen als die Wegbereiterinnen der heimischen Modeszene bezeichnen. Seit den 1980er-Jahren werken sie unermüdlich. Ihre verhaltene, feminine, minimalistische Mode gibt es jetzt endlich auch im eigenen Schella-Kann-Laden zu kaufen. Besonders schön sind die Leder– und Strickteile.
1., Spiegelgasse 15, Tel.: 01/997 27 55, www.schellakann.com, Öffnungszeiten: Mo–Fr 11.00–18.00, Sa 11.00–17.00

FLorian Jewelry (Atelier)

Ohne Scheu experimentiert Florian Ladstätter mit Formen und Materialien und ist damit überaus erfolgreich. Er mischt Plastikgold mit echten Vergoldungen, hängt Bilderrahmen um zarte Hälse. Seine Ketten – egal, ob zart oder riesig – sollen, wie Kleider, mit der Trägerin verschmelzen. Er kooperierte mit Hussein Chalayan, wurde im MAK ausgestellt und entwickelte auch eine Kollektion für Comme des Garçons.
Office: 1., Wipplingerstraße 23, Tel.: 0699/12 15 99 54, www.florian-design.com

SAGAN VIENNA

Eva Blut (Shop)

Das Label Eva Blut wurde 1999 von Eva Buchleitner gegründet und ist auf Lederhandtaschen spezialisiert – funktionelle und vielseitige Objekte, die es schaffen, Qualität mit Design zu verbinden. Das Label sieht sich in der Tradition klassischer Wiener Lederverarbeitung und will dieses kulturelle Erbe auf dem Weg in die Zukunft mitnehmen.
1., Kühfußgasse 2, Tel.: 01/890 65 60-15, www.evablut.com, Öffnungszeiten: Di, Mi 11.00–18.00, Do–Fr 11.00–19.00, Sa 10.00–17.00

Sagan Vienna (Atelier)

Top!

Sagan Vienna ist ein Designerlabel, das auf Handtaschen und Strickwaren spezialisiert ist. Das Label (früher bekannt als Bradaric Ohmae) der beiden Designer Tanja Bradaric und Taro Ohmae tritt seit 2016 unter neuem Namen auf. Im Japanischen bedeutet „sagan" so viel wie „die linke Seite eines Flusses". Dieser Ausdruck impliziert ein Faible für besonderes, nicht konformes Design. Ihre wunderbaren Stücke überzeugen durch einen starken ästhetischen Charakter und einen Hauch von Einzigartigkeit.
www.sagan-vienna.com
Erhältlich bei Schneeweiss, 1., Wollzeile 20, Tel.: 01/916 64 16, schneeweiss-wien.com und bei Rosenrot, 7., Lindengasse 26, Tel.: 01/522 26 96, www.rosenrot-wien.com, Öffnungszeiten: Mo–Fr 11.00–18.00, Sa 11.00–18.00

Batliner (Atelier)

Katherine Batliner studierte Industrial Design in Basel. Mit ihrem Label unter eigenem Namen erzeugt sie Geldbörsen und Taschen aus Fischleder. Faire Arbeitsbedingungen und ökologische Gesichtspunkte stehen bei ihr an oberster Stelle. Produziert wird in Italien, und die verarbeiteten Fischhäute von Lachs,

Dorsch oder Barsch stammen aus den Fischereiregionen Nordeuropas und würden andernfalls meist einfach entsorgt werden.
www.batliner.com
Erhältlich bei: Firis, 1., Bauernmarkt 9, Tel.: 01/533 42 75, www.firis.at, Öffnungszeiten: Mo–Fr 10.00–18.30, Sa 10.00–18.00 sowie bei Comerc Store, 7., Westbahnstraße 20, Tel.: 0660/237 36 80, www.comerc-store.at, Öffnungszeiten: Mo–Fr 11.00–19.00, Sa 11.00–18.00

GON

Elfenkleid (Shop)
In den Schauräumen mit angeschlossenem Atelier der beiden Designerinnen Sandra Thaler und Anette Prechtl wird man von schlicht-eleganten Brautkleidern und Abendroben verzaubert. Hier verschmilzt Couture mit Prêt-à-porter, denn man kann in beiden Bereichen zwischen Maßanfertigung und Konfektion wählen. Für weniger festliche Anlässe bieten die Ready-to-wear-Kollektionen eine Bandbreite an zeitlos schönen Stücken.
4., Margaretenstraße 39/3–4, Tel.: 01/208 52 41, www.elfenkleid.com, Öffnungszeiten: Di–Sa 11.00–18.00

RANI BAGERIA

Rani Bageria (Atelier) *Top!*
Rani Bagerias Stil vereint mühelos scheinbare Gegensätze: Er ist roh, gleichzeitig verspielt und subtil in der Verwendung von Farben und Details. Ein Mix aus Extravaganz und Tragbarkeit ist charakteristisch für die Kollektionen, die ausschließlich aus natürlichen Materialien und Rohstoffen höchster Qualität gefertigt werden. Everybody's Darling: ihre Stiefeletten und Slip-ons!
www.ranibageria.com
Erhältlich bei Park, 7., Mondscheingasse 20, Tel.: 01/526 44 14-0, www.park-onlinestore.com, Öffnungszeiten: Mo–Fr 10.00–19.00, Sa 10.00–18.00

Roshi Porkar (Atelier) *Top!*
Die gebürtige Wienerin studierte unter Véronique Branquinho und Bernhard Willhelm Mode an der Universität für angewandte Kunst. Sie arbeitete bereits für Karl Templer in New York, Lanvin in Paris, Bernhard Willhelm in Los Angeles und designt aktuell für das Modeunternehmen Kenzo in Paris. 2014 gewann sie den Chloé Award beim renommierten Festival in Hyères und konnte in Folge ihre erste Kollektion während der Mercedes Benz Fashion Week in Berlin präsentieren. Sie kam ins Finale des International Woolmark Prize. Seit Juli 2016 ist sie als Women's-Wear-Designerin bei Kenzo in Paris engagiert.
www.roshiporkar.com
Erhältlich bei Nachbarin, 6., Gumpendorfer Straße 17, Tel.: 01/587 21 69, www.nachbarin.co.at, Öffnungszeiten:

Mo 12.00–18.30, Di–Fr 11.00–18.30, Sa 11.00–16.00

Veronica Dreyer
Poolwear mit Understatement. Selbstbewusste Basics, die auf Rüschen, Spitzen oder Blumenmuster verzichten. Wovon auch immer sich die Designerinnen inspirieren lassen, sie wollen zeitlose Teile kreieren. Fortlaufend nummerierte Modelle mit Sammelcharakter, die gerade wegen ihrer Schlichtheit die Figur und Form betonen.
Erhältlich im eigenen Webshop: www.veronicadreyer.com sowie bei Amour Fou, 6., Barnabitengasse 14, Tel.: 0660/694 23 43, www.amour-fou.at, Öffnungszeiten: Mo–Fr 11.00–19.00, Sa 12.00–18.00

Petar Petrov (Atelier) Top!
Er beherrscht das Vokabular einer modernen Garderobe perfekt. Seine Entwürfe sind unverkennbar den Grundsätzen der Wiener Moderne verpflichtet: geradlinig und prägnant. Petrov verbindet die unmittelbare Schönheit des Materials mit klaren Formen, sucht Aktualität in den Details und der Offenheit seiner Schnitte. Oberflächen und Materialien zeigen sich durch ihren speziellen Einsatz und die gekonnte Variation immer wieder innovativ. Seine Kollektionen werden in Paris gezeigt und international vertrieben.
www.petarpetrov.com, Termine nach Vereinbarung
Erhältlich bei Park, 7., Mondscheingasse 20, Tel.: 01/526 44 14-0, www.park-onlinestore.com, Öffnungszeiten: Mo–Fr 10.00–19.00, Sa 10.00–18.00

Femme Maison (Atelier) Top!
Schon der Name spielt darauf an, dass man dem weiblichen Körper und Charakter das passende Haus bieten will. Einen Ort, an dem sich Eleganz mit zeitlosem Design und saisonaler Note vereint. Franziska Fürpass-Kermani gründete das Label nach ihrem Modedesign-Studium an der Universität für angewandte Kunst Wien. Heute leitet sie es zusammen mit ihrem Mann Sia Ali-Pour-Kermani und ist auch international erfolgreich.
www.femme-maison.com, Termine nach Vereinbarung
Erhältlich bei Park, 7., Mondscheingasse 20, Tel.: 01/526 44 14-0, www.park-onlinestore.com, Öffnungszeiten: Mo–Fr 10.00–19.00, Sa 10.00–18.00

GON (Atelier) Top!
Christina Steiner studierte Modedesign unter Raf Simons und Véronique Branquinho an der Universität für angewandte Kunst Wien. In ihrer Ready-to-Wear-Kollektion mixt sie Ethnokleidung mit Fashion-Klassi-

WEITER AUF SEITE 46 →

PETAR PETROV

Roshi Porkar

Modedesignerin

Wien erlebt gerade so etwas wie einen Hype. Das deutsche Feuilleton schwärmt über die Musikszene, die jungen Literaten, Künstler und DJs. Wie empfinden Sie das? Ist das ein verklärter Blick auf Wiens Szene?
Ich freue mich natürlich, wenn in Wien etwas passiert. Es gibt zweifelsohne viele talentierte Menschen, die hier leben und arbeiten.

Was kann die österreichische Mode am besten?
Helmut Lang.

Sie haben an der Hochschule für angewandte Kunst Modedesign studiert. Mittlerweile sind Sie nach Paris gezogen und arbeiten als Designerin für Kenzo. Kommen Sie nach wie vor gerne nach Wien zurück?
Ich versuche so oft wie möglich nach Wien zu kommen. Ich schätze diese Stadt von Jahr zu Jahr mehr. Hier kann man sich noch Zeit nehmen – wenn man will.

24 Stunden in Wien: Wo muss man unbedingt hin?
Frühstücken am Naschmarkt, danach ein Besuch im Museum. Hier bieten sich das *Leopold Museum* oder das *mumok* im MuseumsQuartier, die *Albertina* oder das *21er Haus* an. Ein Spaziergang durch die Innenstadt oder mit dem Fahrrad zur Alten Donau. Abendessen bei *Skopik & Lohn*, danach ein bis zehn Drinks in der *Loos Bar*, im *Heuer* oder bei einer Freundin zu Hause.

Craftsmanship & Handwerk: Wo gibt es die schönsten Produkte?
Für Mode empfehle ich *Femme Maison*, *Gon*, *Rani Bageria*, *Petar Petrov*, *Astrid Deigner* und Schmuck von *Anna Heindl.*

Leopold Museum – 7., Museumsplatz 1 / *mumok* – 7., Museumsplatz 1 / *Albertina* – 1., Albertinaplatz 1 / *21er Haus* – 3., Arsenalstraße 1 / *Skopik & Lohn* – 2., Leopoldsgasse 17 / *Loos Bar* – 1., Kärntner Durchgang 10 / *Heuer am Karlsplatz* – 4., Treitlstraße 2 / *Femme Maison* – 9., Hahngasse 15 / *Gon* – 7., Mondscheingasse 20 / *www.ranibageria.com* / *www.petarpetrov.com* / *www.astriddeigner.com* / *www.annaheindl.at*

WENDY & JIM (ATELIER)

kern. Ihre reduzierte Formästhetik in Verbindung mit schrillen, extravaganten Drucken gilt dabei als Markenzeichen von GON.
Erhältlich im eigenen Webshop www.gonvienna.com sowie bei Park, 7., Mondscheingasse 20, Tel.: 01/526 44 14-0, www.park-onlinestore.com, Öffnungszeiten: Mo–Fr 10.00–19.00, Sa 10.00–18.00

Awareness & Consciousness (Shop)

Christiane Grubers Label A&C steht für fließende Kollektionen aus hochwertigem Jersey in Bioqualität. Durch ihre speziellen Handfärbetechniken wird jedes Stück der Damen- und Babykollektionen zum Unikat. In ihrem Shop sind nicht nur ihre eigenen Exemplare zu erstehen, sondern auch ausgewählte Taschen von Eva Blut, Schuhe von Alina Schürfeld und Schmuck von Tinchens und Rosivita.
www.awarenessandconsciousness.com

Wearethefaces

Hannah Gutkauf & Amanda Karijord kuratieren. Sie arbeiten mit Illustratoren und 3D-Künstlerinnen und -Künstlern, die zweidimensionale Kunstdrucke ebenso wie dreidimensionale Objekte erschaffen. Den beiden geht es nicht um Saisonen oder Trends, vielmehr wollen sie eine neue Form der Kunstgalerie entstehen lassen.
www.wearethefaces.com

DMMJK (Atelier)

Markus Binder und Emil Beindl bringen scheinbar unvereinbare Gegensätze zusammen und machen daraus eines der frechsten jungen Labels Wiens. Wild gemusterte Jogginganzüge aus Nickistoff, glänzende Shorts aus Ballonseide oder Blousons mit Farbverlauf – für Damen und Herren.
www.notjustalabel.com

Isabel Helf (Atelier)

Isabel Helf ist ein österreichisches Accessoires- und Produktlabel, das sich auf Holz spezialisiert hat. Helf lässt sich dabei vom Konzept der Funktionalität und Praktikabilität inspirieren. Ihre Stücke spannen einen Bogen zwischen Einrichtung und Mode und zwischen traditioneller Handwerkskunst und digitalen, selbst entwickelten Herstellungsmethoden.
www.isabelhelf.com

Natures of Conflict (Atelier)

Kathrin Lugbauer und Nora Berger lernten sich während ihres Modedesign-Studiums in Wien kennen und gründeten 2008 ihr Label Natures of Conflict. Seither schaffen sie moderne Mode für starke, unabhängige Frauen. Sie ziehen ihre Inspiration dabei aus der funktionellen Ästhetik klassischer Arbeitskleidung und kombinieren diese mit subtilen Details. Viele ihrer Stücke sind aus Wolle, die dank einer engen Zusammenarbeit mit der Manufaktur Haslach von Merinoschafen aus dem oberösterreichischen Mühlviertel stammt.
www.naturesofconflict.com

Wendy & Jim (Atelier) *Top!*

Die kreativen Köpfe hinter Wendy & Jim heißen Helga Ruthner und Hermann Fankhauser. Das Designerduo lernte sich während der gemeinsamen Arbeit an der Universität für angewandte Kunst unter Helmut Lang kennen und gründete das Label Wendy & Jim.

MODE TRIFFT AUF ARCHITEKTUR

Die ganze Welt der Mode – und das alles unter einem Dach. P&C ist gleich mit zwei Weltstadthäusern in der österreichischen Hauptstadt vertreten und präsentiert dem Wiener Publikum eine einzigartige Stilvielfalt.

Bereits seit über 110 Jahren steht die Marke *Peek & Cloppenburg* für neue Wege in Sachen Mode und sieht sich als Mittler zwischen Catwalk und Fußgängerzone – und setzt eben dort architektonische Akzente. Der international renommierte Architekt Sir *David Chipperfield* entwarf etwa das P&C-Weltstadthaus auf der Kärntner Straße, das sich mit knapp 12.000 m² und 500 Marken als erste Anlaufadresse für Lifestyle-Liebhaber in Wien etabliert hat. Archaisch und zeitlos-schön: die massiv gemauerte Donaukalkstein-Fassade elegant durchbrochen von tiefen Fensteröffnungen!

Das Portfolio der Wiener Weltstadthäuser reicht von Casual bis Business, von Jeans bis Glamour. Ob Taschensammlerin, Ballprinzessin, Streetstyle-Fashionista oder Designer-Fan – bei u.a. Furla, Coccinelle, Karl, Michael Kors, Coach, Jake*s, Review, Max Mara Studio, Hugo, Marc Cain oder Pinko werden alle fündig.

P&C-Weltstadthäuser – Kärntner Straße 29, 1010 Wien / Mariahilfer Straße 26-30, 1070 Wien

Advertorial

Peek&Cloppenburg

www.peek-cloppenburg.at

Seither sind sie zu einer Größe der heimischen Modewelt geworden. Seit 2013 gibt es auch das Wendy & Jim-Parfüm „Drop No. 01", erhältlich u.a. bei Park und J. & L. Lobmeyr.
www.wendyjim.com

Junge österreichische Nachwuchsdesignerinnen und -designer

Sabinna (Atelier)
Sabinna heißt das Label von Sabinna Rachimova. Die Österreicherin mit russischen Wurzeln studierte am Central Saint Martins College of Art and Design in London und arbeitete unter anderem für Christian Dior und Mary Katrantzou. Ihre erste Kollektion präsentierte Sabinna 2015 auf der London Fashion Week. Die handgestrickten Details ihrer Kleider sind eine Hommage an das Handwerk ihrer Großmutter, das sie in die Moderne übersetzt.
www.sabinna.com

Nedra Chachoua (Atelier)
Nach einem Modedesignstudium an der Universität für angewandte Kunst gründete Nedra Chachoua 2012 ihr eigenes Label und kreiert seither Mode für Frauen und (seit 2015) Kinder. Sie gewann den Rondo-Vöslauer-Modepreis sowie den INDIE Magazine Award. Im darauffolgenden Jahr war sie Teilnehmerin beim International Fashion Showcase in London.
www.nedrachachoua.com

Marie Oberkönig (Atelier)
Die junge Designerin mit Wohnsitz Berlin studierte unter Ute Ploier an der Kunstuniversität Linz/Wien. 2015 erhielt sie für ihre Abschlusskollektion einen Preis für herausragende Leistung. In ihrer Arbeit legt sie den Fokus auf den Kontrast zwischen Individualität und Uniformität. Im Rahmen der Austrian Fashion Awards 2016 wurde sie mit dem Modepreis des Bundeskanzleramts ausgezeichnet.
www.marieoberkoenig.com

Hvala Ilija (Atelier)
Ilija Milicic studierte unter Hussein Chalayan an der Universität für angewandte Kunst. Mit seinem Männerlabel übt er sich darin, Brücken zwischen Home- und Streetwear, Kunst und Design, Straße und Prunk zu bauen. Seine erste Kollektion „Blumen aus dem Gemeindebau" fand große Beachtung. Daneben arbeitet er für Stylisten und konzipiert Projekte befreundeter Künstler.
www.hvalailija.com

Dimitrije Gojkovic (Atelier)
Nachdem der gebürtige Kroate in Serbien bereits eine Lehre als Maß- und Konfektionskleidermacher absolviert hatte, studierte Gojkovic an der Universität für angewandte Kunst und schloss sein Studium 2015 unter Hussein Chalayan ab. Seine Diplomkollektion „NEW-WOOL" wurde mit dem Rondo-Vöslauer-Modepreis ausgezeichnet. Seine Arbeiten zeichnen sich vor allem durch ausgefeilte Schnittführung und präzise, detailverliebte Verarbeitungstechnik aus. 2016 präsentierte er im Rahmen des International Fashion

Showcase „Another Austria" bei der London Fashion Week.
www.dimitrijegojkovic.com

Juweliere & Schmuckateliers

A. E. Köchert

Der ehemalige k. u. k. Hofjuwelier kreierte die 27 Diamantsterne, die Kaiserin Elisabeth als Haarschmuck trug und mit dem sie auch auf einem ihrer berühmtesten Porträts aus dem Jahr 1865 abgebildet ist. Die Sterne gibt es übrigens wieder zu kaufen – in nicht weniger als 20 Varianten.
1., Neuer Markt 15, Tel.: 01/512 58 28, www.koechert.com, Öffnungszeiten: Mo–Fr 10.00–18.00, Sa 10.00–17.00

A. E. KÖCHERT

Schullin

Top!

Nach dem Motto „Ornament ist kein Verbrechen" gestaltete der Architekt Hans Hollein das Entree des Nobeljuweliers. Der Familienbetrieb legt Wert auf Handarbeit und feines Design: Schullin-Schmuck besticht durch wunderbar extravagante Entwürfe, Formen und Farben.
1., Kohlmarkt 7, Tel.: 01/533 90 07, www.schullin.com, Öffnungszeiten: Mo–Sa 10.00–18.00

Juwelier Köck

Eine Auslage, vor der man haltmachen muss, denn es funkelt so, dass man kaum widerstehen kann. Brillantringe, -armbänder und -ohrringe, wie man sie heute gerne trägt, werden überwiegend im eigenen Atelier entworfen und gefertigt. Auch die Auswahl an Uhren ist beachtlich: Omega, Zenith, Raymond Weil und noch viele mehr.
1., Graben 22, Tel.: 01/532 08 88, www.vonkoeck.at, Öffnungszeiten: Mo–Fr 10.00–18.00, Sa 10.00–17.00

SCHULLIN

Juwelier Wagner

Auf den 700 Quadratmetern des Luxusstores gibt es eine Riesenauswahl an Uhren von Marken wie Rolex, Breitling, Longines, IWC sowie Preziosen von Chopard bis Bulgari und aus dem eigenen Atelier. Die sehr freundliche Beratung ist kompetent und geduldig.
1., Kärntner Straße 32, Tel.: 01/512 05 12, www.juwelier-wagner.at, Öffnungszeiten: Mo–Fr 10.00–18.30, Sa 10.00–18.00

Oliver Heemeyer

Oliver Heemeyer lässt seinen Stücken Freiraum, ohne sie durch übermäßigen Steinbesatz zu betonen. Die Geschäftsräumlichkeiten empfangen mit viel Grau und edlem Parkett – und die integrierte Manufaktur zeigt, wie jedes einzelne Stück in Handarbeit gefertigt wird.
1., Bräunerstraße 10, Tel.: 01/235 05 50, www.oliverheemeyer.com, Öffnungszeiten: Mo nach Terminvereinbarung, Di–Fr 10.00–18.00, Sa 10.00–17.00

WEITER AUF SEITE 52 →

Naschmarkt – 4., Linke und Rechte Wienzeile bis zur Kettenbrückengasse / *Tostmann Trachten* – 1., Schottengasse 3A / *Hofeneder Decoration* – 1., Plankengasse 7 / *Lia Wolf Cabinett* – 1., Sonnenfelsgasse 3 / *Wiener Rosenmanufaktur* – 1., Schönlaterngasse 7 / *Heiligenkreuzerhof* – 1., Schönlaterngasse 5 / *Blumenhaus zum Dom* – 1., Stephansplatz 4 / *Haas & Haas* – 1., Stephansplatz 4 / *Meierei im Stadtpark* – 3., Am Heumarkt 2A / *Oswald & Kalb* – 1., Bäckerstraße 14 / *Porgy & Bess* – 1., Riemergasse 11

Praline le Moult

—

Designerin

Der Titel eines Bestsellers lautet „How To Be Parisian – Wherever You Are". Wie ist die Wienerin?
In Paris geht es um permanente Verführung, darum, attraktiv auf alle Männer zu wirken und das jederzeit. In Wien will man einen Mann verführen, es geht um die eine Liebe. Es ist wichtiger, sich gut zu fühlen, als nur gut auszusehen.

Wo gibt es Einzigartiges zu entdecken und zu kaufen?
Mich fasziniert Österreichs Trachtenkultur. Auf dem Flohmarkt am *Naschmarkt* findet man eine wilde Auswahl. *Tostmann* hat wunderschöne Strickwaren, ihre Tiroler Socken sind ein großartiges Geschenk. Bei *Hofeneder* findet man Vintage-Hüte und manchmal Taschen, die aus einem Märchen stammen könnten!

Und wo verbringen Sie am liebsten Zeit mit Ihrer Familie?
Frühmorgens spazieren wir oft durch den Stadtpark oder den Burggarten, wo man im Sommer auch Yoga machen kann. Wir leben mitten im ersten Bezirk, wenn man sich von den Hauptverkehrsstraßen wegbewegt, fühlt man sich wie in einem Dorf. *Lia Wolfs* Buchhandlung befindet sich in einem schönen Gebäude, die *Wiener Rosenmanufaktur* verkauft nur Produkte aus Wiener Rosen, und der *Heiligenkreuzerhof* bietet einen Mix aus Kunst und Kunsthandwerk. Hinter dem Stephansdom: *Blumenhaus zum Dom* und das japanische Frühstück bei *Haas & Haas*.

Wohin führen Sie Ihre Freunde, wenn sie auf Wienbesuch sind?
Unseren Gästen zeigen wir das konservative und das kreative Wien. Im Sommer gehen wir am Donaukanal spazieren und essen anschließend in der *Meierei im Stadtpark*. Im Winter hören wir den Nonnen im Kloster beim Singen zu, anschließend gibt es Dinner bei *Oswald & Kalb* und ein afrikanisches Konzert im *Porgy & Bess*.

KATIE G. JEWELLERY

Anna Inspiring und Haute Jewellery

Der hübsche Laden in der Seilergasse wird zu Weihnachten und am Valentinstag von Jungvolk und Müttern gestürmt. Hier gibt's Message-Armbänder, Reifen, zarte Brillantringe und Ketten – so ziemlich alles, was stylishe Töchter unbedingt haben wollen. Neben internationalen Marken wie Vanrycke, nikki-b, Servane Gaxotte, Mathias Chaize, Assya und Marie-Laure Chamorel hat es Anna selbst zur begehrten Marke geschafft. Der Haute-Jewellery-Laden am Kohlmarkt ist allein schon wegen der traumhaften Deko-Puppen sehenswert, von den schwarzen, langen Diamantketten können viele nur träumen.

Anna Inspiring, 1., Seilergasse 19, Tel.: 00800/93 66 20 00, www.annaij.com, Öffnungszeiten: Mo–Fr 10.00–19.00, Sa 10.00–18.00
Anna Haute Jewellery, 1., Kohlmarkt 11, Tel.: 01/266 21 45-120, Mo–Fr 10.30–19.00, Sa 10.30–18.00

Ring King

König der Ringe: Maximilian Grün verbindet traditionelles Goldschmiedehandwerk mit moderner Technik. Er fräst z.B. vielfältige Grafiken in seine Ringe. Auf der Suche nach einem ausgefallenen (Ehe-)Ring? Hier sind Sie richtig!

1., Kleeblattgasse 9, Tel.: 0699/17 34 11 44, www.ring-king.com, Öffnungszeiten: Mo–Fr 10.00–18.00

Dorotheum Juwelier

Eine Paarung aus Tradition und Moderne, aus Antikem und Neuem, aus bezahlbarem Luxus, Lifestyle-Accessoires und Liebhaberstücken. Hier findet man Einzelstücke aus Privatbesitz und charmante Raritäten, für Schmuckfans ebenso wie für Uhrensammler, die jenseits von Mainstream und Designerstücken ihr Glück suchen. Nicht minder eindrucksvoll: die große Auswahl an Echtschmuck-Kollektionen, mit denen Dorotheum Juwelier ein feines Gespür für modernen Schmuckgeschmack beweist – und das auf beeindruckenden 570 Quadratmetern. Das Auktionshaus mit Weltformat ist übrigens in einem prachtvollen neoklassizistischen Palais beheimatet.

Palais Dorotheum, 1., Dorotheergasse 17, Tel.: 01/0800/92 45 26, www.dorotheum-juwelier.com, Öffnungszeiten: Mo–Fr 10.00–18.00, Sa 9.00–17.00

Thomas Sabo Flagship-Store

Thomas Sabo steht für innovative und trendsetzende Schmuck- und Uhren-Designs. Die unverwechselbare Sterlingsilber-Kollektion, der Charm Club sowie die exklusive Fine-Jewellery-Kollektion verleihen der Marke ihren eigenen Stil. Ein wichtiger Aspekt: die Individualität und die Möglichkeit, sich jeden Tag neu zu erfinden, von zeitlos-klassisch bis ziemlich rockig.

1., Seilergasse 4, Tel.: 01/512 39 25, www.thomassabo.com, Öffnungszeiten: Mo–Fr 10.00–19.00, Sa 10.00–18.00

Katie g. Jewellery *Top!*

Inspiriert von der Natur und ihrer rauen Schönheit entwirft die Designerin Katie

Gruber ihre Schmuckstücke mit natürlichen Unregelmäßigkeiten und Asymmetrien. So wird jeder handgefertigte Ring ein Gesamtkunstwerk und ein hochwertiges Unikat, so individuell wie die Person, die es trägt.
7., Lindengasse 5, Tel.: 0681/20 71 93 92, www.katiegruber.com, Öffnungszeiten: Di–Fr 13.00–19.00, Sa 11.00–17.00

Rosa Marlene

Eigentlich wollte Rosa Marlene Pletz im weit entfernten Melbourne als Schmuckdesignerin durchstarten. Nach Wien kam sie nur auf einen Wochenendtrip. Es war Liebe auf den ersten Blick. Seit 2013 betreibt die Goldschmiedin ihr eigenes Atelier in der Josefstadt. Ihre Arbeiten sind beflügelnd, wie etwa vergoldete Bienen-Ohrringe, Bretzeln fürs Haar oder Broschen in Form von Zitronenscheiben. Aber auch ganz persönlichen Schmuck kann man hier fertigen lassen.
8., Lange Gasse 14/15, Tel.: 0676/728 24 58, www.rosamarlene.de, Öffnungszeiten: Di 11.00–19.00, Mi–Fr 11.00–16.00

In bester Tradition

Ludwig Reiter

Elegant, robust und exklusiv – die rahmengenähten Schuhe von Ludwig Reiter beweisen seit 120 Jahren höchste Qualität. Die Spezialität: Privatanfertigungen und gediegen klassisches Schuhwerk.
1., Mölkersteig 1, Tel.: 01/533 42 04, www.ludwig-reiter.com, Öffnungszeiten: Mo–Fr 10.00–18.30, Sa 10.00–17.00

Rudolf Scheer & Söhne

Um den perfekten Schuh bei Scheer zu bekommen, braucht es Zeit. Mittlerweile versorgt bereits die siebte Generation im Familienbetrieb Kunden aus dem In- und Ausland mit Maßschuhen. Es gibt auch eine Damenkollektion mit prächtigen Taschen und Börsen. Ein Blick ins Atelier oder in die Auslage gehört einfach zum Stadtbummel.
1., Bräunerstraße 4–6, Tel.: 01/533 80 84, www.scheer.at, Öffnungszeiten: Mo–Fr 10.00–18.00, Sa 10.00–16.00

Knize & Comp.

Ein monarchistisches Ambiente bietet der ehemalige k. u. k. Hoflieferant. Die Liste der berühmten Kundinnen kann sich sehen lassen: Marilyn Monroe ließ sich Blusen anfertigen, Marlene Dietrich ihre Anzüge und Josephine Baker Skihosen schneidern. Ein Klassiker ist der Knize-Herrenduft „Knize Ten". Die Architektur von Adolf Loos ist vollständig erhalten geblieben.
1., Graben 13, Tel.: 01/512 21 19, www.knize.at, Öffnungszeiten: Mo–Fr 9.30–18.00, Sa 10.00–17.00

R. Horn^s Wien

Die Ausführung der klassischen, aber farbenfrohen Taschen, Geldbörsen, Necessaires, Reisetaschen und Accessoires sind das Ergebnis sorgsamster Handarbeit. Selbstverständlich werden hier auch Maßanfertigungen angeboten, denn dank der Werkstätten ist R. Horn^s in der glücklichen Lage, auf die persönlichen Vorstellungen seiner Kunden eingehen zu können. Hier wird auf Langlebigkeit gesetzt, auch allfällige Reparaturen werden erledigt.

R. HORN^S WIEN

1., Bräunerstraße 7, Tel.: 01/513 82 94, www.rhorns.com, Öffnungszeiten: Mo–Fr 10.00–18.30, Sa 10.00–17.00
1., Stephansplatz 3 & Mahlerstraße 5, Tel.: 01/513 64 07, Öffnungszeiten: Mo–Fr 10.00–18.30, Sa 10.00–17.00

1., Herrengasse 6–8, Tel.: 01/532 23 51, Öffnungszeiten: Mo–Fr 10.00–18.30, Sa 10.00–17.00
1., Mahlerstraße 5, Tel.: 01/513 65 07, Öffnungszeiten: Mo–Fr 10.00–18.00, Sa 10.00–17.00

Huber & Lerner

Huber & Lerner steht seit nunmehr vier Generationen für hochwertige Druck- und Prägeverfahren. Das soll sich auch in Zukunft nicht ändern. Mit einem Angebot aus bewährten Gesellschaftsdrucksorten, modernen Designprodukten und ausführlicher Beratung möchte man hier seine Kunden durch deren wichtigste Lebensereignisse begleiten. Schon Kaiserin Elisabeth und Kaiser Franz Joseph wurden hier fündig, und angeblich soll Arthur Schnitzler den Mitgründer Peter Lerner kurz in ziemliche Verlegenheit gebracht haben, als er sagte: „Ihr Laden ist ein Museum der Nichtigkeiten." Er ergänzte allerdings schnell: „Aber die machen das Leben erst schön."
1., Weihburggasse 4, Tel.: 01/533 50 75, www.huber-lerner.at, Öffnungszeiten: Mo–Fr 10.00–18.00, Sa 10.00–17.00

HUBER & LERNER

HERZILEIN PAPETERIE

Feine Dinge

Herzilein Papeterie *Top!*

Nachdem das Label Herzilein in den letzten Jahren zum Inbegriff fröhlich bunter Kindermode made in Austria avancierte, hat sich dessen Gründerin Sonja Völker etwas Neues ausgedacht: die Herzilein Papeterie. Dieser wunderbare Concept-Store rund um Papierwaren, Verpackung, Grußkarten und Geschenke für spezielle und alltägliche Anlässe soll dazu animieren, wieder zum Stift zu greifen. Ein heißer Tipp für gute Geschenke!
1., Wollzeile 18, Tel.: 0676/420 54 52, www.herzilein-papeterie.at, Öffnungszeiten: Mo–Fr 10.00–19.00, Sa 10.00–18.00
1., Am Hof 5, Tel.: 0676/772 44 86, Öffnungszeiten: Mo–Fr 10.00–19.00, Sa 10.00–18.00
18., Währinger Straße 91, Tel.: 065/771 07, Öffnungszeiten: Mo–Fr 9.00–18.00, Sa 9.00–17.00

The Vienna Store

Ein Shop, der mit einer bunten Mischung von Büchern, Notebooks, coolen Wien-Guides u.a. auch „Wien for Women Only" und allerlei Produkten mit zeitgemäßen Wienbezug die Neugierde weckt.
1., Herrengasse 5, Tel.: 01/535 05 65, www.theviennastore.at, Öffnungszeiten: Mo–Fr 10.00–18.00, Sa 10.00–18.00

Le Shop
Eine Kombination aus Geschenkladen und Grafikbüro: Hier legt man neben dem Design großen Wert auf hochwertige Materialien und nachhaltige Produktion. So stammen die besonderen Home-Accessoires, Büro- und Alltagshelfer in den Regalen auch ausschließlich von jungen Designern, die diesen Prinzipien folgen – von Wien bis Indonesien.
7., Kirchengasse 40/1, Tel.: 01/956 66 33, www.le-shop.at, Öffnungszeiten: Mo–Fr 11.00–18.00

Katha & Georg
Eine große Bandbreite an Vintage-Bilderrahmen gibt's bei Katha & Georg in der Westbahnstraße zu kaufen. Die Rahmen sind einfach so, wie sie daherkommen: Groß, winzig, mit Bild oder ohne, intakt oder von der Zeit mitgenommen, golden oder ohne Farbe und in jedem Fall so unterschiedlich wie ihre Geschichten. Passend dazu ist der Store mit Vintage-Möbeln von Catrinette ausgestattet. Dazu gibt's Sandwiches, Limonaden, Bier und Kaffee von eigenbrötler.
7., Westbahnstraße 48, Tel.: 01/522 53 00, www.kathageorgdotcom.wordpress.com, Öffnungszeiten: Mo–Sa 11.00–18.00

Sous-Bois
Alles am Sous-Bois ist zart, vom kleinen Laden bis zu den filigranen Papierwaren. Die Papeterie bietet Schreibmaterial, Papier, Notizbücher, Tagebücher und Ähnliches von renommierten Marken und Designern aus aller Welt wie HAY, Nomess Copenhagen, Paperways u.v.m. an. Auch eine kleine Auswahl an Kunstbüchern gibt es im Sortiment. Der Fokus liegt auf Papierdesign und Buchbinderei.
7., Neustiftgasse 33, Tel.: 0699/13 06 68 78, www.sous-bois.at, Öffnungszeiten: Mo–Fr 11.00–18.00, Sa 12.00–17.00

Blumen

Flower Shop-Kunstgärtnerei Doll im Palais Hansen Kempinski
Top!

Der Shop liegt direkt im Eingangsbereich des Hotels. Der üppige und farbenfrohe Blumenzauber hält, was er verspricht. Die vielfältigen Dekorationen, u.a. für den Wiener Opernball, zeugen davon.
1., Schottenring 24, Tel.: 01/236 10 00-8097, www.doll-salzburg.at, Öffnungszeiten: Mo–Fr 9.00–19.00, Sa 9.00–13.00 (im Advent 9.00–15.00)

Lederleitner in der Römischen Markthalle im Börsegebäude
Top!

In den Kellergewölben unter der Börse offenbart sich eine botanische Oase. Fantastische Blumen und Pflanzen, Gartenmöbel und allerlei Accessoires für Terrasse und Garten, aber auch Zeitschriften und Bücher verführen zu Spontankäufen. Wem danach die Sinne schwinden, kann sich hier auch gleich mit Köstlichkeiten von Frühstück über Lunch bis Dinner stärken.
1., Schottenring 16, Tel.: 01/532 06 77, www.lederleitner.at, Öffnungszeiten: Mo–Fr 10.00–19.00, Sa 9.00–17.00

WEITER AUF SEITE 58 →

LEDERLEITNER IN DER RÖMISCHEN MARKTHALLE IM BÖRSEGEBÄUDE

Xandra Linsin

Fotografin

Welche Vorzüge hat Wien im Vergleich zu anderen Großstädten?
Wien hat einen sehr gemütlichen Rhythmus und vereint viele Vorzüge verschiedener Metropolen in sich. Es besitzt eine schöne Mischung aus einem etwas mediterranen Lebensgefühl (Küche und Lokale), nördlicher Organisation und Strukturiertheit und ist daher perfekt zum Arbeiten und Erholen.

Wiens beste Aussichten und Ansichten: Wenn Sie in Wien fotografieren, wo gibt es die besten Motive?
Wien ist sehr fotogen und die perfekte Kulisse für verschiedene Stimmungen. Besonders der erste Bezirk mit seinen alten Gassen, seiner Architektur und dem Kopfsteinpflaster. Die Stadt hat eine sehr harmonische Farbigkeit. Für ein urbaneres Feeling mag ich den Donaukanal. Oder über den Dächern von Wien.

Die spannendsten Orte, um zeitgenössische Fotografie zu entdecken?
Bei den Museen und größeren Institutionen wären es *Albertina*, *MuseumsQuartier*, *21er Haus* und *Kunst Haus Wien*. Und bei den Galerien z.B. *OstLicht*, *WestLicht*, die *Plattform für junge Kunst* und die *Galerie Hilger Next*. Und die einmal im Jahr stattfindenden Veranstaltungen *Photo Vienna* und *Parallel Vienna*.

Fotografinnen, Fotografen und Menschen aus der Mode- & Kreativszene – wo trifft man die in Wien?
Im sechsten und im siebenten Bezirk.

Wohin zieht es Sie, wenn Sie abends ausgehen?
Skopik & Lohn, Cafè Ansari, Mochi, Engländer, Zum Gschupftn Ferdl, Fabios, Miznon, Salonplafond, Roberto's Bar, Loos Bar, Tel Aviv Beach, Pratersauna.

Albertina – 1., Albertinaplatz 1 / *MuseumsQuartier* – 7., Museumsplatz 1 / *21er Haus* – 3., Quartier Belvedere, Arsenalstraße 1 / *Kunst Haus Wien* – 1., Untere Weißgerberstraße 13 / *OstLicht* – 10., Absberggasse 27 / *WestLicht* – 7., Westbahnstraße 40 / *Plattform für junge Kunst* – 1., Bäckerstraße 4 / *Galerie Hilger Next* – 10., Absberggasse 27, Stiege 3, 2. Stock / *www.photovienna.at* / *parallelvienna.com*

Lederleitner Kärntner Straße
Kleiner Ableger der Markhalle mit gutem Angebot an frischen Schnittblumen.
1., Kärntner Straße 55, Tel.: 01/513 47 20, www.lederleitner.at, Öffnungszeiten: Mo–Fr 9.30–19.00, Sa 9.30–18.00

BlumenArt
Saisonal liebevoll zusammengestellte Pflanzen, Blüten und Sträuße. Ein kleiner, feiner Laden im Zweiten.
2., Taborstraße 10, Tel.: 01/212 12 33, Öffnungszeiten: Mo–Fr 8.00–18.30.00, Sa 8.00–17.00

Blumenkraft
Das Lokal wurde von Architekt Gregor Eichinger gestaltet. Blumenkraft ist sicher einer der visionärsten Blumenläden der Stadt. Christine Fink und ihr Team zaubern Kunstwerke, die sie in allen Arten von Vasen – von mini bis mannshoch – arrangieren.
4., Schleifmühlgasse 4, Tel.: 01/585 77 27, www.blumenkraft.at, Öffnungszeiten: Mo–Fr 10.00–19.00, Sa 9.00–14.00

Black Flowers (Atelier)
Nadja Wassmann hat sich ihren Kindheitstraum erfüllt und übersetzt Geschichten in Blumendekorationen. Stilsicher und mit viel Passion jongliert sie mit Farben, Pflanzen und Effekten – je nach Wunsch in barocker Fülle oder architektonischer Klarheit.
6., Gumpendorfer Straße 113, Tel.: 0660/275 15 51, www.blackflowers.at, Termine nach Vereinbarung

Doll's Blumen *Top!*
Ein herrliches Blumengeschäft, bestückt mit Blumensträußen, Pflanzen und außergewöhnlicher Botanik. Daneben machen Kochbücher, Cityguides wie etwa *Wien for Women only* und bunte Accessoires gute Laune und Lust auf schöne Dinge. Außerdem ist Doll's Lieferservice sehr zu empfehlen!
8., Lange Gasse 62, Tel.: 01/405 95 31, www.florist.at, Öffnungszeiten: Mo–Fr 9.00–18.30.00, Sa 9.00–15.00

Zweigstelle *Top!*
Nach dem Motto „Folge dem Trieb" bietet man hier Schnittblumen, Blüten, Schaufensterdekos und Blumenarrangements mit Eye-Catcher-Qualitäten. Sehr zu empfehlen: das wöchentliche Blumenservice für zu Hause oder fürs Büro – eine herrliche Sache! Außerdem verlockend: köstliche Düfte, stylische Accessoires und auch unsere *For Women only*-Guide-Serie.
9., Porzellangasse 4, Tel.: 01/315 66 98, www.zweigstelle.com, Öffnungszeiten: Mo–Fr 9.00–18.00, Sa 9.00–13.00

Donati
60 verschiedene Dahliensorten werden u.a. im hauseigenen Schaugarten kultiviert. Hortensien in traumhaft verführerischen Farben und unterschiedlichen Längen – und natürlich noch viele andere saisonale Blüten. Hier wird Liebe zum Handwerk und zur Natur gelebt.
19., Silbergasse 52, Tel.: 01/440 88 73, www.donati.at, Öffnungszeiten: Mo, Di 13.00–18.30, Mi–Fr 10.00–18.30, Sa 10.00–17.00

Bloomerei
Sympathisches Blumen-Lieferservice, das frische Sträuße nach Hause liefert. Man kann aus vier verschiedenen Abo-Paketen wählen.
Tel.: 02946/270 56, hallo@bloomerei.com, www.bloomerei.com

Bücher

Morawa
Diese Morawa-Filiale besteht seit 1877 und überzeugt durch ihr umfangreiches Sortiment an deutsch- und fremdsprachiger Belletristik und Fachliteratur sowie durch eine riesige Auswahl an internationalen Zeitungen und Magazinen.
1., Wollzeile 11, Tel.: 01/513 75 13, www.morawa-buch.at, Öffnungszeiten: Mo–Fr 9.00–18.30, Sa 9.00–18.00

Shakespeare & Company
Eine versteckte, kleine und herrlich altmodische englischsprachige Buchhandlung. Das Sortiment ist bunt und sehr persönlich zusammengestellt.
1., Sterngasse 2, Tel.: 01/535 50 53, www.shakespeare.co.at, Öffnungszeiten: Mo–Sa 9.00–21.00

Kunstverlag Wolfrum
Einer der schönsten Kunstbuchläden der Stadt, in dem auch immer wieder Ausstellungen österreichischer Künstler stattfinden und der auch ein Antiquariat beherbergt.
1., Augustinerstraße 10, Tel.: 01/512 53 98-0, www.wolfrum.at, Öffnungszeiten: Mo–Fr 10.00–18.00, Sa 10.00–17.00

Frick
Die Traditionsbuchhandlung hat sieben Filialen in Wien. Das größte und älteste Geschäft befindet sich am Graben und bietet auf vier Etagen ein umfangreiches Sortiment mit Schwerpunkten auf Literatur, Naturwissenschaft und englischsprachigen Büchern. Tipp für Schnäppchenjäger: Fricks Restseller bietet unschlagbare Sonderangebote!

BABETTE'S

1., Graben 27, Tel.: 01/533 99 14, www.buchhandlung-frick.at, Öffnungszeiten: Mo–Fr 9.00–19.00, Sa 9.30–18.00
Fricks Restseller, 1., Schulestraße 1–3, Tel.: 01/512 69 05, Öffnungszeiten: Mo–Fr 10.00–18.30, Sa 10.00–18.00

Babette's Spice and Books for Cooks
Eine offene Küche mitten im Buchgeschäft lädt mittags zum Essen ein. Abends legen die Gäste im Rahmen der zahlreichen Kochkurse selbst Hand an. Und das in gemütlichster Wohnzimmeratmosphäre zwischen unzähligen Kochbüchern.
1., Am Hof 13, Tel.: 01/533 66 85, www.babettes.at, Öffnungszeiten: Mo–Fr 11.00–19.00, Sa 10.30–17.00
4., Schleifmühlgasse 17, Tel.: 01/585 51 65, Öffnungszeiten: Mo–Fr 10.00–19.00, Sa 10.30–17.00

Lhotzkys Literaturbuffet
Beim gastfreundlichen Ehepaar Lhotzky kann man inmitten einer großen Auswahl an Büchern mit Schwerpunkt Krimi, politisches Buch und Raritäten Wiener Kaffeehausatmosphäre genießen. Frühstück, Snacks und Getränke werden an den kleinen Bistrotischen serviert und versüßen die geistige Nahrung.
2., Rotensterngasse 2, Tel.: 01/276 47 36, www.literaturbuffet.com, Öffnungszeiten: Di–Fr 9.00–18.00, Sa 9.00–13.00

Anna Jeller
Schöne, alte Räume und hohe, dunkle Regale bis oben hin voll mit Büchern: Dieses Buchgeschäft strahlt Gemütlichkeit und Nostalgie aus. Ein Tipp für Buchliebhaber!

*4., Margaretenstraße 35,
Tel.: 01/586 13 53, www.annajeller.at,
Öffnungszeiten: Mo–Fr 9.00–19.00 Sa
9.30–13.00*

fabelwelt
Ein reizendes Kinder- und Jugendbuchgeschäft, das neben deutschsprachigen Büchern liebevoll ausgewählte Kinderliteratur aus allen Ecken der Welt in der jeweiligen Landessprache führt. Workshops, Lesungen und handgemachte Kleinigkeiten ergänzen das Angebot.
*4., Schleifmühlgasse 6–8, Tel.: 01/955 21 80,
Öffnungszeiten: Mo, Di, Do, Fr 11.30–18.00,
Sa 10.30–15.00*

phil
Die Kombination aus Büchern, Comics, CDs, Filmen, Kaffee, Drinks, Brunch, alten Möbeln, Lesungen und Konzerten macht diesen Laden zu etwas Besonderem. Schmökern, Menschen treffen, brunchen und trinken in hipper Atmosphäre.
*6., Gumpendorfer Straße 10–12,
Tel.: 01/581 04 89, ww.phil.info,
Öffnungszeiten: Mo 17.00–1.00,
Di–So 9.00–1.00*

Thalia
Über vier Etagen erstreckt sich das riesige Sortiment an deutsch- und fremdsprachiger Belletristik, Fachliteratur, E-Books, DVDs und Papeterie. In der integrierten Coffeeshop Company kann man bei einer Tasse Kaffee gleich mit dem Lesen beginnen.
*6., Mariahilfer Straße 99,
Tel.: 0732/76 15–66710,
www.thalia.at, Öffnungszeiten: Mo–Mi
9.00–19.00, Do, Fr 9.00–20.00,
Sa 9.00–18.00*

Buchhandlung Walther König
Der Fokus liegt auf Büchern und Kunstbänden aus den Bereichen Kunst, Architektur, Fotografie und Design. Daneben gibt es auch einen Büchermarkt mit Sonderangeboten, Kunstmagazinen und Wien-Guides. Verlockend: die tolle Auswahl und die gute Lage im MuseumsQuartier.
*MuseumsQuartier, 7., Museumsplatz 1,
Tel.: 01/512 85 88-0,
www.buchhandlung-walther-koenig.de,
Öffnungszeiten: Mo–Sa 10.00–19.00,
So 12.00–19.00*

Hartliebs Bücher
Im kleinen Liebhaber-Shop von Krimiautorin Petra Hartlieb und ihrem Mann stapeln sich die Bücher bis unter die Decke. In familiärer Atmosphäre wird hier hervorragend beraten, geschmökert und literarisch genossen. Für Italo- und Frankophile: Die Filiale in der Porzellangasse ist auf Bücher in italienischer und französischer Sprache spezialisiert.
*9., Porzellangasse 36, Tel.: 01/315 11 45,
www.hartliebs.at, Öffnungszeiten: Mo–Fr
9.00–18.00, Sa 9.00–13.00
18., Währinger Straße 122, Tel.: 01/942 75 89,
Öffnungszeiten: Mo, Mi, Fr 9.00–18.00,
Do 9.00–20.00, Sa 9.00–13.00*

Buchkontor
Das Buchkontor ist ein Fixpunkt in der Wiener Kulturszene. Im Nibelungenviertel hinter der Stadthalle angesiedelt, ist der herrlich gemütliche Laden eine Heimat der Bücher, aber auch der Literaten, Musiker und Künstler. Es finden immer wieder Leseabende und Veranstaltungen statt.
*15., Kriemhildplatz 1, Tel.: 01/943 41 43-10,
www.buchkontor.at, Öffnungszeiten:
Mo–Fr 9.30–18.00, Do 9.30–19.00,
Sa 9.00–13.00*

BUCHKONTOR

CHARM CLUB GENERATION
Thomas Sabo
THOMAS SABO Flagship Store | Seilergasse 4 | 1010 Wien
THOMAS SABO Shop Donauzentrum | THOMAS SABO Shop Shopping City Süd

Grand Ferdinand

Essen & Trinken

WIEN ERLEBT KULINARISCH GLÄNZENDE ZEITEN. DIE NEUE WIENER KÜCHE WIRD INTERNATIONAL BEJUBELT. JUNGE WIRTINNEN UND WIRTE INTERPRETIEREN DAS WIRTSHAUS MUTIG UND UNKONVENTIONELL.

WIEN ERLEBT IN JEDER HINSICHT kulinarisch glänzende Zeiten, und Food-Kritiker in aller Welt bejubeln die neue Wiener Küche, die sich von ihrer chicen, raffinierten und unkomplizierten Seite zeigt. Es scheint überhaupt eine neue Generation von jungen Wirtinnen und Wirten zu geben, die mutig und unkonventionell das gute alte Wirtshauskonzept neu interpretieren und in deren Lokalen sich gemütliche Beislgeherinnen und -geher genauso wohlfühlen wie ambitionierte Welt-Wienerinnen und -Wiener. Kein Wunder also, dass Michelin-Sterne-Träger Konstantin Filippou ganz im neuwienerischen Sinn sein elegantes Speisezimmer um ein neues schlankes, leichtes, junges Lokal – das *o boufés* – im ersten Bezirk erweitert hat. Statt Gerichten werden Zutaten aufgelistet, der Austro-Grieche serviert Blutwurstravioli, Bries, Rindsbackerl, Schweinebauch, Oktopus, verleugnet nie seine griechischen Wurzeln, setzt aber jedes Mal einen kulinarischen Wien-Akzent wie etwa bei Sardinenfilets die Butterbröseln. Auch bei den Weinen hat er das richtige Gespür und bietet – gerade sehr aktuell – ausschließlich naturnah ausgebaute Weine an.

Was der Name zunächst noch nicht vermuten lässt, wird im *Pramerl & the Wolf* zelebriert: die Kunst des Weglassens. In einem im wahrsten Sinne des Wortes „gewienerten" uralten Mini-Beisl mit prächtiger Vintage-Schank serviert der junge, spätberufene Koch Wolfgang Zankl ausschließlich Menüs, in denen er Klassiker der Wiener Küche wie etwa Krautrouladen und Spitzpaprika serviert. Die Anzahl an Gängen wird von Hunger und Zeit der Gäste bestimmt. Sehr angesagt ist auch das *Ramasuri*, das sich gleich neben dem beliebten *Mochi* und dem *Café Ansari* im zweiten Bezirk befindet. Schon der Name des Lokals ist durch und durch wienerisch – er bedeutet so viel wie „großes Durcheinander". Im Sommer sitzt man im bunt möblierten Schanigarten vor edler Hausfassade und dem Denkmal der Dichterikone Johann Nestroy. Drinnen wird das sehr neuwienerische Essen wie etwa Butterschnitzel vom Wels mit Erbsenpüree und Krensauce oder etwa der Klassiker Backhenderl überraschend anders, aber traditionell knusprig mit einem Erdäpfelsalat mit süßer wienerischer Note serviert. Bodenständig wie nur geht es auch im *Stephan*, der Gastwirtschaft mit Bar im fünften Bezirk, zu. Im puristisch getäfelten Gastraum sitzen Bauarbeiter genauso wie Generaldirektoren, das Schnitzel kommt – wie es sich gehört – aus dem Butterschmalzpfandl

und entlockt den Gästen ein leises „Ahh“ beim Durchschneiden der knusprigen Panier. Seit dem TV-Serienhit „Vorstadtweiber“ sind die Tische im *Skopik & Lohn* wieder rar, man sollte also besser zwei Wochen im Vorhinein reservieren. Die neue Beliebtheit des Bistro-Beisls mit der unverkennbaren Deckenmalerei von Künstler Otto Zitko im zweiten Bezirk ist jedenfalls so groß wie schon lange nicht, das geschmorte Lamm mit weißer Polenta zart und saftig und der Signature Dish „Steak Frites“, natürlich mit Sauce béarnaise, extramürb.

Ein ganz neues Foodie-Feeling verschaffen der Stadt viele neue außergewöhnliche kulinarische Genusstempel mit einer Kombination aus Edelkantine, Lebensmittelspezialitäten, Greißlerei, Take-away, feinen Wohnaccessoires und Tischkultur. Als Johannes Lingenhel beschloss, seinen Marktstand am Wiener Naschmarkt aufzugeben, ahnte er noch nichts von Größe und Dimension seines neuen Projektes in der Wiener Landstraße nahe dem Rochusmarkt, das seit der Eröffnung von *Lingenhel* im Juni 2016 zu den ganz feinen Adressen zählt. Der Clou an seiner Gourmet-Oase mit Lebensmittelwerkstätte ist sicherlich die eigene Käseproduktion gemeinsam mit Käse-Guru Robert Paget. Vor den Augen der Gäste werden feinste Joghurts, Frischkäse, Mozzarella, Burrata und Camembert hergestellt, die im an-

geschlossenen Restaurant serviert oder im noblen Geschäft verkauft werden. Unser Tipp: gleich den großen langen Holztisch im „Käse-Spa“ in großer Runde buchen, frischer und schöner geht's nicht. Auch der coole Design- und Food-Shop von *Marco Simonis* stillt als nobler Nahversorger mit selbst gemachten Tartes, gefüllten Baguettes und Sandwiches auf der Dominikanerbastei 10 den urbanen Appetit. Simonis setzt bei seinem Angebot auf Lebensmittelmanufakturen wie *Thum Schinken* (bester Beinschinken der Stadt!), exklusive Gewürzproduzenten, Jahrgangssardinen aus Portugal und selbst gemachte Take-away-Spezialitäten, wunderbar appetitlich in Schraubgläser abgefüllt.

Beim Betreten des ersten Wiener Indoor-Food-Marktes, der *Marktwirtschaft* in der Siebensterngasse, fällt man zunächst dem begnadeten Barmann und Getränketüftler Hubert Peter in die Arme. Der Vorarlberger arbeitet mit selbst eingelegten Früchten, Wurzeln und Essenzen, die auf seinen Regalen in farbenfroh anzusehenden Gläsern stehen. Experimentierfreudige nehmen den „Wurstcocktail“ oder den „Rote-Rüben-Kren mit Schokolade-Cocktail“, sehr erfrischend ist auch der „Fenchel-Sternanis-Verbene-Cocktail“ mit Tonic, selbst gemachtem, versteht sich. Dringt man tiefer in den Markt ein, verführen Stände mit dem berühmten Schweizer Jumi-Käse, Biobrot vom Holzofenbäcker Gragger, Dormayer-Schinken und -Würste, Gemüse, Baldini-Bier zum Kosten und Verfeinern der Wochenendeinkäufe. Als Herzstück der Marktwirtschaft gilt das Restaurant „Die Liebe" an der Stirnseite. Schon das Frühstück spielt dort alle Stückerln – viele hübsche Multikulti-Kleingerichte, die mit frischen Zutaten des Marktes gekocht werden. Weiteres Plus: große Fenster, ein schöner begrünter Innenhof und Dekorationen des Londoner Künstlers David Shillinglaw. Eine bezaubernde Kombination, diesmal ganz dem Thema Fisch gewidmet, ist das *Goldfisch* von Petra Goetz-Frisch und dem Weinhändler Sebastian Slavicek in der Lerchenfelder Straße im achten Bezirk. Tout Vienne ist entzückt von den „goldigen" Speisen wie etwa der Lerchenfelder Fischsuppe mit Safran, die an schönen Schiefertischen mit Blick in die offene Küche verzehrt werden. Die Auswahl in der Fischvitrine des Shops reicht von superfrischen Forellen aus dem Naturpark Kalkalpen über Bio-Branzino aus Piran (die beste Branzino-Zucht in Europa) bis hin zu Salzburger Kaviar und Austern.

Und wo geht in Wien sonst noch die Post ab? Auf alle Fälle im *Art Dinner Club* mit ein bisschen New York Feeling mitten in Wien. An den Wänden Werke österreichischer Künstler, macht Wien hier jeden Freitag und Samstag Fine Party zu Fine Dining und Fine Drinking mit Fine Dancing. Wer sich, einmal im Club drinnen, in der Tür irrt, kann schon einmal im gleich daneben liegenden *Kitch* landen, einer sehr angesagten Pizzeria. Dort treffen weiße Backsteinwände mit Leuchtbuchstaben und Graffiti auf original neapolitanische Pizza aus dem Holzofen. Ein ganz anderes Konzept geht direkt hinter dem Stephansdom beim israelischen Starkoch Eyal Shani in seinem *Miznon* – was übersetzt so viel wie Kantine bedeutet – voll und ganz auf. Aus einfachsten Zutaten werden amüsant klingende Speisen serviert, wie etwa die „überfahrenen Erdäpfel". Dann noch gegrillter Karfiol im Ganzen, Lammfaschiertes, alles auf Papier gereicht, frisch zubereitet in der fröhlich-lauten Atmosphäre der offenen Küche des Lokals. Unser Tipp: Wer lieber inkognito bleiben möchte, bestellt die Speisen an der Bar lieber unter einem Decknamen. Der wird nämlich sehr laut durchs Lokal gerufen, wenn das fertige Essen direkt an der Bar abzuholen ist. Ein weiteres kosmopolitisches Erlebnis bietet das *Blue Mustard* mitten in der Stadt. Wo einst Revuegirls ihre Röcke hoben, stellt Sternekoch Alexander Mayer die Teller auf den Tisch, und unter blau leuchtenden Neogotikbögen, die den Fenstern des Stephansdoms nachgebildet sind, gibt es tolle Drinks. Motto: Chinchin statt Cancan!

Kommt der Wiener nicht aufs Land, kommt das Land eben in die Stadt. Diesem Motto schließen sich immer mehr heimische Ab-Hof-Anbieter und Lokale an, von denen es in Wien mehr denn je zu geben scheint und die damit das Stadtbild um eine neue Facette bereichern. Der Bauernladen *Ab Hof* im 17. Bezirk hat zwar keinen Stall, dafür aber Produkte einer kleinen Bauerngemeinschaft aus dem südlichen Waldviertel mit tollem Frischfleisch für bewussten Fleischkonsum. Auch Georg Rohrauer und seine Partnerin Annemarie Wanner verkaufen ihre Bioprodukte lieber im eigenen Geschäft in Wien als auf dem Land: in ihrem *dazu-Hofladen* im neunten Bezirk. Dasselbe gilt auch für die *Wiener Schnecke* von Andreas Gugumuck. Das ehemalige „Arme-Leute-Essen“ wird dort vom Feld bis auf den Teller zelebriert. Wer's nicht glaubt, besichtigt zuerst die am Stadtrand in Favoriten gelegene Schneckenfarm und lässt sich anschließend von Küchenchef Dominik Hayduck im schnuckeligen Verkostungsraum ein ganzes Schneckenmenü servieren. Eine besondere Augenweide im Bezirk Simmering ist der *Feigenhof* von Landschaftsplanerin Ursula Kujal und Gartenbauer Harald Thiesz. Die beiden haben vor der traumhaften Kulisse des barocken Schlosses Neugebäude eine mediterrane Food-Oase mit seltenen Früchten und Kräutern angelegt. Allein die Feigenplantage mit über 50 verschiedenen Feigensorten ist einzigartig und auf jeden Fall sehenswert. Besucher und Interessierte können gegen Voranmeldung Führungen vereinbaren, und jeden Freitag und Samstag gibt es einen Ab-Hof-Verkauf (Juli bis Oktober).

Interessanter als in diesen Tagen war Wien für Foodies jedenfalls noch nie, und mit unseren Tipps lässt sich die Stadt mit rundum gelungenen kulinarischen Erlebnissen genießen, ob für ein Wochenende, einen Tag oder nur für einen langen schönen Abend.

— ALEXANDRA PALLA

o boufés – 1., Dominikanerbastei 17 / *Pramerl & the Wolf* – 9., Pramergasse 21 / *Ramasuri* – 2., Praterstraße 19 / *Mochi* – 2., Praterstraße 15 / *Café Ansari* – 2., Praterstraße 15 / *Stephan* – 5., Schönbrunner Straße 98 / *Skopik & Lohn* – 2., Leopoldsgasse 17 / *Lingenhel* – 3., Landstraßer Hauptstraße 74 / *Marco Simonis* – 1., Dominikanerbastei 10 / *Thum Schinken* – 5., Margaretenstraße 126 / *Marktwirtschaft* – 7., Siebensterngasse 21 / *Goldfisch* – 8., Lerchenfelder Straße 16 / *Art Dinner Club* – 1., Falkestraße 5 / *Kitch* – 1., Biberstraße 8 / *Miznon* – 1., Schulerstraße 4 / *Blue Mustard* – 1., Dorotheergasse 6–8 / *Ab Hof* – 17., Jörgerstraße 56–58 (Elterleinplatz) / *dazu-Hofladen* – 9., Liechtensteinstraße 73 / *Wiener Schnecke* – 10., Rosiwalgasse 44 / *Feigenhof* – 10., Am Himmelreich 325

Brunch & Lunch

Midi – le petit déli

Wer sich bei seinem Wienaufenthalt nach etwas Pariser Flair sehnt, ist hier richtig. Serviert wird unkomplizierte, frische und saisonal französische Küche – auch zum Mitnehmen. Mittags gibt es eine Auswahl aus immer wieder wechselnden Speisen, nachmittags französische Patisserie und Kaffee, zum Aperitif eine gute Auswahl an Weinen.
1., Hoher Markt 5, Tel.: 01/890 45 64, www.facebook.com/midi.le.petit.deli, Öffnungszeiten: Mo–Fr 11.30–16.30

Palais Coburg

Neben saisonal zusammengestellten Frühstückspaketen, kann man auch die klassischen Wiener Frühstücksvariationen genießen. Das Ambiente ist traumhaft, im Licht durchfluteten Wintergarten lässt sich der Garten bestaunen.
1., Coburgbastei 4, Tel.: 01/51 81 81 30, www.palais-coburg.com, Öffnungszeiten: Frühstück Mo–So 7.00–11.30

Beaulieu

Das kleine Bistro ist gleichzeitig ein Delikatessenladen mit einer guten Auswahl an Käse, Quiches, Wein und Tartes. Am besten zum Lunch auf ein belegtes Baguette, ein Coq au vin oder ein Chèvre chaud vorbeischauen – als wäre Wien Paris. Es gibt auch einen hübschen Garten, ein noch hübscheres Kochbuch und Tartes zum Mitnehmen.
Ferstel-Passage, 1., Herrengasse 14, Tel.: 01/532 11 03, www.beaulieu-wien.at, Öffnungszeiten: Mo–Sa 10.00–23.00

Marco Simonis

Top!

Marco Simonis selbst beschreibt seinen Laden als einen Ort, an dem sich alles „rund um das gute und schöne Leben dreht". Es gibt Sandwiches, Aufläufe, Salate, Torten, ein Mittagesmenü und kleine Köstlichkeiten. Empfangen wird man mit Vogelgezwitscher. Definitiv eines unserer Lieblingslokale! Im Hinterzimmer gibt's ausgewählte Bücher, Porzellan und andere delikate Fundstücke.
1., Dominikanerbastei 10, Tel.: 01/512 20 10, www.marcosimonis.com, Öffnungszeiten: Mo–Fr 8.30–20.00

Do & Co Albertina

Top!

Klassiker der Wiener Küche sowie Sushi und andere asiatische Köstlichkeiten.

MARCO SIMONIS

HIDDEN KITCHEN

Serviert wird im Restaurant und auf der Terrasse. Auch für ein spätes Frühstück sehr zu empfehlen. Eine der schönsten Terrassen Wiens!
1., Albertinaplatz 1, Tel.: 01/532 96 69, www.doco.com, Öffnungszeiten: 9.00–24.00

The Guesthouse

Als leidenschaftlicher Frühstücker ist man hier in besten Händen, denn das Frühstück dauert bis 23 Uhr abends. Vormittags und mittags sollte man reservieren. Das Guesthouse ist nämlich ein allseits beliebter Meeting-Point, auch für Geschäftstermine.
1., Fürhichgasse 10, Tel.: 01/512 13 20 15, www.theguesthouse.at, Öffnungszeiten: Frühstück von 6.30–23.00

Hidden Kitchen

Zum Lunch gibt es köstliche Quiche, Salate und jeweils eine Tagesspeise und zum Nachtisch herrliche Torten und Cupcakes.
1., Färbergasse 3, Tel.: 01/276 83 98, www.hiddenkitchen.at, Öffnungszeiten: Mo–Fr 10.00–16.00
3., Invalidenstraße 19, Tel.: 01/971 60 93, www.hiddenkitchen.at, Öffnungszeiten: Mo–Fr 8.30–17.00, Sa 9.00–14.00

Meierei im Stadtpark

Gleich unterhalb des Haubenrestaurants Steirereck liegt die dazugehörige Meierei. Man kann hier ein Butterbrot mit Schnittlauch essen, sich an rund 140 Käsesorten erfreuen oder eines der herrlichen Mittagsmenüs genießen. Auch am Wochenende ein heißer Tipp für ein ausgedehntes Frühstück (bis 12 Uhr) oder spätes Mittagessen. Herrliches Ambiente mitten im grünen Stadtpark! Reservierung empfohlen.
3., Am Heumarkt 2A, Tel.: 01/713 31 68-10, www.steirereck.at, Öffnungszeiten: Mo–Fr 8.00–23.00, Sa, So 9.00–19.00

Joseph Brot

Bäckerei, Patisserie und Bistro – Frühstücken kann man hier wochentags bis 11 Uhr und an Wochenenden und Feiertagen sogar bis 15 Uhr. Es stehen jede Menge Köstlichkeiten auf dem Programm. Die ganze Auswahl hier wiederzugeben, würde den Rahmen sprengen, aber eines ist sicher: Die Backwaren, Törtchen und Birchermüslis sind einmalig. Das Lokal ist stylish und könnte auch in New York oder sonst wo ein Renner sein. Sonntags ideal zum Brot- und Gebäckholen, aber Achtung, hier herrscht Bobo-Alarm – wen wundert's?
3., Landstraßer Hauptstraße 4, www.joseph.co.at, Öffnungszeiten Bäckerei: Mo–Fr 7.30–21.00, Öffnungszeiten Bistro: Mo–Fr 8.00–21.00, Sa, So, Feiertag 8.00–18.00

Café Tanzen Anders

„Junge Römer tanzen anders" – das Café Tanzen Anders liegt zwei Häuser neben Falcos ehemaliger Wohnung in der Ziegelofengasse. Das Interieur ist minimalistisch bis spartanisch, die Speisekarte eher klein mit täglich wechselnden Gerichten, verwendet werden vorwiegend saisonale und regionale Produkte. Am Sonntag wird gebruncht, unter der Woche gibt es Frühstück bis 17 Uhr.
5., Ziegelofengasse 29, Tel.: 01/974 47 74, www.tanzenanders.at, Öffnungszeiten: Mi–Fr 8.00–18.00, Sa, So 9.00–17.00

MITTAGESSEN IN DER KANTINE

Mittagessen in der Kantine – nicht aus Zwang, sondern aus Freude am Genuss! Großartiges und schnelles Mittagessen gibt es in Wien an folgenden Adressen:

- *MARCO SIMONIS – DIE KANTINE*
  3., Modecenterstraße 14, Tel.: 01/7963447, www.marcosimonis.com, Öffnungszeiten: Mo-Fr 11.30–14.00
- *HANNAHS SPEISESAAL*
  3., Radetzkystraße 2, Tel.: 0664/88134565, www.hannahs-speisesaal.at, Öffnungszeiten: Werktags 11.00–15.00
- *IKI AM ERSTE CAMPUS*
  10., Am Belvedere 1, Tel.: 050100/13600, www.iki-restaurant.at, Öffnungszeiten: Mo-Fr 11.00–22.30 (Küchenschluss 21.30)

Ulrich

Das Ulrich hat nicht umsonst den Preis für den schönsten Schanigarten Wiens eingeheimst. Es eignet sich perfekt, um sich vor einem Bummel durch die charmanten Gassen des siebenten Bezirks noch einmal ausgiebig zu stärken. Unter der Woche gibt's Frühstück bis 12 Uhr, am Wochenende für Langschläfer und Feierfreudige bis 15 Uhr.
7., Sankt-Ulrich-Platz 1, Tel.: 01/961 27 82, www.ulrichwien.at, Öffnungszeiten: Mo–Fr 7.30–2.00, Sa, So 9.00–2.00

Café Français

Hier genießen frankophile Frühstückerinnen ihr Baguette und einen Café crème. Das Bistro ist eine Huldigung an die französische „art de vivre": Musik von Gainsbourg bis Guetta und Zaz, herausragend knusprig-cremige Pommes frites mit extra scharfem Dijon-Senf, Zwiebelsuppe und ein Coq au vin – wie es sich gehört.
9., Währinger Straße 6–8, Tel.: 01/319 09 03, www.cafefrancais.at, Öffnungszeiten: Mo–Sa 9.00–24.00

La Mercerie

Ja ganz, richtig, hier ist absichtlich keine Telefonnummer, wie Website angeführt – gibt's hier nicht. La Mercerie setzt auf Mundpropaganda und ja, es funktioniert! Großteils kommen Baguettes und Croissants aus dem hauseigenen Backkeller. Das Ambiente entspricht ganz dem oben angedeuteten Konzept: Vintage, liebevoll renoviert und einfach zum Wohlfühlen!
9., Berggasse 25, Öffnungszeiten: Mo–Sa 8.30-19.00

Milchbart

Charmantes Marktbeisl am Meidlinger Markt. Hier wird jeden Tag gekocht, die Ingredienzien kommen frisch vom Markt. Das Menü besteht aus zwei bis drei Gängen und schmeckt fantastisch. Der Espresso ist der beste in ganz Meidling. Frühstück wird ab 10 Uhr serviert und jeden Samstag ein feines Frühstücksbuffet aufgebaut.
12., Meidlinger Mark, Stand 6–8, Tel.: 0681/20 46 10 44, Öffnungszeiten: Di–Sa 10.00–23.00

Café Z
Coole Atmosphäre trifft auf feine, kleine Speisekarte, die vom Frühstück mit Bioeiern und Handsemmerl bis zum vegetarischen Mittagstisch und hausgemachten Kuchen reicht. Am Abend werden Crêpes und Salate serviert. Die Speisen wechseln je nach Saison, die Zutaten werden regional eingekauft, und der eigene Schrebergarten um die Ecke liefert Obst und Kräuter. Im Sommer sitzt man herrlich entspannt im Schanigarten.
15., Meiselstraße 2, Tel.: 0680/308 72 34, www.cafe-z.at, Öffnungszeiten: Di–Sa 10.00–22.00, So 10.00–17.00

Himmelblau
Das Lokal am Kutschkermarkt bietet Mittagessen und selbst gemachte Kuchen in verspieltem Ambiente. Die Zutaten kommen vom Gemüsestand gegenüber, das Mittagsmenü wechselt jede Woche. Direkt nebenan befindet sich der dazugehörige Laden „Tischlein deck dich", in dem es französische Kerzen, Teeservice und hausgemachte Marmeladen gibt.

CAFÉ Z

18., Kutschkergasse 36, Tel.: 0660/774 14 10, www.himmelblau18.at, Öffnungszeiten: Mo–Fr 8.00–21.00, Sa, So 8.00–18.00

Easy Eating

Wein & Co Stephansplatz
In dem Raum in dezentem Betongrau mit roten Samtbänken der Firma Wittmann und gelbgoldenen Spiegelflächen und Tischplatten aus Holz sind eine Bar, eine Verkostungsecke, ein Delikatessen- & ein Weinshop mit über 2.000 Weinsorten untergebracht. Motive aus der antiken Götterwelt zieren die Wände des von BEHF designten Flagship-Stores.
1., Jasomirgottstraße 3–5, Tel.: 05 07 06-3122, www.weinco.at, Öffnungszeiten: Mo–Fr 9.00–11.00, Sa, So 9.00–12.00, So–Mi 9.00–24.00, Do–Sa 9.00–22.00

RisottoBox
Hier gibt es Risotto in allen Variationen, das durch gekonnte Zubereitung zur kulinarischen Sensation wird und außerdem gesund ist. Neben den verschiedenen Risottovariationen werden morgens gesunde Frühstücksgerichte wie Müsli, cremiges Porridge, Congee oder frisch gerührtes Joghurt zubereitet. Außerdem ist ein kleiner Teil des Lokals als „Risotto-Shop" konzipiert, wo es Praktisches rund ums Risotto, z.B. verschiedene Reissorten oder Kupferpfannen, gibt.
2., Hollandstraße 10, Tel.: 01/212 27 49, www.risottobox.com, Öffnungszeiten: Mo–Fr 8.00–16.00

Marktlücke
Einen Steinwurf vom Karmelitermarkt entfernt, kocht Sebastian Neuschler austromediterrane Küche. Toller Fisch, wie etwa Heuschreckenkrebse aus der venezianischen Lagune, oder herrliche Fischsuppen, darauf will er sich hier konzentrieren. Aber auch die venezianische Kalbsleber schmeckt köstlich! Viel besser kann man das nicht machen. Gute Weine, und an der Bar konzentriert man sich auf erfrischende Pre- und After-Dinner-Drinks.

WEITER AUF SEITE 80 →

Market Day – Essen am Markt

Karmelitermarkt

Der Karmelitermarkt hat sich in den letzten Jahren vom Geheimtipp zu einem beliebten Samstagvormittags-Treffpunkt gewandelt. Beim Slow-Food-Markt (nur an Samstagen) treffen sich an schönen Tagen nicht nur Biofreaks und Frühaufsteher, sondern eine illustre Crowd. Die Angebotspalette reicht von Obst und Gemüse über Käsespezialitäten und Geselchtem bis zu seltener zu findenden Produkten wie Pferde- oder Bisonfleisch. Zwischendurch verschnaufen und speisen lässt es sich gut im Zimmer 37, Al Mercato, Tewa oder Wulfisch.

2., Karmelitermarkt, Leopoldsgasse & Haidgasse, Öffnungszeiten: Mo–Fr 6.00–19.30, Sa 6.00–17.00, Gastronomie: Mo–Sa 6.00–23.00

- *ZIMMER 37 – 2., Karmelitermarkt, Stand 37–39, Tel.: 0699/17 23 73 11, www.zimmer37.at, Öffnungszeiten: Di–Fr 9.00–19.30, Sa 8.30–17.00*
- *AL MERCATO – 2., Karmelitermarkt, Stand 96, Tel.: 01/216 00 74, Öffnungszeiten: Mo–Fr 10.30–22.00, Sa 8.30–22.00*
- *TEWA – 2., Karmelitermarkt, Stand 25–29, Tel.: 0676/84 77 41 21-0, www.tewa-karmelitermarkt.at, Öffnungszeiten: Mo–Sa 7.00–23.00*
- *WULFISCH – 2., Haidgasse 5, Tel.: 01/946 1875, www.wulfisch.at, Öffnungszeiten: Mo–Fr 11.00–20.00, Sa 10.00–18.00*

Vorgartenmarkt

Der Vorgartenmarkt existiert seit dem 19. Jahrhundert entlang der Vorgartenstraße rund um Ennsgasse und Jungstraße. 2012 wurde er saniert, und inzwischen gibt es ein umfangreiches Sortiment an Bio-Lebensmitteln und regionalen Spezialitäten. Für fabelhafte kulinarische Zwischenstopps am Markt sorgen Stände von Rita bringt's, Gragger & Cie Holzofenbäckerei und Mochi.

2., Ennsgasse & Jungstraße, Öffnungszeiten: bei jedem Stand individuell, siehe Website: www.vorgartenmarkt.at

- *RITA BRINGT'S – 2., Vorgartenmarkt, Stand 20, Tel.: 01/361 77 22, www.ritabringts.at,*

KARMELITERMARKT

Öffnungszeiten: Mo–Fr 11.30–23.00, Sa 9.30–23.00

• *GRAGGER & CIE – 2., Vorgartenmarkt, Stand 14 & 15, Tel.: 0664/413 72 77, www.gragger-cie.at, Öffnungszeiten: Di–Fr 6.00–18.00, Sa 6.00–14.00*

• *MOCHI – 2., Vorgartenmarkt, Stand 12 & 29, Tel.: 01/925 13 80, www.mochi.at, Öffnungszeiten: Di–Sa 11.30–21.30*

Rund um den Naschmarkt

Zweifellos eines der interessantesten und größten kulinarischen Areale Wiens hat sich rund um den Naschmarkt gebildet. Neben Bauern- und Marktständen findet man hier gastronomische Perlen wie das Umar, Neni oder Nautilus. Frischen Fisch kauft man bei Fisch Gruber und qualitätsbewusste Feinkost beim Urbanek. In unmittelbarer Umgebung des Naschmarkts, jeweils nur einen Katzensprung entfernt, empfehlen wir Café Drechsler, Sektcomptoir Szigeti, phil sowie Sugos, Suppen und Süßes von Suppito. Die schönsten Gartenrosen gibt es übrigens ganz am Ende des Marktes – bei der U-Bahn-Station Kettenbrückengasse.

6., Linke und Rechte Wienzeile bis zur Kettenbrückengasse, Öffnungszeiten: Mo–Fr 6.00–19.30, Sa 6.00–18.00

• *UMAR – 6., Naschmarkt, Stand 76–79, Tel.: 01/587 04 56, www.umarfisch.at, Öffnungszeiten: Mo–Sa 10.00–23.00*

• *NENI – 6., Naschmarkt, Stand 510, Tel.: 01/585 20 20, www.neni.at, Öffnungszeiten: Mo–Sa 8.00–23.00*

• *FISCHRESTAURANT NAUTILUS – 4., Naschmarkt, Stand 673, Tel.: 0660/776 66 33, www.nautilus-fischrestaurant.at, Öffnungszeiten: Mo–Sa 11.00–24.00 (Küche bis 23.00)*

• *FISCH GRUBER – 6., Naschmarkt, Stand 33, Tel.: 01/586 32 73, www.fisch-gruber.at, Öffnungszeiten: Mo–Fr 10.00–18.00, Sa 9.00–17.00*

• *URBANEK – 4., Naschmarkt, Stand 46, Tel.: 01/587 20 80, Mo–Do 9.00–18.30, Fr 8.00–18.30, Sa 7.30–16.00*

• CAFÉ DRECHSLER – 6., Linke Wienzeile 22, Tel.: 01/581 20 44, www.cafedrechsler.at, Öffnungszeiten: So–Do 8.00–24.00, Fr, Sa 8.00–2.00
• SEKTCOMPTOIR SZIGETI – 4., Schleifmühlgasse 19, Tel.: 0664/432 53 88, www.sektcomptoir.at, Öffnungszeiten: Mo–Do 17.00–23.00, Fr, Sa 12.00–23.00
• PHIL – 6., Gumpendorfer Straße 10–12, Tel.: 01/581 04 89, www.phil.info, Öffnungszeiten: Mo 17.00–1.00, Di–So 9.00–1.00
• SUPPITO – 6., Girardigasse 9, Tel.: 0664/213 91 09, www.suppito.at, Öffnungszeiten: Mo–Do 8.00–18.0

Yppenplatz und Brunnenmarkt

Das Viertel rund um den Yppenplatz ist eine der buntesten Gegenden Wiens. Seine Lebensader bildet der Brunnenmarkt. Mit über 170 Ständen zwischen Thaliastraße und Ottakringer Straße ist er der größte Straßenmarkt der Stadt. Kein Wunder also, dass man hier auch einige kulinarische Hotspots wie Wetter, Ando, Rasouli, La Salvia, Dellago, Yppenplatz 4 oder Cay finden kann.
16., Yppenplatz/Brunnengasse, Öffnungszeiten: Mo–Fr 6.00–19.30, Sa 6.00–17.00, Gastronomie: Mo–Sa 6.00–23.00

• WETTER – 16., Payergasse 13/4, Tel.: 01/406 07 75, www.wettercucina.at, Öffnungszeiten: Di–Fr, Feiertag 17.00–24.00 (Küche 18.00–22.30), Sa 10.00–16.00
• ANDO – 16., Brunnenmarkt, Stand 169, Tel.: 01/308 75 75, www.cafeando.at, Öffnungszeiten: Mo–Sa 8.00–23.00
• RASOULI – 16., Payergasse 12, Tel.: 01/403 13 47, Öffnungszeiten: Mo 11.00–24.00, Di–Sa 9.30–24.00, So 9.30–23.00
• LA SALVIA – 16., Brunnenmarkt, Stand 139, Tel.: 01/236 72 27, www.lasalvia.at, Öffnungszeiten: Di–Do 16.00–22.00, Fr 10.00–22.00, Sa 9.00–15.00
• DELLAGO – 16., Payergasse 10, Tel.: 01/957 47 95, www.dellago.at, Öffnungszeiten: Di–Do 8.00–24.00, Fr 8.00–2.00, Sa 9.00–2.00, So 9.00–24.00
• LUDWIG & ADELE – 16., Am Yppenplatz 4, Tel.: 01/402 66 44, www.yppenplatz4.at, Öffnungszeiten: Fr 18.00–23.00, Sa 9.00–23.00
• CAY – 16., Payergasse 12/3, Tel.: 0660/253 66 25, Öffnungszeiten: Di–So 9.00–22.00

Kutschkermarkt

Am Kutschkermarkt trifft sich Jung und Alt. Ob bei den als Genussgeschäfte ausgezeichneten Marktständen oder im Slow-Food-Eck. Besonders empfiehlt sich ein Frühstück im Café Himmelblau, ein Halt beim Käsestand von Pöhl's oder eine vegetarische Mahlzeit im Oan, wo – wie der Name schon sagt – „organic and natural" gekocht wird.
18., Kutschkergasse, Öffnungszeiten: Mo–Fr 6.00–19.30, Sa 6.00–17.00, Bauernmarkt: Sa 7.00–14.00

• CAFÉ HIMMELBLAU – 18., Kutschkergasse 36, Tel.: 0660/774 14 10, www.himmelblau18.at, Öffnungszeiten: Mo–Fr 8.00–21.00, Sa, So, Feiertag 8.00–18.00
• PÖHL'S – 18., Kutschkergasse 31, Tel.: 01/402 98 74, www.kaesestand.at, Öffnungszeiten: Di–Fr 9.00–19.00, Sa 8.00–15.00
• OAN – 18., Kutschkermarkt, Stand 52, Tel.: 0676/907 29 01, www.oan.cc, Öffnungszeiten: Mo–Fr 9.00–18.00, Sa 9.00–14.00

WWW.ALEXANDRAPALLA.AT

MuseumsQuartier – 7., Museumsplatz 1 / *Kutschkermarkt* – 18., Kutschkergasse / *Karmelitermarkt* – 2., Leopoldsgasse, Haidgasse / *Vorgartenmarkt* – 2., Ennsgasse / *Tel Aviv Beach* – 2., Am Donaukanal (Höhe Obere Donaustraße 65) / *Strandbar Herrmann* – 3., Hermanpark / *Loos Bar* – Kärntner Durchgang 10 / *Gasthaus Seebauer* – www.gleinkersee.at / *Harbichs Weidebeef* – www.weidebeef.at / *The Brickmakers* – 7., Zieglergasse 42 / *Die Burgermacher* – 7., Burggasse 12 / *Fromme Helene* – 8., Josefstädter Straße 15 / *Volta* – 9., Berggasse 27 / *Catrinette* – 9., Porzellangasse 28 / *feinedinge** – 4., Margaretenstraße 35 / *Heimweh* – 5., Wiedner Hauptstraße 81 / *Zur goldenen Kugel* – 4., Wiedner Hauptstraße 42

Sarah, Vanessa und Isabel Scharl

Guerilla Bakery

Drei Schwestern aus Vorarlberg – was sind Ihre Lieblingsplätze in Wien?
SARAH: Das *MuseumsQuartier* – viel Kunst, Geschichte, junge, lässige Menschen an einem Ort –, der Donaukanal und der Augarten.
VANESSA: *Kutschkermarkt, Karmelitermarkt, Vorgartenmarkt* – als Dorfkind habe ich mich am Anfang in jeden Altbau verliebt. Und dann noch die Schleifmühlgasse und das Servitenviertel.
ISABEL: Ich liebe den Donaukanal – ein großartiges Naherholungsgebiet mitten in der Stadt, vom *Tel Aviv Beach* bis zur *Strandbar Herrmann*. Auf der Donauinsel den Jungs beim Skateboardfahren zusehen, am Kutschkermarkt frühstücken und abends in die *Loos Bar* gehen.

Ihr Backbuch hat den Titel „Zuckerorgasmus". Wo stillt die Guerilla Bakery ihre „Fleischeslust"?
Wir sind pingelig, was Fleisch angeht. Leider gibt es in Österreich keine Kennzeichnungspflicht, man weiß also nicht, woher das Fleisch kommt und ob es bio ist. Wir kaufen das Fleisch am liebsten vom *Gasthaus Seebauer* – man kann es bestellen oder auf der Freyung kaufen. Auf unserem Minibalkon grillen wir gerne *Harbichs Weidebeef*.

Wenn doch auswärts gegessen wird, dann wo?
Dann gehen wir zu *The Brickmakers*, zu den *Burgermachern* oder auf ein Schnitzel bei der *Frommen Helene*.

Wo gibt es in Wien coole Küchenaccessoires und Backutensilien zu kaufen?
Da empfehlen wir *Volta*, einen kleinen Laden mit toller Auswahl, *Catrinette*, einen Vintage-Laden mit Accessoires von Sonnenbrillen bis Küchenutensilien, und *feinedinge**, die das schönste Porzellan haben. Dann noch *Heimweh*, wo es Vorarlberger Decken und Pölster gibt, und *Zur goldenen Kugel* – ein altmodisches Omageschäft, in dem man aber alles bekommt.

2., Große Pfarrgasse 5, Tel.: 01/890 20 55, www.marktluecke.at, Öffnungszeiten: Di–Do 17.00–24 .00, Fr, Sa 17.00–1.00, Sa 12.00–1.00

Zum Gschupftn Ferdl

Der erste Bio-Heurige mit der besten Jausen der Stadt. Die Glasvitrine ist gefüllt mit Hauswürsteln, Speck, Käse, einem g'scheiten Brot und guten Aufstrichen – jeden Abend kredenzt der Ferdl außerdem „Schupfkrapfen" mit Fleisch, Blunze oder vegetarisch. Sonntags serviert Köchin Parvin Razavi Bio-Grillhendl. Weil die Gemütlichkeit auch Musik erfordert, im Speziellen das Wienerlied, gibt's einen Wurlitzer oder junge Musiker, die hier auftreten. Man trifft hier Künstler, Kreative und andere junge, wilde Stadtbewohner.
6., Windmühlgasse 20, Tel.: 01/966 30 66, www.zumgschupftnferdl.at, Öffnungszeiten: Mo–Sa ab 18.00

Erich

Das Erich ist der kleine Bruder des Ulrich, gelegen auf der anderen Seite des Sankt-Ulrich-Platzes im siebenten Bezirk. In der kleinen Bar kann man jeden Tag bis 16 Uhr frühstücken, ab 11 Uhr werden Snacks serviert, der Fokus liegt auf Tacos, „Bowls" und Sandwiches mit verschiedenen Beilagen.
7., Neustiftgasse 27, Tel.: 01/890 64 00, http://erichwien.at, Öffnungszeiten: Mo–So 8.30–2.00

Kommod

Mini-Restaurant mit nur fünf Tischen in einer ehemaligen Bäckerei, die Atmosphäre ist sehr persönlich. Gekocht wird nur ein Menü pro Tag, das aus vier einzeln zu bestellenden Gängen besteht. Die Gerichte, ein Mix aus lokaler und internationaler Küche, sind immer etwas Besonderes. Auf der Weinkarte stehen hauptsächlich österreichische, aber auch ausgesuchte internationale Weine.
8., Strozzigasse 40, Tel.: 01/402 13 98, www.kommod-essen.at, Öffnungszeiten: Di–Sa 17.00–24.00

Verde 1080

Winziges Lokal und Feinkostladen mit einer der besten Bierauswahlen Wiens – und mehr Biersorten als Stühlen. Das wechselnde Mittagsmenü ist herrlich, und einkaufen kann man auch, z.B. köstlichen Gerstensaft, saisonales Gemüse, Honig, Schokolade, Biosäfte und noch viel mehr.

8., Josefstädter Straße 27, Tel.: 01/405 13 29, www.verde1080.at, Öffnungszeiten: Mo–Fr 11.00–18.00

Zuppa
Take-away mit herrlichen Suppen, Currys und Sandwiches. Das Brot für die Sandwiches ist eine Spezialanfertigung der Holzofenbäckerei Gragger. Zu Mittag herrscht hier Hochbetrieb, schon ab 11 Uhr vormittags kann es zu Schlangenbildung kommen.
9., Schwarzspanierstraße 22, Tel.: 01/405 85 00, www.zuppa.at, Öffnungszeiten: Mo–Do 8.00–17.00, Fr 8.00–16.00

Aus aller Welt

Miznon *Top!*
Der israelische Starkoch Eyal Shani hat nach Tel Aviv und Paris jetzt auch in Wien ein Restaurant eröffnet. Im Miznon gibt es aus Israel importierte Pitas mit allen nur denkbaren Füllungen, außerdem verschiedenste andere Köstlichkeiten wie z.B. den „Brokkoli-Baum" – ein ganzer Brokkoli an einer Seite angebraten und in Knoblauchsoße getaucht. Alle Gerichte werden in Street-Food-Manier direkt vor den Augen der Gäste zubereitet. Ein äußerst lebhaftes Lokal mit Musik, guter Stimmung und gut aussehenden Israelis. Auf jeden Fall einen Besuch wert! Besonders gemütlich ist es, spätabends an der Bar zu sitzen und einen mit den Jungs zu heben.
1., Schulerstraße 4, Tel.: 01/512 10 53, www.facebook.com/miznonvienna, Öffnungszeiten: Mo–So 12.00–22.30

Vietthao
Ein kleiner Vietnamese am Karlsplatz serviert Köstlichkeiten wie Nem-Rollen mit Tofu, Schweinefleisch oder Garnelen in knuspriger Hülle, die in Salatblätter und Kräuter (Minze!) gewickelt werden, dazu einen Dip. Es lohnt sich, sich durch die Karte zu kosten.
1., Friedrichstraße 2, Tel.: 01/585 20 31, Öffnungszeiten: Di–Sa 17.00–22.30

Aï
Hier wird traditionelle japanische Küche vom feinsten gekocht. Das Konzept stimmt, denn die Gestaltung des Lokals mit klaren Formen

WEITER AUF SEITE 86 →

KOMMOD

Katha Schinkinger

—

Geschäftsführerin Habibi & Hawara

—

Ihnen ist die Integration von Flüchtlingen ein großes Anliegen. Sie haben gemeinsam mit Partnern das Lokal Habibi & Hawara *eröffnet, das von Migranten bekocht und geführt wird. Es hat fantastische Gastrokritiken bekommen. Was sind die Spezialitäten?*

Ich bin etwas voreingenommen und liebe alle unsere Speisen. Aber den Gästen zufolge sind unser Baba Ganoush, unsere Falafel und unser Taboulé außerordentlich gut und auch unsere Gulaschvariationen von traditionell österreichisch bis orientalisch. Ich bin der größte Fan von unserer ofenfrischen, knusprigen Baklava.

Gibt es ähnliche Projekte und Initiativen in Wien, die Sie empfehlen können?

Das *Magdas Hotel* im zweiten Bezirk mag ich sehr. Hier arbeiten Menschen aus 14 Nationen miteinander. Sie schreiben selbst: „Das Hotel funktioniert wie jedes andere Unternehmen auch. Jedoch geht es nicht um die Maximierung von Profit, sondern um die Maximierung von Offenheit und Menschlichkeit." Das gilt auch für Habibi & Hawara. Toll auch die Initiative von Parvin Razavi und Wolfgang Schlögl *Cardamom & Nelke – Der Salon der Künste*. Hier wird Kunstschaffenden, die aus Krisengebieten fliehen mussten, eine Plattform geboten.

Außerdem betreiben Sie leidenschaftlich Sport. Welche Angebote empfehlen Sie?

Bikram Yoga, Crossfit und im Sommer Schwimmen sind meine Highlights. Mit meiner *myclubs*-Mitgliedschaft habe ich die Möglichkeit, aus über 30 Sportarten bei 300 Anbietern in Österreich zu wählen. Perfekt, weil ich damit zeitlich und örtlich flexibel bleibe.

Habibi & Hawara – 1., Wipplingerstraße 29 / *Magdas Hotel* – 2., Laufbergergasse 12 / *www.cardamomundnelke.com* / *www.myclubs.com* / *www.wienerwald.info*

Ab Hof einkaufen & kosten

Henzls Ernte

Gertrude Henzl vertreibt in ihrer Manufaktur in der Kettenbrückengasse je nach saisonaler Verfügbarkeit bunt Gemischtes von essigsauer Eingelegtem über Würzsaucen, Chutneys, Marmeladen und Kräutersalze bis hin zu diversen Produktvariationen aus Blüten. Ihr besonderes Interesse gilt dabei Nahrungsmitteln (selbst eingesammelt bei Freunden und Bekannten), die ansonsten aus Zeitknappheit oder aufgrund mangelnder Aufmerksamkeit nicht verarbeitet werden würden.
5., Kettenbrückengasse 3/2, Tel.: 0676/755 25 26, www.henzls.at, Öffnungszeiten: Di–Fr 13.00–18.00, Sa 9.00–17.00

dazu-Hofladen

Vom Land in die Stadt in den Bauch! So lautet die Devise des dazu-Hofladens. Das Angebot umfasst Honig, Senf, Chilipasten, Pestos, frisches Gemüse vom Biohof Adamah und, wenn es Mutter Natur gerade zulässt, auch Specials wie Marillennektar oder Zwetschkenketchup. Daneben findet man Grundprodukte wie Sauerteigbrot, Biofisch oder Käse und frische Säfte, Weine und Kaffee. Was übrig bleibt, wird zu neuen Köstlichkeiten weiterverarbeitet, denn weggeschmissen wird hier nichts.
9., Liechtensteinstraße 73/3, Tel.: 01/922 01 56, www.dazu.at/hofladen, Öffnungszeiten: Fr 9.00–18.00, Sa 9.00–16.30, Mi, Do 1.00–18.00

Wiener Schnecke *Top!*

Andreas Gugumuck brach seine Karriere in der IT-Branche ab, um Wiens erste Schneckenfarm zu gründen und die fast vergessene Tradition des Schneckenessens in Österreich wiederzubeleben. Als Koryphäe der Slow-Food-Bewegung vereint er am Gugumuck-Hof im 10. Bezirk einen Hofladen mit einem Hofbistro. Bei einem Glas Wein und allem, was Sie je über Schnecken wissen wollten, wird Einkaufen hier zum genussvollen Erlebnis.
10., Rosiwalgasse 44, Tel.: 0650/618 57 49, www.gugumuck.at, Öffnungszeiten: Mo–Fr 8.00–16.00, Wochenende nach Vereinbarung

Haschahof

Am Haschahof ist man bemüht, allen die Natur und deren Schätze näherzubringen. Die Böden werden nicht gedüngt, das Saatgut ist gentechnikfrei, die Schädlinge werden ausschließlich von Nützlingen beseitigt, die Tiere werden artgerecht im Freien gehalten, und was man nicht selbst erzeugen kann, besorgt man sich von regionalen Partnern. Ab Hof gibt es das breite Sortiment an Obst, Gemüse, Brot, Teigwaren, Milchprodukten, Fisch, Fleisch und vielem mehr ganzjährig zu kaufen.
10., Liesingbachstraße 211, Tel.: 0664/88 44 54 39, www.haschahof.at, Öffnungszeiten: Mo–Do 8.00–12.00, 14.00–18.00, Fr, Sa 8.00–18.00

Feigenhof *Top!*

Dem Menschen der Großstadt aufzeigen, wie Nahrungsmittel auf natürliche Weise produziert werden können und die Pflanzen durch Schmecken, Kosten, Riechen, Begreifen erlebbar machen, das wollen Ursula Kujal und Harald Thiesz. Ihre Feigenplantage ist einzigartig in Wien und bietet die Möglichkeit, in eine außergewöhnliche Pflanzenwelt voller Vielfalt einzutauchen. Tipp: Zwischen Juli und Oktober kann man frische Feigen ab Hof kaufen.
11., Am Himmelreich 325, Tel.: 0664/422 44 80, www.feigenhof.at, Öffnungszeiten: Fr 14.00–18.00, Sa 10.00–17.00

Ab Hof

Der Ab-Hof-Laden beim Elterleinplatz wird von der kleinen Bauerngemeinschaft Bio-

viertel betrieben. Durch artgerechte Tierhaltung und regionale Verarbeitung will man ein Zeichen für Nachhaltigkeit setzen. Das Sortiment besteht aus frischem Biofleisch (Kalb, Ochse, Schwein), Geselchtem, Schinken, Würsten sowie qualitativ hochwertigen Fischen (Saibling, Lachs, Bachforelle, Karpfen) am Stück, filetiert oder geräuchert. Kosten Sie sich bei einem Waldviertler Bier durch die Schmankerln Niederösterreichs.
17., Jörgerstraße 56–58, Tel.: 0677/61 95 42 29, www.bio-viertel.at, Öffnungszeiten: Di 9.00–18.15, Mi–Fr 9.00–19, Sa 8.00–14.00

Biofisch-Manufaktur
Weil zusammen vieles einfacher ist, gründete eine Gruppe von Fischbauern rund um den Biofisch-Pionier Marc Mößmer 1994 die Arbeitsgemeinschaft Biofisch. Seither engagiert man sich für eine nachhaltige, biologische Wirtschaftsweise auf dem Gebiet der Fischzucht. Die fangfrischen und köstlichen Resultate, von Saibling bis Karpfen, sind außer auf diversen Bauernmärkten, in Bioläden und Restaurants jeden Donnerstag und Freitag in der Biofisch-Manufaktur ab Hof erhältlich.
17., Bergsteiggasse 5, Tel.: 0699/17 18 96 65, www.biofisch.at, Öffnungszeiten: Mi–Fr 12.00–18.00

TÜWIs Hofladen
Anliegen und Ziel von TÜWIs Hofladen ist, eine Nahversorgung mit regionalen und biologischen sowie Fair-Trade-Produkten zu bieten. Man versucht die Transportwege kurz zu halten und mit Biobauern aus der Umgebung direkt zusammenzuarbeiten. 2008 bekam TÜWI, der Verein für Kommunikation, Interaktion und Integration der Universität für Bodenkultur Wien, für das TÜWIs-Hofladen-Projekt sogar den „Sustainability Award" des Wissenschafts- und des Umweltministeriums verliehen.
19., Peter-Jordan-Straße 76, Tel.: 01/476 54-2024, http://tuewi.action.at/hofladen, Öffnungszeiten: Mo–Fr 8.00–22.00 (während Uni Zeit)

Chilihof
Georg Kölbl, der schärfste Bauer Wiens, hat sich und seinen Hof gänzlich dem Anbau sowie der Verarbeitung von Chilis verschrieben. Die frischen Früchte und auch veredelte Produkte wie Chilisaucen, Chilimarmelade, Chilisalz oder Chilibrand werden eigenhändig produziert und sind bei diversen Direktvermarktern, Hofläden und in ausgewählten Restaurants (siehe Homepage) erhältlich.
22., Am Rain 5, Tel.: 0664/351 45 24, www.chilihof.at

Gärtnerei Bach
Schonend und rücksichtsvoll mit den zur Verfügung stehenden Ressourcen umgehen, lautet das Credo der Gärtnerei Bach. Neben Standards wird hier eine Vielzahl an Gemüse-, Kräuter und Blumenraritäten angeboten. Über den mehr als 200 Kräutern und Hunderten Gemüsesorten liegt der Duft verschiedenster Duftpelargonien.
22., Hänischgasse 17, Tel.: 01/280 95 34, www.gaertnerei-bach.at, Öffnungszeiten: Do 14.00–18.00, Fr 8.00–18.00, Sa 8.00–12.00 (geöffnet von Anfang April bis Anfang November)

Zero Waste Jam
Zero Waste Jam ist Marmelade aus Früchten, die sonst verrotten würde. Hat man als Privatperson im Garten Früchte oder Kräuter, die man selbst nicht verarbeiten kann, kann man das Team von Zero Waste Jam kontaktieren. Das kommt dann, oft noch am selben Tag, vorbei, erntet die Früchte und verarbeitet sie anschließend zu Marmeladen, Chutneys oder Sirup weiter. Zero Waste Jam ist Teil der Zero Waste Community Österreichs.
Tel.: 0650/510 04 19, www.facebook.com/zerowastejam, www.zerowasteaustria.at

und edlen Materialien unterstreicht die Geradlinigkeit der asiatischen Küche. Sushi, Sashimi, Maki und Nigiri werden aufgetragen, lokaler Saibling und auch Fleischgerichte vom Robata Grill sind dabei. By the way, Aï bedeutet Liebe.
1., Seitzergasse 6/1, Tel.: 01/532 29 00, www.airestaurant.co, Öffnungszeiten: täglich 12.00-14.00 und 18.00–22.00

Habibi & Hawara

Top!

In Service und Küche lauter wunderbare neue Mitbürger. Nach arabischer Tradition wird den Gästen ein saisonal abhängiges Menü auf fein angerichteten Platten serviert – das nennt sich dann „Austrian Oriental Set Menu Family Dinner". Außerdem gibt es fantastisches Schawarma, Grillhendl mit Kräutern oder Sauergemüse in Fladenbrot. Unbedingt vorher reservieren, der Andrang ist groß!
1., Wipplingerstraße 29, Tel.: 01/535 06 75, www.habibi.at, Öffnungszeiten: Mo–Fr 11.00–24.00, Sa 18.00–24.00 (warme Küche 11.30–22.00)

Ali's Grill

Top!

Heiße Sache: Ein Edelgrill aus Istanbul, der die Tradition osmanischer Glutgruben mit Energie anfacht, hat auch eine Wien-Filiale. Die türkische Küche hat hier einen Qualitätsanspruch, der sich in Wien nur selten findet. Eine Palette kalter Mezze zum ofenfrischen Pitabrot. Ein wahrer Traum: das gegrillte Fleisch – Schaschlik aus Kalbsfilet oder Küsneme vom Lamm-Lungenbraten. Alles schwer zu empfehlen.

MOCHI

1., Operngasse 14, Tel.: 01/581 15 67, www.alisgrill.at, Öffnungszeiten: täglich 11.30–23.00

Hǎo Noodle & Tea

Der Schwerpunkt liegt wie der Name bereits verrät auf Nudel- und Teevariationen aus der asiatischen Küche. Das Lokal im Herzen Wiens überzeugt jedoch auch mit anderen chinesischen Spezialitäten. Teigtaschen, sowie Germknödeln werden frisch und handgemacht zubereitet.
1., Opernring 19, Tel.: 01/890 28 58, www.haonoodle.at, Öffnungszeiten: täglich 11.30–23.30

Max & Benito

Mexikanisches Fast Food aus hochwertigen Produkten in hübschem Lokal. Die Tacos, Burritos und Tortillas sind köstlich und können mitgenommen oder vor Ort gegessen werden.
1., Wipplingerstraße 23, Tel.: 0660/372 22 18, http://maxbenito.at, Öffnungszeiten: Mo–Fr 11.30–21.00 (Küche bis 20.30)

Mercado

Top!

In dem lateinamerikanischen Restaurant am Stubenring ergreift jeden die Lebensfreude, denn außer kulinarischer Verwöhnung gibt es hier auch Kunst- und Musikveranstaltungen. Der Koch kommt aus Peru und bereitet Speisen nach traditioneller Nikkei-Küche zu. Die Nikkei-Küche entwickelte sich aus einer Migrationsbewegung von Japanern nach Lateinamerika. Wie das schmeckt? Wie bunte peruanische Küche mit Präzision und Technik aus Japan – und das gibt's hier sehr günstig.
1., Stubenring 18, Tel.: 01/5122505, www.mercado.at, Öffnungszeiten: Mo–Fr 12.00–23.00 (Küche 12.00–14.00, 17.00-23.00), Sa 17.00–23.00, So, Feiertag 17.00–22.00

Café Ansari

Platzt nicht nur Samstagvormittag aus allen Nähten: Im Café Ansari kann man ähnlich köstlich schmausen wie einst im Stammhaus am Karmelitermarkt – hauptsächlich georgische

BAO BUNS

Keine Lust mehr auf Burger? Es ist Zeit Baos auszuprobieren! Dieses Street Food kommt aus Asien, ein Bao ist ein gedämpftes Brötchen, der Länge nach aufgeschnitten und gefüllt mit unterschiedlichsten schmackhaften Variationen von Rindfleisch über Hühnerfilet bis zu Lachs und Seitan. Auch in Wien bekommt man die asiatische, schmackhafte Street Food-Alternative nun schon an mehreren Adressen:

BAO BAR

- *FIGAR BAO.BUN*
  4., Margaretenstraße 11 (Ecke Schleifmühlgasse), www.bao.figar.net, Öffnungszeiten: Mo-So 11.30-22.30
- *BAO BAR*
  Ist ein Take-Away
  7., Zollergasse 2, www.baobar.at, Öffnungszeiten: Mo–Sa 12.00–20.00
- *YOUNG STREETFOOD*
  4., Rechte Wienzeile, Tel.: 0676/3686856, www.youngstreetfood.at, Öffnungszeiten: Mo–Fr 11.00–19.00, Sa 11.00–18.00
- *O.M.K. MOCHI TAKE-AWAY*
  2., Praterstraße 16, www.mochi.at/omk, Öffnungszeiten: Mo–Sa 11.00–21.30

Küche. Herrlich zum Draußensitzen!
2., Praterstraße 15, Tel.: 01/276 51 02, www.cafeansari.at, Öffnungszeiten: Mo–Sa 8.00–23.30, So 9.00–15.00, Feiertag geschlossen

Mochi

Top!

Ein kleines Lokal mit wunderschönem Schanigarten auf der Praterstraße. Das Essen orientiert sich an japanischer Küche auf kalifornische Art. Auf einem Feuergrill werden Spießchen und Steaks gegrillt. Sushi und Gemüsetempura, My-Best-Friends-Rolls, Suppen und überhaupt alles ist zum Niederknien gut. Reservierung unbedingt empfohlen. Wer keinen Platz findet, dem sei das Mochi Take-away direkt gegenüber ans Herz gelegt.
2., Praterstraße 15, Tel.: 01/925 13 80, www.mochi.at, Öffnungszeiten: Mo–Sa 11.30–22.00

Gustl kocht

Im Gustl kocht gibt es wirklich für jeden etwas: für Fleischesser, Vegetarier, Veganer, Kinder und alle, die sonst noch vorbeischauen. Neben soliden österreichischen Gerichten kann man hier außerdem polnisch, ukrainisch und russisch essen.
3., Erdbergstraße 21, Tel.: 01/712 01 51, http://gustl-kocht.at, Öffnungszeiten: Di–Do 11.00–23.00, Fr 11.00–24.00, Sa 10.00–24.00, So (auch Feiertags) 10.00–20.00

Pizzeria Riva

Es gibt viele, die meinen, es gäbe hier die beste Pizza der Stadt, weil diese mit viel Liebe und neapolitanischem Know-how gefertigt wird. Darum ist das Lokal auf zwei Ebenen auch immer gut gefüllt – also reservieren!

WEITER AUF SEITE 90 →

Alexandra Palla

Autorin und Food-Bloggerin

Sie bekochen Ihre Leserinnen und Fans gerne mit einfachen und raffinierten Gerichten. Wo besorgt sich die Food-Bloggerin in Wien die Zutaten für ihre köstlichen Speisen?

Obst und Gemüse kaufe ich sehr gerne am Bauernmarkt jeden Samstag am *Kutschkermarkt* in Währing, das Fleisch bei meinem Cousin *Roman Thum*, den Fisch bekomme ich von meiner Freundin *Kaja Quester* direkt aus Mariazell, *Brot von Joseph* in der Obkirchergasse, und bei meinen Waldläufen halte ich immer Ausschau nach wilden Kräutern, die machen das „A Lot of Love" in meiner Küche aus!

Gemeinsam mit dem Designstudio dottings haben Sie das ultimative Holzschneidebrett (RoughCutBoard) entwickelt. Welche Küchen-Essentials braucht es noch in Ihrer Küche?

Ich liebe die großen Topfklassiker von *Riess Emaille* für Suppen und Eintöpfe in großen Mengen, dazu noch einen einfachen Kochlöffel wie den *Goodspoon* und neutrale Teller im Nordic Design von *WYT*.

Drei ganz persönliche Wien-Tipps?

Ein Besuch der ersten *Wiener Schneckenfarm* mit anschließendem Schneckenmenü bei Andreas Gugumuck, im *Caritas-Lager CARLA* nach alten bunten Porzellantellern stöbern und eine Fahrt auf dem *Toboggan*, der ältesten Riesen-Holzrutschbahn im Wiener Prater.

Blog „RoughCut"

Kutschkermarkt – 18., Kutschkergasse / *Thum Schinken* – 5., Margaretenstraße 126 / *Questers feine Fische* – www.questers.at / *Joseph Brot* – 19., Obkirchergasse 37–39 / *dottings* – 18., Edelhofgasse 10 / *Riess Emaille* – www.riess.at / *Goodspoon* – www.goodgoods.at / *WYT* – 18., Währinger Straße 123 / *Wiener Schnecke* – 10., Rosiwalgasse 44 / *Caritas-Lager CARLA* – 5., Mittersteig 10 & 21., Steinheilgasse 3 / *Toboggan* – 2., Wiener Prater

PIZZERIA RIVA

4., Favoritenstraße 4–6, Tel.: 01/353 40 40, Öffnungszeiten: Mo–Sa 11.30–23.00, So 17.30–23.00
9., Schlickgasse 2/Ecke Türkenstraße, Tel.: 01/310 20 88, www.riva.pizza, Öffnungszeiten: Mo–Fr 11.30–14.30, täglich 17.30–23.00

Lisboa Lounge Freihausviertel
Hier kann man in entspannter Atmosphäre die portugiesische Küche in all ihren Facetten genießen. Die Speisekarte lässt sich in vier Sparten gliedern: Meeresfrüchte, Gerichte aus dem Landesinneren, Petiscos sowie Süßspeisen. Im Untergeschoß gibt es eine Lounge, in der am Wochenende oft Bands spielen.
4., Mühlgasse 20, Tel.: 01/967 00 61, http://lisboalounge.at, Öffnungszeiten: Mo–Sa 12.00–24.00, Feiertag 18.00–24.00

Karma Ramen
Ramen, eine japanische Nudelsuppe, die aus mindestens fünf verschiedenen Zutaten besteht, hat, nachdem sie in den USA schon lange ein Hit ist, nun auch in Europa eingeschlagen. Das Lokal am Naschmarkt wird von einem Russen geführt und erfreut sich vom ersten Tag an größter Beliebtheit.
5., Rechte Wienzeile 2A, Tel.: 0680/321 68 38, karmaramen.at, Öffnungszeiten: Mo–Sa 11.30–14.30, 18.00–23.00

China Bar an der Wien
Dezent verfeinerte Sichuan-Küche, viele scharfe Gerichte. Das Interieur ist bis auf eine einzige knallrote Wand in dezentem Dunkelgrau gehalten. Noch ein Plus: der Schanigarten mit gemütlicher Chill-out-Area.
5., Hamburgerstraße 2, Tel.: 01/971 32 88, http://chinabaranderwien.at, Öffnungszeiten: Mo–Fr, So 11.30–24.00, Sa 8.00–24.00

Nam Nam Deli
Ein Inder, der anders aussieht und auch ein bisschen anders kocht. Angenehm überschaubare Karte mit einigen Klassikern, die aber definierter, präziser und auch ein bisschen moderner wirken als sonst beim Inder. Schöner Gastgarten und auch Take-away und Delivery.
5., Arbeitergasse 8, Tel.: 01/941 65 11, www.nam-nam.at, Öffnungszeiten: Mo–Fr 11.00–22.40, Wochenende, Feiertag 12.00–22.40

Dots Restaurant & Club
Sushi in chicer Atmosphäre inklusive Cocktailbar. Wer Sushi-Experimente und Schickimicki liebt, ist hier richtig.
6., Mariahilfer Straße 103, Tel.: 01/920 99 80, www.dots1060.at, Öffnungszeiten: Mo–Fr 18.00–1.00, Sa 12.00–1.00, So (und Feiertag) 18.00–24.00

Mama Liu & Sons *Top!*
Die Söhne von Mama Liu kochen die traditionell chinesischen Rezepte ihrer Mama in der Gumpendorfer Straße. Es gibt chinesisches Fondue, Dim Sum und eine große Auswahl asiatischer Biere.

6. Gumpendorfer Straße 29,
Tel.: 01/586 36 73, http://mamaliuandsons.at,
Öffnungszeiten: Di–Fr 17.00–24.00, Sa,
So 12.00–24.00

Kiang Wine & Dine *Top!*

Weinbar mit chinesischem Streetfood.
Die Kiangs servieren Gerichte aus den verschiedensten Ecken Chinas. Die Speisekarte ist in Rubriken eingeteilt; wer sich an „Challenging" wagt, kann z.B. einen knackigen Quallen- und Schweinsohrensalat genießen. Am besten, man geht mit einer größeren Gruppe und bestellt einfach alles auf der Karte. Der Wein ist gut und erstaunlich billig!
9., Grünentorgasse 19,
Tel.: 0664/515 36 33,
www.kiangwine-ding.com
Öffnungszeiten: Di–Sa 17.00–24.00 (Küche bis 22.00), feiertags geschlossen

Charlie P's Dining Room

Das Esszimmer des Charlie P ist schwer zu empfehlen. Gute Atmosphäre und herausragendes Essen – ziemlich fleischlastig, köstliches britisches Bier und freundliche Menschen. Was will man mehr?
9., Währinger Straße 3, Tel.: 01/409 79 23,
www.charlieps.at, Öffnungszeiten:
Mo–Do 15.00–2.00 (Küche 17.00–22.00),
Fr 13.00–3.00 (Küche 17.00–23.00),
Sa 13.00–3.00 (Küche 13.00–23.00),
So 13.00–1.00 (Küche 13.00–22.00)

Deewan

Ein Low-Budget-Lokal, in dem es frisch zubereitetes pakistanisches Curry und Lassis und als Nachspeise Grießkuchen gibt. Das Spezielle dran: Man zahlt so viel, wie man für angemessen hält.
9., Liechtensteinstraße 10, Tel.: 01/925 11 85,
www.deewan.at, Öffnungszeiten:
Mo–Sa 11.00–23.00

Iki (Erste Campus)

Das Iki ist ein großes, helles Lokal mit japanischem Touch. Kein Wunder, hatten doch die famosen Mochi-Betreiber bei der Gestaltung von Karte und Design ihre Finger im Spiel. Naheliegend, dass auch die Highlights aus der kulinarischen Mochi-Welt wie etwa Ponzu-Wakame-Salat aus Seetang, Gurke und Avocado, Spicy Tuna-Rolls oder Surf & Turf mit knuspriger Garnelen-Tempura kredenzt werden. Und man muss weder um einen Platz kämpfen, noch bei der Erste Bank ein Konto haben, um hier zu speisen.
10., Am Belvedere 1, Tel.: 05 01 00-13600,
www.iki-restaurant.at,
Öffnungszeiten: Mo–Fr 11.00–22.30

Heuberg

Kurios: Hier wird indisch und wienerisch gekocht. Ein wunderbares Lokal mit vielen Stammgästen und einer indischen Küche, wie man sie in Wien sonst kaum findet.
17., Röntgengasse 39, Tel.: 01/489 82 10,
www.restaurant-heuberg.at, Öffnungszeiten:
Di–Sa 9.30–22.00, So, Feiertag
9.00–20 (öst. Küche); indische Küche: Di–Sa
17.00–21.00, Sa, Feiertag 15.00–19.00

Quereinsteiger, schräge Vögel und ihre Konzepte

Ignaz Jahn

Hier wird ausschließlich mit regionalen Zutaten gearbeitet. Benannt ist das Lokal nach dem ehemaligen Hofkoch, der die Wiener Aristokratie im 19. Jahrhundert verwöhnte. Die Latte ist also hoch gelegt und das Team arbeitet dementsprechend ambitioniert. Das Mittagsmenü bekommt man um schlanke 10,80 und stets gibt es auch vegetarische oder gar vegane Optionen.
2., Obere Augartenstraße 46,
Tel.: 01/890 72 10, www.ignaz-jahn.at ,
Öffnungszeiten: Di–Sa 12.00–24.00

Bits & Bites

Die beiden Betreiber Farangis Firozian und Stan Binar setzen auf nachhaltige Qualität durch einen Mix aus regionalen Produkten und einer saisonalen Speisekarte. Hier isst man Brot aus der Bio-Holzofenbäckerei Gragger & Cie, Eier aus Helene Ziels Bioladen in der Kettenbrückengasse, Fleisch von Bio-Schober und trinkt 1310 Bio-Vodka und Baumgartner Bier aus Oberösterreich. Geboten wird freitags bis sonntags

Brunch und mittwochs bis samstags eine kleine, feine, oftmals variierende Abendkarte.
6., Webgasse 27, Tel.: 0660/837 25 09, www.bitsandbites.at, Öffnungszeiten: Mi–Sa 10.00–15.00, 18.00–22.00, So 10.00–15.00

Von Walden

Das Von Walden ist Wiens erstes Steinzeitrestaurant. In den Räumlichkeiten nahe der Mariahilfer Straße bietet man Anhängern der Paläo-Diät, experimentierfreudigen Menschen mit Ernährungsbewusstsein, aber eigentlich grundsätzlich jedem, der des schnellen, ungesunden Essens überdrüssig geworden ist, einen Rückzugsort. Die Speisen werden gluten- und laktosefrei, nach echter Steinzeitmanier über offenem Feuer zubereitet. Wer nur für einen kurzen Besuch Zeit hat, kann sich in der dazugehörigen Greißlerei oder im Onlineshop mit Paläo-Produkten eindecken.
6., Nelkengasse 8, Tel.: 0664/516 86 66, www.vonwalden.at, Öffnungszeiten: Mo–Fr 11.00–19.00, Sa 10.30–18.30

Die Liebe in der Marktwirtschaft

Entscheidet man sich für Die Liebe, kann man hervorragend einen Bummel durch die Marktwirtschaft (www.diemarktwirtschaft.at) mit einem Restaurantbesuch verbinden. Die Küche besticht durch größtenteils marktfrische Zutaten und eine preiswerte, oft wechselnde Mittagskarte. Besonders empfehlenswert ist allerdings das Frühstück und die erst ab 17 Uhr servierten Tapas. Sollte man sich zu abendlicher Stunde ohne größeren Hunger in Die Liebe verirren, kann man Petit Pours (kleine Cocktails), Naturweine, selbst gemachte Limonaden oder schlichtweg ein Schladminger vom Fass genießen.
7., Siebensterngasse 21, Tel.: 0676/668 19 69, www.dieliebe.wien, Öffnungszeiten: Mi–Sa 9.00–24.00, So 9.00–18.00

Goldfisch

Top!

Das Goldfisch kombiniert in gemütlicher Atmosphäre ein kleines Restaurant mit einem Fischladen. Hier bekommt man Forellen aus dem Naturpark Kalkalpen, Zuchtkaviar von Walter Grüll, Wolfsbarsch von Irena Fonda aus Slowenien oder Steinbutt und Austern von Eishken Estate. Die kleine Speisekarte umfasst neben einem wechselnden Tagesgericht die Lerchenfelder Fischsuppe oder Fine de Claire-Austern zum Preis von € 4,–/Stück.

8., Lerchenfelder Straße 16, Tel.: 0664/254 95 96, www.goldfisch.wien, Öffnungszeiten: Di 10.30–19.00, Mi–Fr 10.30–22.00, Sa 9.30–13.00

Chic & fancy

Shiki

Top!

Joji Hattori, der japanisch-österreichische Geiger und Dirigent, entschloss sich dazu, den Beruf zu wechseln und eröffnete 2015 den Nobeljapaner im ersten Bezirk. Sein Koch Takumi Murase erkochte sich im Luxus-Japaner Megu schon zwei Hauben, dementsprechend schmecken auch die verschiedensten japanischen Kreationen. Das Lokal steht für Vielfältigkeit, saisonale und regionale Produkte und bietet viel mehr als einfach nur Sushi!

1., Krugerstraße 3, Tel.: 01/512 73 97, www.shiki.at, Öffnungszeiten: Di–Sa 12.00–24.00

Blue Mustard

Neben dem kultigen Café Hawelka findet man seit diesem Sommer das Blue Mustard. Der in Syrien geborene Armenier Vahe Hovaguimian versteht es, verspielte Cocktailkreationen und exotische Speisen zu servieren. In der Küche steht Alexander Mayer, ein für seine Arbeit im Vincent von Michelin besternter Koch. Die gewagten Gerichte spannen einen Bogen um die ganze Welt und bieten, zusammen mit dem extravaganten Ambiente, ein außergewöhnliches Erlebnis.

1., Dorotheergasse 6–8, Tel.: 01/934 67 05, www.bluemustard.at, Öffnungszeiten: Di–Do 17.00–2.00, Fr, Sa 17.00–4.00 (warme Küche bis 23.00)

You im Hotel Meridien

Top!

Schummrige Salonatmosphäre herrscht im von Stephan Ferenczy vom Architekturbüro BEHF in dunklem Tannengrün, mit luxuriösen Samt-Fauteuils und von innen beleuchteten Tischen, gestalteten Restaurant You. Auf der Karte stehen 18 Gerichte, alle kosten 15 Euro. Der Mix aus asiatisch, mediterran und heimisch, den Küchenchef Alexander Radatz kredenzt, ist sehr gelungen. Der Mittagstisch mit 6 Euro ist geradezu atemberaubend günstig. Der Aperitivo von 17 bis 19 Uhr, bei dem

SHIKI

ZUM FINSTEREN STERN

um 18 Euro ohne Limit getrunken werden darf, ist fast schon zu schön, um wahr zu sein.
1., Opernring 13–15, Tel.: 01/588 90 88-90, www.you-vienna.com, Öffnungszeiten: täglich 12.00–1.00

Fabios
Chice Menschen und feines italienisches Essen, inklusive entsprechendem Ambiente – das hat seinen Preis. Laue Sommerabende genießt man auf der Terrasse. An der Bar trifft man sich für Tratsch, Drinks und Aufriss.
1., Tuchlauben 4–6, Tel.: 01/532 22 22, www.fabios.at, Öffnungszeiten: Mo–Sa 9.00–1.00

Dots X-Club
Eine Mischung aus Restaurant und Club. Um hineinzukommen, braucht man einen Schlüssel. Wer selbst keinen hat, muss sich die richtige Begleitung suchen. Tolle Location, chice Crowd und fantastische Steaks – das kostet, aber das ist es auch wert. Ein Hauch New York und für einen niveauvollen Dinner & Dance-Abend absolut empfehlenswert.
1., Wollzeile 19, Tel.: 01/920 99 80, www.luxious.at, Öffnungszeiten: Do–Sa 20.00–2.00

Aend
„Der Gast inmitten des Geschehens, das Team inmitten der Gäste" – so lautet die Philosophie des Lokals. Der ehemalige Koch des „Loft" im Sofitel, Fabian Günzel, hat am Margaretengürtel sein eigenes Lokal eröffnet. Mittags wie abends gibt es ein Menü mit fünf oder sieben Gängen. Innen glänzt das Lokal durch Schlichtheit, auch der hervorragende Sommelier des Hauses macht einen Besuch lohnenswert.
6., Mollardgasse 76, Tel.: 01/595 34 16, www.aend.at , Öffnungszeiten: Mo–Fr 12.00–14.00 und 19.00–21.30

Szene – the perfect match

o boufés Top!
Zwei Jahre nach seinem ersten Lokal eröffnete Konstantin Filippou 2015 gemeinsam mit seiner Frau ein Bistro nebenan. Das Lokal ist minimalistisch eingerichtet, die Farbe an den Wänden blättert ab, die Decke ist schwarz. Außerdem kann man eine Auswahl an mehr als hundert Weinen genießen. Das Personal ist jung und hip – genau wie die griechisch angehauchte Küche.
1., Dominikanerbastei 17, Tel.: 01/512 22 29-10, www.konstantinfilippou.com, Öffnungszeiten: Mo–Sa 17.00–24.00 (Küche bis 22.30)

Salon Plafond
Tim Mälzers Restaurant im Wiener MAK. Der Barbereich ist offen und gemütlich, das Ambiente weitläufig und gesellig. Im Sommer lädt eine herrliche Terrasse zum Draußensitzen ein. Mälzers Qualität und Leidenschaft stehen hier im Mittelpunkt, von riesigen Frühstücksbroten über Lunch und Dinner bis zu Drinks bei einer DJ-Line.

1., Stubenring 5, Tel.: 01/226 00 46, www.salonplafond.wien, Öffnungszeiten: Mo–Fr 10.00–22.00, Sa, So 9.00–22.00

Zum finsteren Stern

Top!

Es gibt zwei sechsgängige Minimenüs, wobei das Kaninchen schwer zu toppen ist. In der warmen Jahreszeit sitzt man unter Bäumen auf einem der absolut schönsten Plätze Wiens. Wegen der versteckten Lage und der intimen Atmosphäre perfekt für kleine Tête-à-Têtes, aber es kann hier auch richtig famos getrunken und gefeiert werden.
1., Schulhof 8/Ecke Parisergasse, Tel.: 01/535 21 00, www.zumfinsterenstern.at, Öffnungszeiten: Di–Sa 12.00–14.30, 18.00–24.00

Skopik & Lohn

Top!

Das Skopik & Lohn ist eines jener Lokale, in denen dem Publikum der Name des Kochs nicht so wichtig ist. Hier geht es vielmehr um die Stimmung, die Menschen, das Ambiente. Eine großflächige Arbeit des Künstlers Otto Zitko an der Decke, weiße Tischtücher und Kellner in weißen Dinnerjackets sorgen dafür. Das Hinterzimmer reserviert man am besten rechtzeitig für die nächste Geburtstagssause, und je später der Abend, desto illustrer die Gäste und auch die Beschallung: Chansons der 1920er- bis 1960er-Jahre. Man trifft hier halb Wien. Immer wieder fantastisch und eines unserer absoluten Lieblingslokale.
2., Leopoldsgasse 17, Tel.: 01/219 89 77, www.skopikundlohn.at, Öffnungszeiten: Di–Sa 18.00–1.00

LINGENHEL

Spelunke

Frönt der Völlerei – heißt es in der Spelunke! Genuss steht hier am Fixprogramm. Die Speisekarte ist kreativ, aber nicht zu ausgefallen, es ist definitiv für jeden etwas dabei. Seit der Eröffnung wird dieses Lokal gestürmt (reservieren sollte man auf jeden Fall) - wer in der Spelunke Zwielichtiges erwartet ist auf der falschen Fährte: das Ambiente ist durchaus einzigartig, elegant, modern und etwas das man nicht alle Tage sieht.
2., Taborstraße 1, Tel.: 01/212 4151 99, www.spelunke.at, Öffnungszeiten: Mo–Fr 8.00–2.00, Sa 10.00–2.00, So, Feiertag 10.00–24.00

Lingenhel

Top!

Seit Jahren verkaufte Johannes Lingenhel Käse. Jetzt hat er sich mitten in der Stadt seinen Traum einer eigenen Käserei erfüllt. Direkt neben seinem Feinkostladen gibt es auch Bar und Restaurant. Mit seinem Freund und Partner Robert Paget wird der Käse direkt vor Ort erzeugt, und dabei kann man auch noch zusehen! Paget züchtet selbst Wasserbüffel, und das macht Ricotta und Mozzarella besonders fein!
3., Landstraßer Hauptstraße 74, Tel.: 01/710 15 66, www.lingenhel.com, Öffnungszeiten: Mo–Sa 8.00–22.00

Kussmaul

Die ehemalige Crêperie ist kaum wiederzuerkennen – modern gestaltet, in dunklen Farben eingerichtet und trotzdem sehr gemütlich! Bekocht wird man vom Ex-Chefkoch des Motto am Fluss. Auf beiden Seiten des Lokals gibt es einen Wintergarten, in dem man diverse Köstlichkeiten genießen kann. Das Frühstück ist köstlich, und auch das selbst geba-

ckene Sauerteigbrot muss jedes Mal gekostet werden!
1., Bäckerstraße 5, Tel.: 01/286 11 17, www.kussmaul-vienna.com, Öffnungszeiten: Mo–Sa 17.00–1.00

Café Turnhalle

Die Location des Café Turnhalle hat Weltstadt-Charakter. Die Adresse ist historisch, früher war hier ein jüdischer Turnverein untergebracht. Unter der Woche gibt´s zum Frühstück hausgemachten Kuchen, mittags gibt es Lunchbowls und am Wochenende sollte man reservieren, denn der vegetarische Brunch ist mehr als gut besucht. Auch am Abend ist es hier gemütlich, Pilsner Urquell wird mitten im Lokal aus riesigen Fässern gezapft.
15., Herklotzgasse 21, Tel.: 0660/203 64 04, www.facebook.com/brick.five/, Öffnungszeiten: Mo–So 10.00–00.00

Beisln & Wirte

Gasthaus Pöschl

Top!

Der Beisl-Klassiker mit Altwiener Küche liegt mitten in der Stadt und wird von Schauspieler Hanno Pöschl und Radioköchin Andrea Karrer-Pöschl geführt. Herrliche Atmosphäre, gutes Essen, und im Sommer kann man am wunderschönen Franziskanerplatz Platz nehmen. Unbedingt reservieren, denn hier geht's zu Mittag zu wie in einem Bienenstock.
1., Weihburggasse 17, Tel.: 01/513 52 88, www.gasthauspöschl.com, Öffnungszeiten: Mo–So 12.00–24.00 (Küche bis 22.30)

Ramasuri

Ramasuri ist Wienerisch und bedeutet Durcheinander oder Wirbel. Das Lokal liegt im vorderen Teil der Praterstraße an einem kleinen Platz, der mit seinen Platanen und dem Nestroy-Denkmal in der Mitte einen fast mediterranen Charme versprüht. Gekocht wird hauptsächlich neu interpretierte Wiener Küche, außerdem gibt es jeden Tag eine große Auswahl an verschiedensten Frühstücken – von Fisch und Fleisch bis vegan oder süß ist für jeden etwas dabei.
2., Praterstraße 19, Tel.: 0676/466 80 60, www.ramasuri.at, Öffnungszeiten: Mo–Sa 8.00–24.00, So 9.00–24.00

Zum Friedensrichter

Wunderschönes Gasthaus, das Schnitzel zählt zu den besten der Stadt! Außerdem gibt es eine Vielzahl anderer Gerichte der Wiener Küche und hervorragende selbst gemachte Mehlspeisen. Reservieren ist empfehlenswert!
2., Obere Donaustraße 57, Tel.: 01/214 48 75, www.zum-friedensrichter.at , Öffnungszeiten Mi–Fr 11.00–22.00, Mo, Di 15.00–23.00

Zur Herknerin

Top!

Stefanie Herkner kocht in einem ehemaligen Installateurladen, der von außen auch noch so aussieht. Drinnen herrscht improvisierte Gemütlichkeit. Aufgetischt wird Rindsuppe mit Grießnockerln, Erdäpfelgulasch, fallweise auch Krautrouladen und Butterkarfiol mit Bröseln. Die Wirtin sorgt nicht nur für gutes Essen, sondern auch für beste Stimmung – Lieblingsbeisl von Kreativen aller Art. Im Sommer auch zum Draußensitzen.
4., Wiedner Hauptstraße 36, Tel.: 0699/15 22 05 22, www.zurherknerin.at, Öffnungszeiten: Di–Fr 17.00–22.00

Gußhaus

Top!

Christian Petz ist unbestritten einer der besten Köche Österreichs. Mit dem Gußhaus hat er sich seinen persönlichen Traum erfüllt und das erste eigene Lokal eröffnet. Dort verwandelt er jetzt klassische Rezepte der Wiener Küche in seine ganz eigenen Kreationen. Die Gerichte auf der Karte wechseln jeden Tag. Unbedingt vorher reservieren, der Andrang ist enorm!
4., Gußhausstraße 23, Tel.: 01/504 47 50, www.gusshaus.at, Öffnungszeiten: Di–Sa 17.30–24.00 (Küche 18.00–22.00)

Ludwig van

Chefkoch Walter Leidenfrost kann auf einige prominente Küchen in seiner Karriere zurück-

blicken. Nun startet er mit dem Ludwig van sein eigenes Konzert. Das Motto dabei? Ausgewogenheit zwischen österreichischer Tradition und der Moderne. Selbiges gilt auch für das Weinkonzept des Lokals, das die Küche komplettiert.
6., Laimgrubengasse 22, Tel.: 01/5871320, www.ludwigvan.wien, Öffnungszeiten: Mo–Fr 18.00–24.00

Gasthaus Schilling
Beliebtes Beisl mit bodenständiger Wiener Küche und urigem Ambiente – besonders nett im Winter und für ein zünftiges Mittagessen am Sonntag.
7., Burggasse 103, Tel.: 01/524 17 75, www.schilling.at, Öffnungszeiten: täglich 11.00–24.00 (Küche bis 23.00)

Fuhrmann
Gutbürgerliche Wiener Küche mit französisch-mediterranem Touch. Betrieben wird das Restaurant von Hermann Botolen, einem der besten Sommeliers des Landes, darum gibt es auch 500 verschiedene Weine mit einem Schwerpunkt auf Burgunder, Deutschland und Österreich.
8., Fuhrmannsgasse 9, Tel.: 01/944 43 24, www.restaurantfuhrmann.com, Öffnungszeiten: Mo–Fr 11.30–14.30, 18.00–23.30

Pramerl and the Wolf Top!
In diesem uralten spartanischen Beisl gibt es, wie viele behaupten, das beste Essen Wiens. Wer sich selbst überzeugen will, geht hin und probiert den Zander auf serbische Art oder gleich das ganze Menü, das mit herrlichem Brot und selbst geschlagener Butter beginnt und zu dem ein Naturwein serviert wird, den der Chef persönlich für jeden Gang ausgesucht hat.
9., Pramergasse 21, Tel.: 01/946 41 39, www.pramerlandthewolf.com, Öffnungszeiten: Mi 19.00–24.00, Do–Sa 18.00–24.00

Pichlmaiers zum Herkner
Das Pichelmaier ist schon seit über hundert Jahren eine Wiener Institution. Nach einer zweijährigen Pause wurde es wieder eröffnet, der alte Charme blieb. Serviert wird moderne österreichische Küche und Traditionelles aus der Steiermark.
17., Dornbacher Straße 123, Tel.: 01/480 12 28, www.zumherkner.at, Öffnungszeiten: Do–Mo 11.00–24.00

Freyenstein
Typisches Wiener Beisl, das etwas abgelegen im 18. Bezirk liegt, den Weg aber durchaus wert ist, wenn man klassische Wiener
WEITER AUF SEITE 100 →

Eschi Fiege

Autorin und Köchin mit Liebe

Sie wohnen direkt am Wiener Naschmarkt, dem „Bauch von Wien". Verraten Sie uns Ihre Hotspots?

Am liebsten esse ich auf dem *Naschmarkt* im *Indian Pavilion*. Die schönsten Blumen aus eigener Gärtnerei gibt's bei den *Hopf*-Schwestern ganz am Anfang auf der Kettenbrückenseite. Ich liebe es, am Samstag auf den Bauernmarkt zu gehen. Bestes Brot, tolles Gemüse und Biofisch. Herrlich voll und wuselig ist es da!

Sie kochen leidenschaftlich gerne vegetarisch – wo gibt es in Wien gutes Obst und Gemüse?

Auf allen Märkten. Und für mich am schönsten auf dem Bauernmarkt am Naschmarkt. Es gibt viele kleine unterschiedliche Erzeuger, die ihre Produkte anbieten. Biostandeln, die Obst und Gemüse aus eigener Produktion und saisonal anbieten, zum Beispiel von der *Gärtnerei Bioschanze*. Wenn ich Zeit habe, fahre ich auch zum *Gärtnerhof GIN*. Eine fatastische Gärtnerei und obendrein ein tolles soziales Projekt. Meine täglichen Einkäufe mache ich am Naschmarkt beim *Kuczera*, der vor allem österreichische Ware anbietet, und bei meinen türkischen Jungs beim *DOGI*. Dort geht es zu wie in einer Familie. Die Jungs kochen zu Mittag selber, und das sieht immer sehr gut aus. Ich koche übrigens nicht nur vegetarisch. Ich bin ja gegen jedes Dogma. In meinem neuen Kochbuch gibt es auch ein paar ganz tolle Rezepte mit Fleisch.

Wie bekochen Sie Gäste, die zum ersten Mal in Wien sind?

Es kommt auf die Jahreszeit an und darauf, was der Tag sonst noch bereithält und was die jeweiligen Vorlieben sind. Wenn ich für meine Tochter koche, müsste es etwa Karottensüppchen mit karamellisierten Karotten ohne Kardamom, Altwiener Karfiol mit weißer Dillsauce und Bratkartoffeln und Rote Grütze mit Hagelzucker geben. Meine liebe Freundin Vanessa Maas, die meine Kochbücher fotografiert hat, muss Gartengurke mit kühler Ingwersauce und gelbem Rettich, Krautfleckerl und den unvergleichlichen Syllabub mit Zitrone und Rosmarin bekommen. So kann ich sie glücklich machen.

Naschmarkt – 4., Linke & Rechte Wienzeile bis zur Kettenbrückengasse / *Indian Pavilion* – 4., Naschmarkt 74 & 75 / *Hopf-Rosen* – Naschmarkt 804 / *Gärtnerei Bioschanze* – 21., An der Schanze 7–17 oder während des Bauernmarkts auf dem Naschmarkt / *Gärtnerhof GIN* – 22., Hänischgasse 17 / *Kuczera* – 4., Naschmarkt 374-376 & 344 / *DOGI* – 4., Naschmarkt 549

Gourmetküche kosten möchte. Für 48 Euro gibt es ein 5-Gänge-Menü, das aus 12 bis 13 verschiedenen kleinen Speisen besteht; es gibt übrigens auch eine vegetarische Option.
18., Thimigasse 11, Tel.: 0664/439 08 37, www.freyenstein.at, Öffnungszeiten: Di–Sa, Feiertag 18.00–24.00

Imbisse

Zum Schwarzen Kameel

Top!

Wunderbare Brötchen und Petit Fours – herrlich holzgetäfeltes Ambiente und bunt gemischtes Publikum. Ein Muss beim Stadtbummel und im Sommer ein Treffpunkt in der City, um zu sehen und gesehen zu werden.
1., Bognergasse 5, Tel.: 01/533 81 25, www.kameel.at, Öffnungszeiten: täglich 8.00–24.00

Würstelstand Bitzinger (bei der Albertina)

Spätnachts eine der beliebtesten Würstelbuden der Stadt. Extra: Schampus zur Bosna, um einen Abend auf sehr wienerische Art zu beschließen.
1., Augustinerstraße 1, Tel.: 0681/84 23 14 74, www.bitzinger.at, Öffnungszeiten: täglich 8.00–4.00

Trzesniewski

Legendäre Brötchen mit delikaten Aufstrichvariationen zum gleich Essen oder Mitnehmen. Es gibt mittlerweile in ganz Wien Trzesniewski-Läden, aber jener in der Dorotheergasse ist das Original. Alles ist hier wie in alten Zeiten – einfach herrlich!
1., Dorotheergasse 1, Tel.: 01/512 32 91, www.trzesniewski.at, Öffnungszeiten: Mo–Fr 8.30–19.30, Sa 9.00–18.00, So, Feiertag 10.00–17.00

O.M.K.

„O.m.k." ist die japanische Abkürzung von Take-Away, das Lokal gehört zum Mochi. Vorbestellung ist nicht notwendig, köstlichste Angebote, wie Donburi´s, Salate, hausgemachte Tapas und Sushi liegen hier frisch bereit. Für die, die etwas mehr Zeit haben, gibt's auch japanische Keramik, Handelswaren und Sake im Sortiment. Man kann sich's jedoch auch gleich auf einer Bank vor der Tür gemütlich machen. Am frühen Nachmittag oder zur Abendstund' trifft man hier die halbe Stadt.
2., Praterstraße 16, www.mochi.at/omk, Öffnungszeiten: Mo–Sa 11.00–21.30

Marco Simonis Urban Appetite

Hier wird viel Wert auf Design und Wohlfühl-Atmosphäre gelegt. Man kann sich mit einem feinen kulinarischen Angebot verwöhnen las-

ZUM SCHWARZEN KAMEEL

KAFFEEKÜCHE

sen, von Feinkost über Salate, bis zu selbstgemachten Sandwiches. Typisch „Marco Simonis Homemade". All das gibt's zum Mitnehmen.
6. Theobaldgasse 14, Tel.: 01/5812965, www.marcosimonis.com, Öffnungszeiten: Di–Fr 11.00–18.30, Sa 11.00–17.00
4., Taubstummengasse 13, Tel.: 01/503 17 47, www.marcosimonis.com, Öffnungszeiten: Mo–Fr 8.00–19.00

Kaffeebars & -röstereien

Kaffeeküche

Vor der Kaffeeküche in der Schottentor-Passage herrscht besonders am Morgen, wenn sich die Studenten vor der Uni noch schnell mit dem obligatorischen Kaffee eindecken, immer recht viel Andrang. Der Biokaffee ist einer der besten und preiswertesten weit und breit, dazu gibt es kleine Snacks, Limonaden und Fruchtsäfte.
1., Schottentor-Passage 8, www.kaffeekueche.at, Öffnungszeiten: Mo–Fr 7.00–20.00

Kaffeefabrik

Die Kaffeefabrik ist gleichzeitig Kaffeebar und Kaffeerösterei. Freitag ist Rösttag. Man kann sich online über die Angebote informieren und eine Bestellung aufgeben oder einfach selbst vorbeischauen, einen Kaffee schlürfen und sich beraten lassen. Die Spezialität des Hauses: „Liebesgrüße aus Moskau", ein warmes Getränk aus Kaffee und Vodka.
4., Favoritenstraße 4–6, Tel.: 0660/178 90 92, www.kaffeefabrik.at, Öffnungszeiten: Mo–Fr 8.00–18.00, Sa 11.00–17.00

Schönbergers

„Life is too short for bad coffee" – so heißt es im Schönbergers. Die Bohnen stammen aus ausgesuchten österreichischen und italienischen Privaturöstereien. Zusätzlich zum hervorragenden Kaffee wird man hier außerdem mit italienischen Süßigkeiten und Drinks verwöhnt. Das Kaffee selbst ist denkmalgeschützt und entsprechend sehenswert.
4. Wiedner Hauptstraße 40, Tel.: 01/9671172, www.schoenbergers.at, Öffnungszeiten: Mo–Fr 9.00–18.00, Sa 9.00–13.00

Café Jonas Reindl

Die Mission des Betreibers ist es, den Wienern nach New Yorker Vorbild den Filterkaffee wieder schmackhaft zu machen. Dieser wird für jeden Gast frisch zubereitet. Ein Espresso kostet 2 Euro, eine Karaffe Filterkaffee 3,50 Euro, außerdem gibt es eine große Auswahl an Craft Beer und leckeres Gebäck.
9., Währinger Straße 2–4, www.jonasreindl.at, Öffnungszeiten: Mo–Fr 7.30–22.00, Sa 9.30–22.00, So 10.30–18.00

Coffee Pirates

Bei den Kaffeepiraten kommt der Kaffee größtenteils von Fairtrade-Farmen, der Kuchen

wird in der hauseigenen Backstube, sozusagen zwischen den Gästen, gebacken. Am Wochenende kann man hier ausgiebig brunchen. Beide Filialen sind sehr gemütlich und mit Liebe zum Detail eingerichtet – man bleibt gerne etwas länger.
9., Spitalgasse 17, www.coffeepirates.at
Öffnungszeiten Spitalgasse:
Mo–Fr 8.00–18.00, Sa, So 9.00–15.00

Cafés & Espressos

Café Korb

Das Korb, mitten auf der Tuchlauben gelegen, blickt auf eine 100-jährige Geschichte zurück. Die größte Spezialität hier ist nicht etwa der Kaffee oder der köstliche Apfelstrudel, sondern die Besitzerin Susanne Widl selbst. Viele Stammgäste kommen extra, um mit dieser exotischen „Femme fatale", wie sie Elfriede Jelinek bewundernd nennt, zu tratschen. Gemeinsam mit renommierten Künstlern verwandelte sie den Keller des Cafés in eine Bühne für moderne Kunst. Vor den digitalen Fototapeten der Expo 2000, den Installationen des Medienphilosophen Peter Weibel sowie der „Plafond-Poesie" des Wiener Aktionisten Günter Brus lesen regelmäßig diverse Literaturgrößen. Rauchen ist hier übrigens erlaubt.
1., Brandstätte 9, Tel.: 01/533 72 15, www.cafekorb.at, Öffnungszeiten: Mo–Sa 8.00–24.00, So, Feiertag 10.00–24.00

CAFÉ PRÜCKEL

Café Prückel

Der kleine Braune zählt zu den besten der Stadt, und nach dem Club-Toast ist man sehr satt. Das Prückel öffnete erstmals 1903 seine Pforten. Später wurde es vom Architekten Oswald Haerdtl im typischen 50er-Jahre-Stil umgebaut, der in den Haupträumen bis heute erhalten geblieben ist.
Das Kaffeehaus wird gerne von Studenten der Universität für angewandte Kunst frequentiert, die nur wenige Schritte entfernt ist.
1., Stubenring 24/Ecke Dr.-Karl-Lueger-Platz, Tel.: 01/512 61 15, www.prueckel.at, Öffnungszeiten: täglich 8.30–22.00

Kleines Café

Das Café wurde 1970 vom Architekten Hermann Czech gebaut. Ein Urgestein mit Postern von Iggy Pop und Valie Export aus den 1970er-Jahren an den Wänden. Alles hat hier Patina – die Musik ist rockig. Es wird geraucht und zu später Stunde auch viel getrunken. Die belegten Brote sind legendär. Im Sommer sitzt man auf Heurigenstühlen am schönen Franziskanerplatz. War übrigens eine der Locations für den Film „Before Sunrise" 1995 mit Ethan Hawke und Julie Delpy
1., Franziskanerplatz 3, Öffnungszeiten: Mo–Sa 10.00–2.00, So 13.00–2.00

Unger und Klein im Hochhaus

Top!

Klein ist im ersten Hochhaus Wiens, das in den 1930er-Jahren von den Architekten Siegfried Theiss und Hans Jaksch entworfen wurde, Programm. Das Lokal: eine runde Sache mit knapp fünf Metern Durchmesser, ein Glaszylinder, zugelassen für 21 Personen, 15 davon können auf cognacfarbenem Leder

sitzen oder „sitzstehen". Der Kaffee kommt aus der Andraschko Kaffeemanufaktur aus Berlin – eine Wiener Kaffeehausmischung aus sechs Arabica-Sorten. Daneben gibt es auch noch Wein, Fruchtsäfte, Panini mit Schinken oder Käse für die Hungrigen, familiär auf der Theke in Körben zum Selbstnehmen arrangiert, morgens Croissants, abends warme Kleinigkeiten. Alles konzipiert von Ella de Silva aus dem Finsteren Stern. Besser geht's nicht.
1., Herrengasse 6–8, Tel.: 01/969 21 17, www.imhochhaus.at, Öffnungszeiten: Mo–Fr 7.45–23.00, Sa 10.00–23.00

Balthasar
In der netten Café-Bar auf der Praterstraße wird dem Edelespresso und kultigem Filterkaffee gehuldigt. Außerdem ist es ein guter Ort, um in Ruhe Zeitung zu lesen oder das Laptop auszupacken und zu arbeiten.
2., Praterstraße 38, Tel.: 0664/381 68 55, www.balthasar.at, Öffnungszeiten: Mo–Fr 7.30–19.00, Sa 9.00–17.00

Café Drechsler
Das Café Drechsler liegt direkt an der Linken Wienzeile neben dem Naschmarkt. Das legendäre Kaffeehaus wurde vom britischen Stardesigner Sir Terence Conran neu gestaltet. Es gibt hier durchgehend warme Küche und eine DJ-Line am Sonntagvormittag. Ein beliebter Ort, um nach der After Hour auf ein Frühstück einzukehren, denn Freitag und Samstag ist das Café ab 3 Uhr morgens geöffnet.
6., Linke Wienzeile 22/Girardigasse 1, Tel.: 01/581 20 44, www.cafedrechsler.at, Öffnungszeiten: Mo–Do 8.00–24.00, Fr, Sa 8.00–2.00, So 8.00–24.00

Café Jelinek
Das Café Jelinek in einer Seitengasse der Mariahilfer Straße ist ein authentisches Stück angestaubtes und verschrobenes Wien. Alles, wie es immer war, denn der Wiener mag Veränderung nicht. Vergilbte Wände, ein Holzofen neben der Bar und der Rest der Inneneinrichtung bilden ein einzigartiges Ensemble und bestimmen die Atmosphäre. Ein perfekter Ort, um internationale Tageszeitungen zu lesen, Bücher zu schreiben oder zu büffeln. Das Publikum ist jung und bunt gemischt. Der Gugelhupf ist legendär, und die Kaffeehausstandards Gulasch, Toast und Würstel gehören hier zum guten Ton.
6., Otto-Bauer-Gasse 5, Tel.: 01/597 41 13, www.cafejelinek.steman.at, Öffnungszeiten: täglich 9.00–22.00

Espresso
Gilt mit seinem authentischen 50er-Jahre-Flair nicht umsonst als Kultcafé. Frühstück gibt's den ganzen Tag, die Speisekarte ist vielfältig und abwechslungsreich. An zwei Tagen in der Woche wird nur vegetarisches Essen serviert, freitags gibt es besondere Fischspezialitäten. Am Wochenende kommen abends oft DJs, außerdem finden immer wieder Lesungen statt.
7., Burggasse 57, Tel.: 01/52 21 05 70, www.espresso-wien.at, Öffnungszeiten: Mo–Fr 7.30–1.00, Sa, So 10.00–1.00

Caffé a casa
Außen Sixties-Style, innen Zeitgeist und purer Kaffeegenuss. Drei Tische vor der Tür bieten im Sommer ein schattiges Plätzchen, um Espresso, Caffè Latte oder Eiskaffee und Süßes aus der Patisserie Fruth zu genießen. Neun verschiedene Topkaffees werden aus Brasilien, Burundi, Costa Rica, Kolumbien und der Dominikanischen Republik angeboten. Ein weiterer Bonus: Das Café hat auch sonntags offen.
9., Servitengasse 4A, Tel.: 01/319 02 66, www.caffeacasa.net, Öffnungszeiten: Mo–Fr 7.30–18.30, Sa, So 9.00–18.00

Sweets & Chocolate

Altmann & Kühne
Das Liliputkonfekt kann man getrost als ein Stück Wien bezeichnen. Wunderhübsch verpackt in mit Motiven der Wiener Werkstätte verzierten kleinen Kommoden, Hutschachteln und Boxen in Schwarz, Lindgrün, Blasslila oder Rot, muss man sie einfach lieben! In zartes Seidenpapier gewickelt, ist das süße Kleinod als Mitbringsel ein Hit.

WEITER AUF SEITE 106 →

Barbara Eselböck

Gastronomin

Wo kann man am Neusiedler See am besten einen Tag mit der Seele baumeln?

Am Neusiedler See gibt es für mich dafür nur einen Platz – das *Haus im See*! Hier kann ich den ganzen Tag verbringen und schwimmen, essen, trinken, faulenzen, eine Runde mit dem Boot fahren oder den Kitesurfern zusehen. Am liebsten bin ich unter der Woche da, dann ist es nicht überlaufen.

Was darf in einem Korb voller Spezialitäten aus Ihrer Region nicht fehlen?

Es darf immer Wein oder gutes Essen sein, zum Beispiel Lardo von *Triebaumer*!

Die junge Naturweinszene im Burgenland boomt, wer lässt von sich hören?

Vorreiter ist da das *Gut Oggau*; *Tschida*, *Preisinger* und viele andere folgen. Wir veranstalten gerade eine Reihe im Taubenkobel, die sich „Reden über Reben" nennt; jede Woche laden wir junge Naturweinwinzer ein, die ihre Weine vorstellen. Unsere Familie setzt sich mit dieser Art von Weinen seit meiner Kindheit auseinander. Bei uns gab's immer Amphorenweine von Josko Gravner. Meine Mutter hat eine gute Nase gehabt und auch schon damals gewusst, dass das Bestand hat. Dafür bin ich ihr sehr dankbar! Matassa haben wir weltweit als erstes Restaurant eingekauft, heute findet man ihn überall. Daher haben wir Weinfreaks aus der ganzen Welt, die uns besuchen, um die alten Jahrgänge der Naturweine zu trinken.

Ein Mädelsabend in Wien – wo fängt er an und wo endet er?

Das *Mochi* ist fix dabei, das *o boufés* auch, zwischendurch eine Pizza im *Kitch* und Tanzen am besten in der *Grellen Forelle* oder im *Art Dinner Club*. Doch es gibt so viele tolle Plätze in Wien! Daher besser mehrere Mädelsabende einplanen.

Haus im See – 9400 Fertőrákos, Ungarn (am Ende der Hauptmole) / *Weingut Ernst Triebaumer* – www.triebaumer.com / *Gut Oggau* – www.gutoggau.com / *Weingut Gerald Tschida* – www.tschida-wein.at / *Weingut Helmut Preisinger* – www.weingut-preisinger.at / *Mochi* – 2., Praterstraße 15 / *o boufés* – 1., Dominikanerbastei 17 / *Kitch* – 1., Biberstraße 8 / *Grelle Forelle* – 9., Spittelauer Lände 12 / *Art Dinner Club* – 1., Falkestraße 5

1., Graben 30, Tel.: 01/533 09 27, www.altmann-kuehne.at, Öffnungszeiten: Mo–Fr 9.00–18.30, Sa 10.00–17.00

Demel
Der Demel war einst k. u. k. Hofzuckerbäcker und führt diesen Titel noch heute. Im Demel herrschen die Frauen. Es gibt keinen Ober, sondern Oberinnen, die Demelinerinnen genannt werden. Beim Servieren sagen sie den berühmten Demel-Satz: „Haben schon gewählt?" Im Erdgeschoß findet sich neben Torten, Strudeln, Guglhupf, hübsch verpackten Katzenzungen und Konfekt im hinteren Teil eine Schaubackstube, wo man den Patissiers bei der Arbeit zusehen kann. Wienerisch elegant und chic ist es, sich auf Kaffee, Sandwich und Törtchen zu treffen, am schönsten im unteren Teil gegenüber der Schauküche. Reservieren, denn um diese Plätze wird gekämpft!
1., Kohlmarkt 14, Tel.: 01/535 17 17-0, www.demel.at, Öffnungszeiten: täglich 9.00–19.00

Parémi *Top!*
Im Parémi wird traditionell französisches Backhandwerk betrieben. Die Gäste werden mit handgemachten Baguettes, südfranzösischer Fougasse und Croissants verwöhnt. In der Patisserie werden neben traditionellen Süßspeisen aus der französischen Backkunst auch Eigenkreationen angeboten. Die einsehbare Backstube offenbart, dass alles frisch und handgemacht gezaubert wird. Ganz einfach die besten Croissants der Stadt!
1., Bäckerstraße 10, Tel.: 0660/869 73 69, www.paremi.at, Öffnungszeiten: Di–Fr 07.00–18.00, Sa 08.00–18.00

Patisserie zum Schwarzen Kameel
Klitzekleiner Laden mit Jugendstilportal. Die Patisserie führt Törtchen und Torten (in drei Größen) sowie süße und salzige Kekse. Unvergleichlich die Zimtstangen – sie sind eine Sünde wert!
1., Bognergasse 7, www.kameel.at/patisserie, Öffnungszeiten: Mo–Fr 9.30–19.00

Tortenmanufaktur Zola Auböck *Top!*
Zola Auböck, die Urenkelin des Produktdesigners Carl Auböck, ist eine wahre Künstlerin in Sachen Patisserie. Seit 2012 stellt sie in ihrer Manufaktur ihre außergewöhnlich designten Torten her, die sehr begehrt sind. In der Karmelitergasse betreibt sie ein Geschäftslokal, in dem sie bäckt und ihre Kunden bewirtet. Dazu serviert sie Kaffee der Marke „Röstmanufaktur" aus dem Salzburger Thalgau. Ihr Bruder Carl entwarf für sie einen Luster aus Schneebesen. Kleiderhaken und Türknäufe sind vintage und stammen vom Urgroßvater. Was sonst!
2., Karmelitergasse 1, Tel.: 0676/962 88 38, http://zola-auboeck.com, Öffnungszeiten: Fr 9.00–17.00, Sa 9.00–13.00

Fett und Zucker
Kuchen macht glücklich, lautet das Motto im Fett und Zucker. Im zweiten Bezirk, zwischen Donaukanal und Karmelitermarkt, liegt das kleine Café mit alternativer Atmosphäre. Hier gibt es eine gute Auswahl an ständig wechselnden Kuchen, die vor Ort gebacken werden und größtenteils vegan sind.
2., Hollandstraße 16, Tel.: 0699/11 66 00 92, www.fettundzucker.at, Öffnungszeiten: Mo–Fr 13.00–21.00, Sa, So 11.00–21.00

Guerilla Bakery *Top!*
Die Guerilla Bakery war fünf Jahre lang die geheimste Pop-up Bakery Wiens, seit

Anfang 2016 hat sie einen fixen Standort. Das Prinzip der drei Schwestern? Fuck the Backmischung! Ihre Kuchen sind Eigenkreationen, die sie mit viel Leidenschaft für das Backen selbst entwickelt haben. Besonders gut: das Banana Bread und der wunderhübsche Gastgarten!
4., Favoritenstraße 7, www.guerillabakery.at, Öffnungszeiten: Mo–Fr 8.00–17.00

Fruth

Top!

Eclairs, Schokospitze, Punschkrapfen, Trüffel und Köstlichkeiten, die so klingende Namen haben wie „Ivoire", eine Torte aus weißem Biskuit mit Schokoladecreme und passierten Himbeeren, umhüllt von türkisfarbenem Marzipan. Oder „Etienne", das Mousse-au-chocolat-Törtchen. Alles handgemacht und feilgeboten in einer kleinen Patisserie, die direkt aus Paris stammen könnte.
4., Kettenbrückengasse 20,
Tel.: 0664/143 22 43, www.fruth.at,
Öffnungszeiten: Di–Fr 11.00–19.00,
Sa 9.00–17.00
5., Wiedner Hauptstraße 114,
Tel.: 0676/952 28 80,
Öffnungszeiten: Di–Fr 11.00–18.00,
Sa 9.00–13.00

Blühendes Konfekt

Blüten zum Vernaschen: Veilchen, Rosen oder Himmelschlüssel, die mit Schokolade, Früchten und Marzipan veredelt zu kleinen Geschmacksexplosionen werden und weltweit einzigartig sind.
Werkstatt & Shop, 6., Schmalzhofgasse 19, Tel.: 0660/341 19 85,

FETT UND ZUCKER

TORTENMANUFAKTUR ZOLA AUBÖCK

www.bluehendes-konfekt.com, Öffnungszeiten: Mi–Fr 10.00–18.30

Tart'a tata

Bonjour, Paris: Eclair au chocolat, Douceur framboise, Le Rêve, Tarte au citron, Quiche, Viennoiserie und die wirklich allerbesten Croissants, die in Wien zu finden sind.
7., Lindengasse 35/Ecke Zollergasse, Tel.: 01/52 65 62 61, Öffnungszeiten: Mo–Sa 10.00–18.00

Sartori – die Torte

Das ist Torten-Couture: spektakuläre Tortenskulpturen der Luxusklasse als süßer Aufputz für große Feste und glamouröse Partys. Designerin Petra Bacher, die auch als Textil- und Interiordesignerin arbeitet, fertigt ihre Kunstwerke alleine an, allerdings nur auf Vorbestellung. Als Vorbereitungszeit müssen mindestens sechs Wochen einkalkuliert werden.
7., Burggasse 117, www.sartori-torten.at, nach Voranmeldung

Crème de la Crème

Top!

Sie ist die Zuckerbäckerin Wiens – nun hat Julia von Julie Pop Bakery auch ihr eigenes Kaffee. Die Produktpalette in der Pop Up

Bakery war zu eng geworden für ihre Kreativität, nun lebt sie sich in der Vielfalt leckerer Süßspeisen im eigenen Kaffee Crème de la Crème aus. Man kann auch frühstücken, neben dem köstlichen Gebäck sind auch Marmeladen selbstgemacht. Hier gibt's auf jeden Fall alles was das Naschkatzenherz begehrt.
8., Lange Gasse 76, Tel.: 0660/2833769, www.cremedelacreme.at, Öffnungszeiten: Di–Fr 9.00–18.00, Sa, So 10.00–17.00

Eissalons – Die Traditionellen

Tuchlauben

Immer noch einer der herrlichsten Eissalons der Stadt!
1., Tuchlauben 15, Tel.: 01/533 25 53, www.eissalon-tuchlauben.at, Öffnungszeiten: März: Mo–Sa 10.00–20.00, So 11.00–20.00, April–September: Mo–Sa 10.00–23.30, So 11.00–23.30, Oktober: Mo–Sa 10.00–20.00, So 11.00–20.00

Eissalon am Schwedenplatz

Seit 1886 gibt es den kultigen Eissalon am Schwedenplatz. Bei über hundert Sorten ist für jeden was dabei, denn es gibt schon längst nicht mehr nur Old-school-Sorten, sondern auch Veganes und Innovatives wie Ingwer-Lemoncream.
1., Franz-Josefs-Kai 17, Tel.: 01/533 19 96, www.gelato.at, Öffnungszeiten: Mo–So 10.00–23.15

… und die Neuen

Ferrari Natural Gelato

Ein Eis, wie es vor fünfzig Jahren in Italien üblich war. Samuela Ferrari und Pietro Viscovich machen Eis, das seinesgleichen sucht. Die Produktion erfolgt direkt im Lokal, damit man sieht, was alles reinkommt. Piemontesische Haselnüsse, karamellisierte Pinienkerne, frische Früchte, Ricotta und, und, und.
1., Krugerstraße 9, Tel.: 01/512 24 45, www.ferrari-gelato.at, Öffnungszeiten: 11.30–22.30 (Mai–August)

SCHELATO

Veganista

Hier gibt es ausschließlich veganes Eis, hergestellt von zwei Schwestern. Mittlerweile ist das Veganista schon eine Institution und wird an drei Standorten verkauft.
5., Margaretenstraße 51, Tel.: 0664/594 00 01, www.veganista.at, Öffnungszeiten: täglich 12.00–23.00
7., Neustiftgasse 23, Tel.: 01/961 08 45, Öffnungszeiten: täglich 11.00–23.00
9., Alserbachstraße 5, Öffnungszeiten: Mo–So 11.00–23.00

Leones Gelato

Die Milch ist bio, und das Eis wird ausnahmslos ohne künstliche Zusatzstoffe hergestellt und jeden Tag frisch zubereitet. Es gibt täglich 12 ausgewählte Eissorten, abhängig von saisonalen frischen Zutaten.
8., Lange Gasse 78, Tel.: 01/352 52 52, www.leones.at, Öffnungszeiten: Mo–So 12.00–21.00

Schelato

Top!

Ein Filmemacher und ein Modemacher kreieren ausgefallene Sorten wie Avocado- oder Matchaeis. Auch die Einrichtung ist jung, hip und sehr lässig!
8., Lerchenfelder Straße 34, www.facebook.com/schelato.at, Öffnungszeiten: Mo–Do 13.00–21.00, Fr–So 12.00–21.00

Plätze mit Aussicht

Do & Co

Im obersten Stock des Do & Co-Hotels hat man nicht nur einen wunderbaren Blick auf den Stephansdom, man wird auch auf eine kulinarische Weltreise geführt. Die Sushi-Küche, eine Wokstation und die Hauptküche sind als Schauküchen offen gestaltet und bereiten eine Vielzahl an asiatischen, mediterranen und wienerischen Gerichten zu.
1., Stephansplatz 12, Tel.: 01/535 39 69, www.docohotel.com/de/restaurant, Öffnungszeiten: Mo–So 12.00–15.00, 18.00–24.00

Das Loft

Junge, innovative Haubenküche von Fabian Günzel und Cocktails oder Longdrinks, die man sich individuell kreieren lassen kann, bescheren Wohlfühlmomente im 18. Stock des Luxushotels Sofitel Vienna. Vollverglast, garantiert dieser Weitblick über Wien. Die Medienkünstlerin Pipilotti Rist gestaltete die besondere, leuchtende Decke – ein echtes Highlight!
2., Praterstraße 1, Tel.: 01/906 16-8110, www.dasloftwien.at, Öffnungszeiten: Frühstück Mo–Fr 6.30–10.30, Sa, So, Feiertag 6.30–11.00, Mittagessen Mo–Sa 12.00–14.30, Abendessen Mo–So 18.00–24.00, Bar 10.00–2.00

Dachboden 25 hours

Mit einem verglasten Außenaufzug des modernen 25hours Hotel gelangt man ins Dachgeschoß, das wie ein Wohnzimmer über der Stadt thront. Gemütlich lässt es sich auf alten Möbeln und Fundstücken, die man auf Dachböden eben findet, zu DJ-Lines Cocktails schlürfen. Bietet sich die Lounge nachmittags – natürlich mit gratis WLAN – zum Arbeiten an, so lädt sie ein wenig später zum Afterwork-Drink mit unschlagbarem Blick über die Museen, das Parlament und die Innenstadt ein.
7., Lerchenfelder Straße 1–3 , Tel.: 01/521 51-0, www.25hours-hotels.com/de/museumsquartier/restaurant/25hours-dachboden.html, Öffnungszeiten: Mo–So 15.00–1.00

Gloriette

Ein typisches Wiener Kaffeehaus, ehemals als „Ruhmestempel" für den Kaiser erbaut, das klassische österreichische Speisen bei dezenter musikalischer Begleitung bietet. Beim „Frühstück wie zu Kaisers Zeiten" werden Kaffeespezialitäten mit Kipferl, Mohnstriezerl & Co. sowie variantenreiche Mehlspeisen geboten. Ein besonderer Genuss beim Sisi-Frühstück (Sa, So & Feiertag): ein Gugelhupf mit kandierten Veilchen.
13., Schlosspark Schönbrunn, Tel.: 01/879 13 11, www.gloriette-cafe.at, Öffnungszeiten: Mo–So 9.00 bis Einbruch der Dunkelheit

Heuriger Sirbu

Top!

Wiens am höchsten gelegener Heuriger am Kahlenberg, eines der ältesten Häuser Nußdorfs, besticht nicht nur mit atemberaubendem Blick über ganz Wien – durch die Weingärten lässt es sich unter Lauben im Freien auch äußerst gemütlich sitzen. Ein Tipp: abends unter der Woche ein besonders ruhiger, beschaulicher Ort.
19., Kahlenberger Straße 210, Tel.: 01/320 59 28, www.sirbu.at, Öffnungszeiten: Mitte April bis Mitte Oktober Mo–Fr 16.00–23.00, Sa ab 15.00

Rooftop-Bar im Lamée

Die Rooftop-Bar des Hotel Lamée wirbt mit der besten Aussicht und das zu Recht, die Atmosphäre ist den Aufstieg wert. Die Bar selbst zeigt sich im Tropen-Look. Für den kleinen Hunger gibt`s auch Snacks und Süßes – mit Ausblick, versteht sich.
1., Rotenturmstraße 15 (Eingang Lichtensteg 2), Tel.: 01/5322240, www.lameerooftop.com, Öffnungszeiten: Mo–Sa 12.00–0.00 So 12.00–22.00

Stadtfluchten

Chalet Moeller – Schottenhof

In einer der schönsten Lagen Wiens, inmitten des Wienerwaldes, eine knappe halbe Stunde vom Stadtkern entfernt, verbirgt sich das Chalet Moeller. Im unter Denkmalschutz stehenden ehemaligen Schottenhof verwirklichte Roman Moeller 2015 den Traum vom eigenen Restaurant und versucht seither einen Bogen zwischen Tradition, modernem Design und Innovation zu spannen.

14., Amundsenstraße 5, Tel.: 01/484 21 63, www.chalet-moeller.at, Öffnungszeiten: Mi–So 11.30–24.00 (Küche 11.30–22.30)

Stadtflucht Bergmühle

Eine halbe Stunde vom Stadtzentrum entfernt findet sich die Stadtflucht Bergmühle – der Verein für Kochen und Muße im Grünen. Von April bis Oktober können Groß und Klein dort jeden Sonntag essen, was gerade aufgetischt wird und dazwischen Tretboot fahren, in der Sonne liegen, ein Glas Wein trinken, sich massieren lassen und entspannen. Vor allem für Kinder finden sich allerlei Angebote abseits von Nintendo und Playstation.

2123 Kronberg, Am Rußbach 1, Tel.: 0676/333 83 38, www.stadtfluchtbergmuehle.at, Öffnungszeiten: siehe Homepage

Villa Antoinette

Etwas versteckt, auf 900 m Seehöhe, nahe dem Kurort Semmering wartet die Villa Antoinette auf Sommerfrischler und Naturgenießer. In der Frühstückspension finden Freundesrunden, Stadtflüchter, Hochzeiter, Geburtstagskinder und ihre Gäste oder Seminaristen ein Refugium mit Jahrhundertwende-Charme. Stilechte Einrichtung, sechs gemütliche Zimmer, ein Badehaus und Garten tragen ihr Möglichstes zu Erholung und Zerstreuung bei.

2680 Semmering, Gläserstraße 9, Tel.: 0699/19 00 70 79, www.villa-antoinette.at

LOOS HAUS AM KREUZBERG

Schloss Wartholz

Mitten im Grün liegt die Schlossgärtnerei, im schmuckvollen Wintergarten werden Kaffee & Kuchen, sowie eine kleine Auswahl an Hauptspeisen serviert. Wer sich nach dem Essen noch die Beine vertreten will ist hier richtig, entweder man genießt einen Spaziergang durch die Gartenanlage oder man schmökert im Innenbereich, denn hier gibt es von Mode über Schmuck und Dekorationsartikel einiges zu entdecken. Im Sommer findet im Garten ein wunderschönes kleines Sommerkino statt.

2651 Reichenau an der Rax, Hauptstrasse 113, Tel.: 02666/52289, Öffnungszeiten: Mi–So 10.00–18.00

Loos Haus am Kreuzberg

Top!

„Baue nicht malerisch. Überlasse solche Wirkungen den Mauern, den Bergen und der Sonne." – Adolf Loos, 1913. Das 1930 fertiggestellte Haus ist ein Spätwerk des Architekten. Seit Ilse Wurdack das Loos Haus 1959 erworben, restauriert und als Hotel-Pension geführt hat, wurde darauf geachtet, den Originalzustand zu erhalten. Heute wie damals ist die große zentrale Halle Lebensmittelpunkt des Hauses, hier liegt das Restaurant mit Blick auf Rax und Schneeberg. Die Hotelzimmer sind klein, sie erinnern ein wenig an Schiffskajüten und zeugen von Loos'scher Schlichtheit. Wunderbar für ein Wanderwochenende im Frühling und Sommer.

2650 Payerbach, Kreuzberg 60, Tel.: 02666/529 11, www.looshaus.at, Öffnungszeiten: Juli, August täglich 11.30–20.30, September bis Juni Mittwoch Ruhetag

Balthasar Schlossküche Walpersdorf

Im niederösterreichischen Weinbaugebiet Traisental versteckt sich das Renaissanceschloss Walpersdorf, in dem das Balthasar beheimatet ist. Rund um die alte Schlossküche entstand ein stimmig renoviertes, mit alten Möbeln bestücktes Lokal. Die hervorragende Küche, unter der Leitung von Roland Pieber, sowie der malerische Schlosshof laden zum Ausspannen, Genießen und Verweilen ein.

3131 Walpersdorf, Schlossstraße 2, Tel.: 0660/227 70 34, www.schlosskueche.at, Öffnungszeiten: Do–Sa 11.00–23.00 So 11.00–17.00 (Küche Do–Sa 11.30–21.00, So 11.30–14.30)

Gut Oggau

Stephanie Tscheppe-Eselböck und Eduard Tscheppe versuchen eine lange Weinbautradition in modernem Sinne weiterzuführen. Auf ihrem Gut Oggau erzeugen sie ein tolles Sortiment regionaltypischer Weine mit Charakter. Von April bis September öffnen sie die Pforten ihres Hofs und servieren im hauseigenen Heurigen in angenehm entspannter Atmosphäre feine, kleine Spezialitäten (vorwiegend aus der Region) und schenken natürlich ihren eigenen Wein aus. Wiens Jungschauspieler, Kreativszene und deren Entourage schauen hier gern mal auf einen illustren Abend vorbei.

7063 Oggau, Hauptstraße 31, Tel.: 0664/206 92 98, www.gutoggau.com, Öffnungszeiten: siehe Homepage

Knappenhof Reichenau

Der Knappenhof ist eine ausgezeichnete Adresse, für alle, die etwas abseits vom Trubel zur Ruhe kommen möchten. Mit Blick ins Grüne wird man hier auch kulinarisch verwöhnt. Sommerfrische, ahoi!

2651 Reichenau an der Rax, Kleinau 34, Tel.: 02666/53633, www.knappenhof.at, Öffnungszeiten: Do, Fr 11.00–14.00, 17.00–21.00, Sa, So durchgehend warme Küche

Restaurant Seejungfrau

Die Terrasse der Seejungfrau bietet einen einzigartigen Blick über die Joiser Lagune, die Hänge des Leithagebirges und sanft schaukelnde Segelboote auf dem Wasser. Wer den Neusiedler See (45 Minuten Fahrzeit von Wien) möglichst entspannt genießen will, ist hier richtig. Die Zutaten, die Spitzenkoch Günter Mittermayr verarbeitet, kommen direkt aus der Region. Das Wild schießt der passionierte Jäger selbst, und die Fische stammen direkt aus dem Neusiedler See.

7093 Jois, Hafen 1, Tel.: 0650/420 07 43, www.seejungfrau.cc, Öffnungszeiten: Fr, Sa 11.30–22.00, So 9.00–21.30 (Küche jeweils bis 21.00)

Lurgbauer

Althergebrachtes Ambiente mit modernen Einflüssen – beim Lurgbauern finden Land- und Gastwirtschaft in rarer Symbiose zueinander. Ganz in der Nähe des Pilgerortes Mariazell bietet die Familie Leodolter hier die Möglichkeit für ein kulinarisches Intermezzo mit Übernachtung. Besonders empfehlenswert ist das Menü „Lurg 1" (Fr & Sa auf Vorbestellung) mit dem Besten, was hauseigene Weidekälber und Aberdeen-Angus-Ochsen zu bieten haben.

8630 St. Sebastian, Lurg 1, Tel.: 03882/37 18, www.lurgbauer.at, Küchenzeiten: 1. Mai–1. Nov.: Mi–Sa 12.00–14.00, ab 18.00, So 12.00–14.00. 1. Nov.–1. Mai: Fr, Sa 12.00–14.00 & ab 18.00, So 12.00–15.00

Haus im See

Ein paar Autominuten von Mörbisch und Sopron entfernt und zur Ortschaft Fertörákos liegt das „Haus im See" – auf Holzpflöcken gebaut und eingebettet in die Schilflandschaft des Neusiedler Sees. Das Haus im See ist sehr beliebt, will man übernachten, empfiehlt es sich, rechtzeitig zu reservieren. So viele Hauben wie der Taubenkobel kann das Haus im See zwar nicht bieten, der Name Eselböck bürgt jedoch für Gaumenfreuden auf höchstem Niveau Jedenfalls die perfekte Form des Müßiggangs und Entschleunigung und ein perfektes Ausflugsziel fürs Wochenende.

9400 Fertörákos, Ungarn, Tel.: 0036/99/35 53 19, www.hausimsee.at, Öffnungszeiten: Mai bis Oktober, Frühstück 9.00–10.30, 12.00–21.00 (vom Grill)

Jutta Ambrositsch-Kalchbrenner

Winzerin mit temporärer Buschenschank

Was ist das Besondere an der Wiener Heurigenkultur?
Die Zeitspanne, die sich Wiener Gäste für einen Besuch bei der Buschenschank nehmen, ist das eigentlich Besondere. Die gebotene Qualität mag hier und da etwas niedriger, der unverhandelbare Preis da und dort marginal höher sein. Aber die Zeit, um in einem Kastaniengarten bei zwei, drei oder vielen Gläsern Wein, begleitet von ein paar kleinen Köstlichkeiten runterzukommen, diese Zeit nehmen sich vorrangig Wienerinnen und Wiener.

In den Wiener Weinbergen lässt es sich besonders schön spazieren gehen. Von wo hat man den schönsten Ausblick auf die Stadt?
Schleppen Sie sich auf den *Steinberg* oberhalb von Grinzing, erwandern Sie den *Kahlenberg*, schlendern Sie den *Mukenthalerweg* entlang, besteigen Sie den *Reisenberg*. Jeder Aufstieg im 19. Bezirk wird mit besonderen Ausblicken belohnt. Vom *Jungenberg* im 21. Bezirk sieht man sogar über die gesamte Stadt bis zum Anninger.

Das Wienerlied erlebt derzeit eine Renaissance – was hören Sie am liebsten?
Wenn schon Wienerlied, dann von *Walther Soyka*.

In welche Weinlokale und Bars geht eine Wiener Winzerin, wenn die Arbeit im Weingarten erledigt ist?
Ich mag das *Unger und Klein* seit sehr vielen Jahren sehr. Auch Filippous *o boufés* ist mir ans Herz gewachsen. An frühen Abenden konsultiere ich regelmäßig das wundervolle und legendäre Naschmarkt-Institut *Urbanek*. Und die *Loos* ist sowieso göttlich. Auch wenn's dort wenig bis gar nicht um Wein geht.

Steinberg – 19., an der Südseite des Krapfenwaldls beim Grinzinger Steinbruch / *Kahlenberg* – 19. / *Mukenthalerweg* – 19. / *Reisenberg* – 19., Oberer und Unterer Reisenbergweg / *Jungenberg* – 21. / *Walther Soyka* – soyka.nonfoodfactory.org / *Unger und Klein* – 1., Gölsdorfgasse 2 / *o boufés* – Dominikanerbastei 17 / *Urbanek* – 4., Naschmarkt 46 / *Loos Bar* – 1., Kärntner Durchgang 10

IM ACHTEN

Die bürgerliche Josefstadt lebt auf und mausert sich zum neuen Hipster-Grätzl, ohne dabei ihren leicht angestaubten Kleinstadt-Charme zu verlieren. Ausgangspunkt Biomarkt Lange Gasse am Samstag zwischen 8 und 15 Uhr. Dort, wo die Josefstadt an das boboeske Neubau andockt, wird die Straße für einen halben Tag gesperrt, und die Stände warten mit Käse, Obst und Gemüse von Bauern aus Wien und Umgebung auf. In eben dieser Gasse findet sich einer der besten Käseläden Wiens: *Jumi* (Lange Gasse 29) bietet delikateste Sorten aus aller Welt feil. Gleich nebenan: *Tati* (Lange Gasse 26), der fabelhafte Vintage-Laden der Bühnenbildnerin Katharina Polheim. Im Atelier von *Rosa Marlene* (Lange Gasse 14) kann man sich an dekorativen handgefertigten Schmuckstücken erfreuen, und ums Eck in der Josefstädter Straße liegt *Mala* (Josefstädter Straße 17), ein Shop mit feinen skandinavischen Modelabels wie etwa Filippa K. Im Haarsalon *The Fringe* werkt Chris Yau (Lange Gasse 2/Ecke Lerchenfelder Straße), der modernen Menschen gute Haarschnitte verpasst. Austern im Vorbeigehen und andere Fischdelikatessen zum Mitnehmen oder zum gleich Essen gibt es bei Petra Frisch und Sebastian Slavicek

MAMAMON THAI EATERY

im *Goldfisch*. Es wird bis 19 Uhr gekocht, und auch die in diesem Kapitel Weinauswahl lädt zum Bleiben ein (Lerchenfelder Straße 16) – siehe auch in diesem Kapitel unter „Quereinsteiger".

Einer der pittoreskesten Stadtheurigen mit lauschigem Innenhof verbirgt sich hinter dem Schild *Weinstube Josefstadt* (Piaristengasse 27). Auf dem Weg dorthin geht's auf einen Sprung zu *Schelato* (Lerchenfelder Straße 34), dort bekommt man, wie viele meinen, das beste Eis der Stadt – und verrückte Sorten wie Weichsel mit Rosmarin, natürlich alles auch vegan. Der Eissalon ist, seit es dort auch einen Gastgarten gibt, zum Bersten voll und zum Treffpunkt für Jung und Hip mutiert. Auch Flohmärkte mit Kleidern und Möbeln finden hier zeitweise statt. Der winzige Feinkost-Sizilianer namens *Barbarella* (Lerchenfelder Straße 16) mit Konditorei ist ein Geheimtipp für frischen Cannoli mit Ricotta, hausgemachte Dolces, Zitronen- und Mandelcreme sowie Pasta, Olivenöl, Kaffee und sizilianische Weine. Die Spezialitäten des *Es gibt Reis* (Piaristengasse 15) sind unter anderem auch vegan und vegetarisch, Fisch und Fleisch sind bio. Der Barkeeper ist aus Berlin und tischt verrückte Cocktails auf, die nach Helge-Schneider-Songs benannt sind und dennoch erstaunlich gut schmecken.

Nguyen's Pho Haus (Lerchenfelder Straße 46) versorgt die Nachbarschaft mit warmen, vietnamesischen Suppen oder Wasserspinat und – besonders schmackhaft – Melanzani mit Rindfleisch, und das alles zu guten Preisen. Kein Wunder, dass das Lokal immer voll ist. Gut, dass man hier auch einfach etwas mitnehmen kann. Wer Streetfood und authentisches Curry liebt, dem sei die *Mamamon Thai Eatery* (Albertgasse 15) ans Herz gelegt. Die Speisen sehen so vortrefflich aus, dass man sich kaum entscheiden

RATHAUS
esgerichtsstraße
Auerspergstraße
Lenaugasse
Buchfeldgasse
ge gasse
Josefsgasse
Trautsongasse
PALAIS AUERSPERG
VIENNA'S ENGLISH THEATRE
12
ANTIK
11
VINTAGE
TATI
22
ROSA M. SCHMUCK
14
FRINGE HAARE
2
Lange gasse
Lange gasse
MODE
17 MALA
THEATER in der JOSEFSTADT
26
Josefstädter Strasse
BARBARELLA FEINKOST
16
Neudeggergasse
Piaristengasse
Lerchenfelder Straße
ES GIBT REIS
ESSEN
15
WEINSTUBE
24
EIS
33 SCHELATO
Zeltgasse
JULIA HAARE
40 KOMMOD ESSEN
32 LITTLE YOGA ROOM
Strozzigasse
Strozzigasse
PHO HAUS
40

kann. Drinnen ist es winzig, man sitzt am Gemeinschaftstisch. Der Gastgarten im Sommer hingegen bietet Platz und Atmosphäre. Julia von *Julia persönlich* (Strozzigasse 40) hat sowohl Psychologie studiert als auch das Coiffure-Handwerk erlernt. Jetzt kombiniert sie ihre Passionen, schneidet und färbt hervorragend und umsorgt ihre Kundinnen, denn das Schöne an dieser Nachbarschaft ist, dass irgendwie alle befreundet sind. *Kommod* (Strozzigasse 40), dieses Schmuckkästchen von einem Lokal von Christina Unteregger und Stephan Stahl, gehört definitiv zu dieser familiären Clique. Es gibt eine kleine Karte mit hochgelobten Gerichten. Für Wohlbefinden, Om & Entspannung sind der *Little Yoga Room* (Strozzigasse 32–34/2/4) und *Ganz herzlich* (Strozzigasse 21) zuständig. *Doll's Blumen* (Lange Gasse 62) verströmt mit seiner üppigen Fülle an Zimmerpflanzen, Blüten, stylischen Büchern und unwiderstehlichem Wohn-Krimskrams Pariser Flair. Ein verstecktes Juwel im Volkskundemuseum im Schönbornpark ist das *Deli Bluem* (Laudongasse 15), wo biologisch, saisonal und vegetarisch gekocht wird – aber vor allem die Location mitten im Park ist zauberhaft. *Antiquitäten Susanne Haneke* (Josefstädter Straße 11): Hier betreibt die Frau von Filmemacher Michael Haneke seit 1979 ihr Antiquitätengeschäft mit versilbertem Modeschmuck und Kuriositäten, die sie meist auf Auktionen findet.

Wie an einem Sommerabend in Italien fühlt man sich, wenn man am kopfsteingepflasterten Jodok-Fink-Platz unter lauschigen Bäumen eisgekühlten Aperol Spritz und die köstliche Pizza Bruschetta in der Pizzeria *Il Sestante* genießt. — ANAÏS HORN

Adele Neuhauser

Schauspielerin

Im „Tatort" wird ein melancholisches, zuweilen sogar düsteres Bild von Wien gezeichnet. Wie empfinden Sie die Stadt?
Wien hat viele Gesichter. Wunderbare, geschichtsträchtige Plätze und Bauten, die Wien ein prächtiges Antlitz geben. Wien ist aber eben auch eine Stadt, die trotz ihrer Schönheit eine große Melancholie in sich birgt. Aber das schätze ich an Wien auch so sehr. Sie ist eine kosmopolitische Stadt und war bis zum Mauerfall 1989 das letzte Tor zum Osten. Ein bis heute beliebter Standort von Spionen. Das alles gibt der Stadt einen großen Reichtum an Poesie und Raum für spannende Geschichten.

Man sieht Sie ab und zu im Café Korb. Was muss das perfekte Kaffeehaus für Sie können?
Ich liebe das *Café Korb*, weil ich dort Gleichgesinnte treffen kann und Susanne Widl, die Besitzerin, eine faszinierende Frau ist. Ein Kaffeehaus muss ein Platz für geistige Freiheit und eine Art Heimat sein. Die Kellner müssen Witz und eine Portion Frechheit haben. So bleibt der positive geistige Fluss bestehen, und die Gäste können, ein wenig entrückt von dem Treiben draußen, ihren Kaffee genießen.

Sie wohnen im achten Bezirk. Was schätzen Sie an der Josefstadt?
Ich habe mit großem Glück eine Wohnung im Achten gefunden und ein wenig gebraucht, um mich heimisch zu fühlen. Aber mittlerweile schätze ich den Achten sehr, weil es ein friedlicher und kultivierter Bezirk ist. Feine, sehr unterschiedliche Lokale. Vom Wirtshaus bis zum Feinschmeckerlokal ist hier alles vertreten.

Café Korb – 1., Brandstätte 9

Nachtleben & Musik

—

MAN WIRD MUTIGER UND BLEIBT VERRÜCKT, UND MAN VERGISST NICHT, WORUM ES EIGENTLICH GEHT: DAS LEBEN ZU FEIERN.

—

WENN MAN SICH dem Wiener Nachtleben hingibt, bleibt von Dunkelheit nicht viel über. Ob nun Licht-Installationen der Luft Form und Farbe geben, man mit dem Blick für einen Moment bei einem grellen Fisch und seinen Gräten aus Stahl hängen bleibt oder einem das Licht der nächtlichen U-Bahn-Station nach einer durchfeierten Nacht den Weg nach Hause weist: Wien nimmt der Nacht das Schwarze.

Die Wiener Clubkultur hat in letzter Zeit einige maßgebliche Veränderungen erfahren und sich vor allem durch eine Club-Schließung neu definiert: Die *Pratersauna* im zweiten Bezirk hat sich in aller Lautstärke von ihrem Publikum verabschiedet. Nun ist so manche Wienerin und so mancher Wiener ein bisschen auf der Suche nach einem Pendant, zieht die „neue" Sauna mit ihrem High-End-Innenleben doch ein anderes Publikum an. Es ist direkt spürbar, wie sich das Nachtleben zu etwas Neuem formiert.

Schon jetzt gibt es Locations, auf die man sich verlassen kann und die unseren Tag mit wummernden Beats, schonungslos ehrlichem Rap oder einem Programm voller Soundtracks enden lassen. Letzteres beispielsweise im *Celeste* in der Hamburgerstraße beim „Club mit". Je nach Thema wird zum „Club mit Bussi", „Club mit Girls" oder „Club mit Soundtrack" geladen. Im *Café Leopold* macht man die Wochenenden zu einem qualitätsbeschallten Erlebnis für Clubgänger. Von der Ausstellung über ein Abendessen in der *Halle* bis zur Party – auf die MuseumsQuartier-Kombination ist Verlass.

Auch im ersten Bezirk hat sich einiges getan. Im Werk X am Petersplatz hat sich die *Tanzbar Curtain Call* ein Zuhause geschaffen. Hier gibt es obskur-komische Tanzpartys, Konzertabende von Bands, die am Morgen danach auch alle anderen kennen oder Hip-Hop-Partys von Vihanna. Ein paar Meter Luftlinie weiter scheitert man im *Opera Club*. Aber „Scheitern" ist in diesem Fall ein Versprechen auf eine gute Zeit. Auch die seit 2016 regelmäßig stattfindenden VICE-Partys locken feierwütige Menschen in den Opera Club.

Besonders erfreulich ist, dass weibliche DJs immer regelmäßiger das Programm der Wiener Partynächte prägen. Zu den Sounds von That Good Wibe Collective, Terror + Martina, Pierre Ciseaux, Anna Ullrich, Etepetete, Lola Pour kann man irgendwo zwischen *Elektro Gönner,* am Donaukanal, im *Loft*, in der Pratersauna 2.0 (wie sie im Volksmund seit der Neueröffnung gerne genannt wird) oder im *Club U* tanzen.

Ein Großteil der Wiener Clubs hat sich für mehr Sicherheit für Frauen eingesetzt, Teams aufgestockt und Personal geschult, zum Beispiel *Das Werk*, die *Grelle Forelle*, das *Fluc* und die *Volksgarten Clubdiskothek*.

Wenn von Frauen im Wiener Nachtleben die Rede ist, kommt man vor allem an einem Lokal nicht vorbei: dem *Café Malipop* und Frau Margit. Das Charakterlokal in der Ungargasse, in der große Teile von Ingeborg Bachmanns „Malina" spielen, wird einen nicht ohne mindestens eine Anekdote einschlafen lassen.

Anekdoten schenkt einem auch ein Abend entlang des Donaukanals. Der Gschupfte Ferdl hat dort seine Dependance – den *Gspritztn Ferdl* – eröffnet und lädt immer wieder DJs ein, die einem zum Eskapismus verhelfen – genau das Richtige nach einem langen Arbeitstag also. Gleich daneben lockt das *It's All About The Meat Baby* mit – richtig – Meat, Musik und Momenten mit den Besten. Bis vor einigen Jahren noch ein Pop-up, hat es nun einen fixen Standort, und das ist gut so. Den hat das *Flex* schon seit mehr als zwanzig Jahren – es ist eindeutig gekommen, um zu bleiben. Gegenüber beim *Tel Aviv Beach* trinkt man vor dem Heimgehen noch schnell einen Spritzer und schaut der Sonne beim Verschwinden zu. Übrigens: Wenn man Lust auf den wirklichen Spirit Tel Avivs hat, dann sollte man sich mal den Kibbutz Klub im Club U ansehen. Ein bisschen abseits vom regen Kanaltreiben kann man in der Hafenkneipe *g.maqroll* in aller Ruhe ein Bier trinken und in familiärer Atmosphäre darüber nachdenken, ob es eigentlich noch Hipster gibt.

Wien bleibt jung und eine Stadt mit einer Szene, die ihre Anhänger nicht enttäuschen will. Man bemüht sich, man wird mutiger, man bleibt verrückt, und man vergisst nicht, worum es eigentlich geht – Spaß zu haben und das zu feiern, von dem wir uns alle wieder ein bisschen mehr geben sollten: das Leben.

— ISABELLA KHOM / EDITOR IN CHIEF NOISEY ALPS

Pratersauna – 2., Waldsteingartenstraße 135 / *Celeste* – 5., Hamburgerstraße 18 / *Café Leopold* – 7., Museumsplatz 1 / *Halle. Café-Restaurant der Kunsthalle Wien* – 7., Museumsplatz 1 / *Tanzbar Curtain Call* – 1., Petersplatz 1 (im Werk X) / *Opera Club* – 1., Mahlerstraße 11 / *Elektro Gönner* – 6., Mariahilfer Straße 101 / *The Loft* – 16., Lerchenfelder Gürtel 37 / *Club U* – 1., Karlsplatz Objekt U26 (Otto-Wagner-Pavillon) / *Das Werk* – 9., Spittelauer Lände 12 / *Grelle Forelle* – 9., Spittelauer Lände 12 / *Fluc* – 2., Praterstern 5 / *Volksgarten Clubdiskothek* – 1., Burgring / *Café Malipop* – 3., Ungargasse 10 / *Zum Gspritztn Ferdl* – 1., Am Donaukanal (Höhe Badeschiff) / *It's All About the Meat Baby* – 1., Am Donaukanal (Höhe Badeschiff) / *Flex* – 1., Am Donaukanal (Abgang Augartenbrücke) / *Tel Aviv Beach* – 2., Am Donaukanal (Höhe Obere Donaustraße 65) / *g.maqroll Hafenkneipe* – 2., Am Donaukanal (Höhe Franzensbrücke)

but without
the dark
we'd never see
the stars

Clubs

1. BEZIRK

Albertinapassage

Nur wenige Schritte von der Staatsoper entfernt gibt es den Dinner & Dance-Club der Stadt. Über 800 Quadratmeter erstreckt sich das Clubrestaurant inklusive Bühne, auf der live Jazzkonzerte stattfinden. Die Speisekarte offeriert Wiener Klassiker, modern interpretiert, und perfekte Steaks, und auch die Cocktailbar braucht den internationalen Vergleich nicht zu scheuen.
1., Opernring/Ecke Operngasse, Tel.: 01/512 08 13, www.albertinapassage.at, Öffnungszeiten: Di–Sa 18.00–4.00

Volksgarten

Der Volksgarten blickt auf knapp 180 Jahre Geschichte zurück und zählt mit seiner einzigartigen Architektur zu einem der schönsten Clubs der Stadt. Er konnte sich ungeachtet der schnelllebigen Clubkultur über Jahrzehnte als Hotspot der Wiener Party-Crowd halten. Der Wintergarten besticht mit Originalmöbeln des Architekten Oswald Haerdtl aus den 1950er-Jahren. Die Besucher: eine bunte Mixtur aus Saturday Night Fever, Partyvolk und Wiener Hautevolee. Im Sommer gibt es einen riesigen Garten und einen Pool. Je nach Veranstaltung ist Hip-Hop, House oder Elektro zu hören.
1., Burgring 1, Tel.: 01/532 42 41, Öffnungszeiten: siehe www.volksgarten.at

Volksgarten Pavillon

Top!

Architektonisch in den 1950er-Jahren anzusiedeln, ist der Volksgarten Pavillon ein famoser Ort, um an Sommertagen abzuhängen, Limo zu schlürfen, sich im Schatten der Veranda abzukühlen und Musik zu hören. Am Abend wird die Location zum Club. Am Dienstag gibt es das legendäre Technocafé. Musikalisch ist alles drin: von House und Techno über Funk und Soul bis Hip-Hop – jeweils abhängig von der Veranstaltung.
1., Volksgarten Pavillon, Tel.: 01/532 09 07, www.volksgarten-pavillon.at, eigentlich www.dastechnocafe.at – die Seite funktioniert allerdings nur während der Öffnungszeiten (also Frühjahr und Sommer), Öffnungszeiten: täglich 11.00–2.00, (nur von April bis Mitte September)

Passage

Die ehemalige Fußgängerunterführung mit futuristischem Interieur ist riesig. Donnerstag, Freitag und Samstag wird sie meist von Teenies auf High Heels überflutet. Sounds: Clubsound, Dance und House. Am besten erst einmal auf der Homepage checken.
1., Burgring/Ecke Babenbergerstraße, Tel.: 01/961 66 77-0, www.club-passage.at, Öffnungszeiten: Di–Do 22.00–5.00, Fr, Sa 23.00–6.00

Sass

Ein kleiner Club, dessen Wände mit Blattgold überzogen sind. Das Publikum ist gemischt – von chic bis alternativ. Getanzt wird bis ins Morgengrauen, zur After Hour geht es hier rund. Sound: Minimal und Elektro.
1., Karlsplatz 1, Tel.: 0676/411 61 16, www.sassvienna.com, Öffnungszeiten: Do–Fr 23.00–6.00, Sa 23.00–5.00, So 6.00–11.00

IMPULS TANZ

Cabaret Fledermaus

Ein Kultclub in der Wiener Innenstadt. Das Cabaret Fledermaus ist klein, schummrig und meistens voll. Vor allem am Sonntag ist es gut besucht, da es der einzige Club der Stadt ist, der jeden Sonntag zum Tanzen einlädt – gespielt werden Oldies (von den Fifties bis zu den Seventies). Die anderen Veranstaltungen haben von Metal über Rock 'n' Roll alles im Repertoire.

1., Spiegelgasse 2, Tel.: 01/587 01 96, www.fledermaus.at, Öffnungszeiten: Mo, Mi–So 21.00–4.00

Opera Club

Der Opera Club im ersten Bezirk hat sich zu einem Szenetreff entwickelt. Hier werden Acts von Electro bis HipHop gezeigt, auch die Live Auftritte sind beliebt. Bei den regelmäßigen und mittlerweile legendären Vice-Partys ist man am Zahn der Zeit und kann nach Herzenslust abfeiern.

1., Mahlerstraße 11, www.operaclub.at, Öffnungszeiten: Fr, Sa 23.00–6.00, Veranstaltungen siehe Homepage

Tanzbar Curtain Call im Werk X

Eine Theaterbar mit Clubambition. Am Wochenende trifft hier die Party- und Musikszene auf das nicht minder verrückte Theaterpublikum, um die Nacht durchzufeiern. Musikalisch wird gerne auch mal Techno mit Bauchtanzrhythmen gemischt, oder es werden junge Bands vorgestellt. Der Eintritt liegt vor Mitternacht meist bei fünf Euro.

1., Petersplatz 1, Tel.: 0699/11 56 14 63, www.curtain-x.at, Öffnungszeiten: Do–Sa 20.00–4.00

Flex

Alt, aber gut: Legendärer Club in den Stadtbahnbögen am Donaukanal. Immer noch eine Alternative-Party-Institution, wo super Konzerte stattfinden. Aufgespielt haben dort bereits Stereo MCs, Juliette and the Licks, Pete Doherty, DJ Jeff Mills, Ellen Allien, Sven Väth u.v.a. Die selten gewordenen „Crazy"-Partys sind immer noch zu empfehlen, und das neue Friday Special „Guilty Pleasures" macht auch Spaß. Ansonsten einfach ins Flex-Café vor den Club setzen und einen günstigen Spritzer trinken. Musik: Mo: Elektro, Trap; Di: House, Techno; Mi: Indie; Do: Drum 'n' Bass; Fr: Indie, Rock; Sa: Techno, Jungle.

1., Am Donaukanal, Abgang Augartenbrücke, Tel.: 01/533 75 25, www.flex.at, Öffnungszeiten: täglich 21.00–4.00

Porgy & Bess

Guter Jazz- und Musikclub mit Livekonzerten von nationalen und internationalen Acts aus den Genres Funk, Jazz und Soul.

1., Riemergasse 11, Tel.: 01/512 88 11, www.porgy.at, Kassaöffnungszeiten: Mo–So ab 16.00

WEITER AUF SEITE 130 →

Ankathie Koi

—

Musikerin, Kuratorin Popfest 2016

—

In welchem Wiener Lokal darf man am lautesten lachen?

Sehr laut wird im *Sapa* gelacht. Da lachen die Kellner manchmal fast lauter als die Gäste – das mag ich sehr gern (vielleicht liegt's an den geilen Honigfleischrollen)!

Wohin gehen Sie, wenn Sie Ihrer besten Freundin von der letzten Nacht erzählen möchten?

Ich würde definitiv in den *Ungar Grill* gehen, im Sommer lässt es sich auf den Pawlatschen wunderbar über schlüpfrige Details palavern.

Drei Wiener Bars oder Clubs, die wegen der Betreiber einzigartig sind?

Once again, der Ungar Grill: Wirtin Darija ist eine der tollsten Frauen, die ich kenne. Und ihre Kostüme haben schon so manchen Gast verzückt. Dann bin ich auch gern auf ein Achterl beim *Gschupftn Ferdl*, da hab ich schon ein paar richtig tolle Nächte verbracht. Auch das *phil* ist zu einer Art Heimat geworden. Wenn ich irgendwo ein feines Platzerl suche zum Lesen, Schreiben, Sinnieren, dann bin ich dort äußerst gut aufgehoben.

Welches Lokal hat das angenehmste Licht?

Da würde ich das *Einhorn* nennen. Vom Licht her sehr angenehm bis hin zu „man sieht sein Gegenüber oft gar nicht" – was manchmal von Vorteil sein kann.

Wohin gehen Sie tanzen, wenn alles zuhat?

Da schnapp ich mir oft die lustigen Übriggebliebenen und nehm sie mit zu mir nach Hause. Meine Nachbarn sind fast unangenehm tolerant.

Wo ist man zu Musikern am nettesten?

Ich weiß nur, wo man NICHT nett ist.

In welchem Lokal begegnet man oft Menschen, die sich so anziehen und so tanzen, wie es sich viel zu wenige trauen?

Im *Marea Alta*. Yeah!

Gasthaus Sapa – 7., Lindengasse 35 / *Ungar Grill* – 7., Burggasse 97 / *Zum Gschupftn Ferdl* – 6., Windmühlgasse 20 / *phil* – 6., Gumpendorfer Straße 10–12 / *Café Einhorn* – 6., Joanelligasse 7 / *Marea Alta* – 6., Gumpendorfer Straße 28

Badeschiff

An Deck gibt es Essen und Spritzer im Prost Mahlzeit – und, wie der Name schon sagt, im Pool von 30 Meter Länge. 1,60 Meter tief, kann man in bestes Wiener Wasser eintauchen – mit Bademeister-Betreuung. Man taucht ins Becken ein und schwimmt inmitten des Donaukanals.

1., Donaukanallände, Tel.: 0660/312 47 03, www.badeschiff.at, Öffnungszeiten: Mo–Fr 16.00–1.00, Sa 11.30–1.00, So, Feiertag 10.00–23.00

Club U

Tagsüber ist der Otto-Wagner-Pavillon ein Touristenlokal, am Abend wird es skurriler. Es versammelt sich ein verrücktes und sehr gemischtes Publikum. Je nach Party kommt man verkleidet, queer oder beides. Die Musik reicht je nach Veranstaltung von Techno bis zu Nineties und Jazz. Auch die exzentrische Clubserie & Gay-Party „Rhinoplasty" und der Soul Club „Tighten Up" finden hier statt – eine Perle der Wiener Clublandschaft.

1., Karlsplatz Künstlerhauspassage, Objekt U26, Tel.: 01/505 99 04, www.club-u.at, Öffnungszeiten: 21.00–4.00

Brut

Top!

Die Bar des Brut Theaters im Künstlerhaus war früher lediglich für das Bier nach der Show gedacht; schnell aber wurden die dort damals noch vereinzelt stattfindenden Partys an den Wochenenden zum Kult, etwa die Release-Feiern des Magazins The Gap oder die Queer-Extravaganza Malefiz. Mittlerweile werden die Brut Bar und manchmal auch der große Theaterraum im Erdgeschoß jedes Wochenende von DJs und Live-Acts aller Herren Länder bespielt; die Schlange an hineindrängenden Besuchern reicht nicht selten bis auf den Vorplatz hinaus.

1., Karlsplatz 5, Tel.: 01/587 87 740
www.brut-wien.at, Öffnungszeiten:
je nach Veranstaltung

Club Alice

Gras, das an der Decke wächst, Shots aus Teetassen, Kirchenbänke an der Seite. In dieser Location fühlt sich jeder wie Alice im Wunderland. Getanzt wird zu elektronischer Musik bis in die frühen Morgenstunden.
1., Josefsplatz 6,
www.facebook.com/clubALICE

2. BEZIRK

VIE i PEE

Wiens neuester und eigentlich auch einziger richtiger Hip-Hop-Club. Im VIE i PEE gibt es nicht nur tanzbaren Hip-Hop, sondern auch einen riesigen Garten inklusive DJ, Bar und Basketballplatz. Der Eintritt ist leistbar, die Atmosphäre gut. Für Stammgäste ist das VIE i PEE mit der anschließenden Pratersauna verbunden – in der Mitte der beiden Clubs befindet sich eine VIP-Area mit köstlichen Drinks.
2., Waldsteingartenstraße 135,
Tel.: 0664/250 20 22, www.vieipee.com,
Öffnungszeiten: Mi, Fr, Sa 23.00–6.00

Pratersauna

Die ehemalige Sauna, die einst Wiens bester Techno- und Deep-House Club war, wurde von Martin Ho, VIE i PEE- und Dots-Besitzer, übernommen und neu gestaltet. Die neue Sauna (mit leichtem Nikki-Beach-Flair) erstrahlt seit Frühjahr 2016 in neuem Glanz. Garten und Poolbereich laden nun mit gemütlichen Möbeln zum Entspannen ein – außerdem gibt es Sushi und Crossfit-Geräte im Garten, die rund um die Uhr genutzt werden können.
2., Waldsteingartenstraße 135,
Tel.: 0664/250 20 22, www.pratersauna.tv,
Öffnungszeiten: Fr, Sa 23.00–6.00

Fluc und Fluc Wanne

Für einen wohlfeilen Eintrittspreise bekommt man in der Fluc Wanne laute Konzerte und spannende DJ-Live-Acts. In der darüber gelegenen Fluc Bar erlebt man ebenfalls Konzerte und DJ-Sets bei immer freiem Eintritt; außerdem gibt es drei Terrassen mit Blick aufs Riesenrad, wo im Sommer auch gegrillt wird. Breit gefächertes, legeres Publikum. Musik: Alternative Rock, Drum 'n' Bass, Dubstep, experimentelle Musik.
2., Praterstern 5, www.fluc.at,
Öffnungszeiten: Fr, Sa nach Bedarf geöffnet, DJs ab 21.00, Konzerte ab 22.00, Veranstaltungsinfos auf der Homepage

4. BEZIRK

Roxy

Seit 1991 existiert der kleine Club in Naschmarktnähe. Heute ist es eine alternative Party-Location, wo vorrangig Hip-Hop, Funk, R&B, Soul, Reggae und Dancehall zu Hause sind.
4., Faulmanngasse 2/Ecke Operngasse,
Tel.: 0681/20 30 70 88, www.roxyclub.org,
Öffnungszeiten: Fr, Sa, Feiertag ab 23.00

Heuer am Karlsplatz

Top!

Der Glaskubus im Resselpark ist Café, Bar und Restaurant mit recht guter Küche. Die Bar und die Terrasse sind wirklich zu empfehlen. Im Sommer kann man bis spät in die Nacht draußen sitzen. Die Bar ist eine ideale

Party-Location, die von DJs mit World Music, Funk, Italo Disco, Evergreens und Raritäten beschallt wird.
4., Treitlstraße 2, Tel.: 01/890 05 90, www.heuer-amkarlsplatz.com, Öffnungszeiten: Mo–Fr 1.00–2.00, Sa, So, Feiertag 10.00–2.00

5. BEZIRK

Celeste

Das Celeste zählt zu den angesagtesten Clubs der Stadt. Hier kann es auch an einem Mittwoch passieren, dass man erst bei Tageslicht auf die Straße tritt. Was das Celeste ist? Club, Jazzkeller, Galerie, Konzert-Location und Weinbar. Eine Mischung aus allem. Im Gang gibt es Kunstwerke, Bilder und Skulpturen junger Künstler zu sehen. Im Jazzkeller kann es bei den montäglichen Jam-Sessions wild und virtuos zur Sache gehen. Im oberen Club trifft sich eine junge, hippe (Kunst-)Crowd, und von Montag bis Donnerstag steht Livemusik auf dem Programm.
5., Hamburgerstraße 18, Tel.: 01/586 53 14, www.celeste.co.at, Öffnungszeiten: Mo, Mi 20.00–2.00 Do–Sa 20.00–6.00

6. BEZIRK

Aux Gazelles

Das Aux Gazelles verbindet auf über 1.600 Quadratmetern Restaurant, Business Lounge, Hamam, Salon de thé und einen orientalischen Club, der Samstag und Sonntag geöffnet hat. Die Musik – ganz nach dem Konzept des Hauses – verbindet französische und orientalische Einflüsse von Oriental House über Latin bis zu Tribal- und Funk-Sounds.
6., Rahlgasse 5, Tel.: 01/585 66 45, www.auxgazelles.at, Öffnungszeiten: Di–Sa 18.00–4.00/Cafe und Restaurant Di–Sa 11.00–24.00

Tanzcafé Jenseits

Rotes, plüschiges Interieur. In der Mitte gibt es eine kleine Tanzfläche und ein wechselndes DJ-Line-up. Ab 2 Uhr Früh ein guter Ort, um sich zu amüsieren. Das Publikum ist gemischt – die Stimmung ist schmusig und anschmiegsam wie das Etablissement, und zu fortgeschrittener Stunde recht alkoholisiert. Einmal im Jenseits angelangt, kommt man so schnell nicht mehr weg. Musik: Soul, Funk, Jazz.
6., Nelkengasse 3, Tel.: 01/587 12 33, www.tanzcafe-jenseits.com, Öffnungszeiten: Di–Sa 20.00–4.00

Elektro Gönner

Ehemaliges Elektrogeschäft, das nicht nur als Club gedacht ist, sondern auch als Plattform zum Austausch von Künstlerinnen und Künstlern. Gute DJ-Line und Live-Acts abseits des Mainstreams. Musik: Minimal, Elektro.
6., Mariahilfer Straße 101, Tel.: 01/208 66 79, www.elektro-g.at, Öffnungszeiten: Mi–Sa 17.00–4.00, So–Di 17.00–2.00

Titanic

Ein kleiner, cooler Club direkt neben der Mariahilfer Straße. Freitags spielt man Elektro, Techno und Minimal, während sich am Samstag die Hip-Hop-Szene Wiens bei freiem Eintritt trifft. Wer es gerne chic hat, ist hier falsch. Ansonsten ist das Titanic vor allem samstags einen Besuch wert.
6., Theobaldgasse 11, www.titanic.at, Öffnungszeiten: Fr, Sa 23.00–6.00

Futuregarden

Der Futuregarden verspricht einen Abend, der genauso gut in Berlin Mitte hätte stattfinden können. Alles wirkt ein bisschen improvisiert, aber genau das ist auch das Reizvolle daran. Freitag und Samstag ist das Lokal immer voll, und man kann sich an heimischen Szeneleuten und günstigen Getränkepreisen erfreuen.
6., Schadekgasse 6, www.facebook.com/futuregarden, Öffnungszeiten: Mo–Do 18.00–2.00, Fr, Sa 18.00–4.00, So 19.00–2.00

7. BEZIRK

Rote Bar

Das Interieur der Bar im Volkstheater ist eine Mischung aus rotem Samt, Marmor und Kristalllustern. Sehr zu empfehlen: Wort & Spiele am Mittwoch mit Kabinettstücken sowie literarisches Varieté und Performances, Burlesque-Abende von Cirque Rouge oder der Radio Wien Literatursalon. Samstag: Salon Rouge Clubbing (www.salon-rouge.at).
7., Neustiftgasse 1, Tel.: 0699/15 01 50 13, www.volkstheater.at, Öffnungszeiten: halbe Stunde vor Vorstellungstermin, Infos siehe Website

Café Espresso

Klein, aber fein, mit heiß begehrten Plätzen auf der Terrasse. Abends laden DJs und Musikjournalisten gerne auch mal zum Raritäten-Hören zwischen Blues, Funk und Rock 'n' Roll; auch für Privatfeiern ist das Lokal sehr beliebt. Einmal im Monat gibt es sonntags Twee Vienna's Indie Breakfast, also tolles Frühstück zu handverlesener Indie-Musik.
7., Burggasse 57, Tel.: 01/52 21 05 70, www.espresso-wien.at, Öffnungszeiten: Mo–Fr 7.30–1.00, Sa, So 10.00–1.00

Club Dual

Im Untergeschoß des Wirr in der Burggasse befindet sich der Club Dual, wo immer wieder Clubbings und Veranstaltungen stattfinden. Ein kleiner Underground-Club für die Wiener Elektro-Szene.
7., Burggasse 70, Tel.: 01/929 40 50, www.clubdual.at, Öffnungszeiten: Do–Sa 23.00–6.00

Ungar Grill

Top!

In der Burggasse 97 kehrt man eher nicht wegen der Küche ein – auch wenn die Verpflegung zwischen Kunst, Element of Crime und gepflegtem Plausch nicht schlecht

WEITER AUF SEITE 136 →

Christina Steinscherer

DJane, Moderatorin

Welchen Ort verbinden Sie am meisten mit Wien?
Die *Pratersauna.* Im Sommer sind die Poolpartys inklusive Nachtschwimmen legendär. In den Anfangsjahren habe ich hier Drinks ausgeschenkt, jetzt inszeniere ich mich regelmäßig als DJane.

Welchen Club empfehlen Sie Menschen, die das erste Mal nach Wien kommen?
Die *Volksgarten Clubdisco* – auch liebevoll VOGA genannt! Dieser zum Teil unter Denkmalschutz stehende Bau ist das Herz der Wiener Tanzkultur. Hier tanzen auf drei Floors Dragqueens und Hipster neben echten Wienern und Touristen.

In welchem Lokal fühlen Sie sich am meisten zu Hause?
Das ist die *Jetzt Bar.* Etwas abseits, dafür günstige Drinks und Rock 'n' Roll, bis der Morgen graut. Eine Perle in der Wiener Ausgehlandschaft.

In welchem Wiener Lokal fühlen Sie sich als Frau am besten aufgehoben?
Im *Leopold* direkt im MuseumsQuartier.

Welchen Ort empfehlen Sie, wenn alles andere schon schläft?
Die *Grelle Forelle.* Anspruchsvoller House- und Elektrosound beherrschen die Nacht und den Morgen danach. Ein gepflegter Club, Eintritt ab 21, die Türpolitik ist für Wiener Verhältnisse recht streng.

In welche Bar gehen Sie, um sich auf einen Abend hinter dem DJ-Pult einzustimmen?
Ob Konzerte, DJane-Performances, Filmvorführungen oder Tanzfestivals: Das Kulturangebot ist reich – im Sommer wie im Winter. Wenn also nicht grad ImPuls Tanz, Waves Vienna, Soundframe, Electric Spring, Parallel Vienna, Viennale oder das Popfest stattfindet, geh ich ins *Schikaneder.*

Pratersauna – 2., Waldsteingartenstraße 135 / *Volksgarten Clubdisco* – 1., Burgring / *Jetzt Bar+Entertainment* – 17., Parhamerplatz 16 / *Kleinod* – 1., Singerstraße 7 / *Café Leopold* – 7., Museumsplatz 1 / *Grelle Forelle* – 9., Spittelauer Lände 12 / *Schikaneder* – 4., Margaretenstraße 22–24

IMPULS TANZ

ist. Das urige Hipster-Beisl mit Hund, Charme und Terrasse ist im Winter mit den schwarzen, holzvertäfelten Wänden und den Kerzen besonders romantisch. Zu trinken gibt's von Bier bis Cocktails, zu essen vom Schmalzbrot bis zur Zwiebelsuppe und vom Käseteller bis zum Rindsgulasch – am Wochenende auch Frühstück. Auf dem Klavier im Eingangsbereich wird musiziert – tolles Programm!
7., Burggasse 97, Tel.: 01/522 41 69, www.facebook.com/ungargrillburggasse97, Öffnungszeiten: Mo–Sa 17.00–2.00

8. BEZIRK

Rhiz

Eine der Keimzellen der Wiener Elektronik. Hier ist eher die experimentelle Ecke angesiedelt, an den Wochenenden gibt es Tanzbares. International gefeierte Artists wie Fennesz, Radian und Pita Rehberg wuchsen künstlerisch im Rhiz auf. Konzerte zwischen avancierter Elektronik und experimentellem Rock. DJs bespielen die Bar mit einer eklektischen, streckenweise auch schwierigen, leidenschaftlichen Musikauswahl. An den Wochenenden wird hier zu Beats und Bässen auf den Tischen getanzt. Musik: Elektro bis Indie/Folk.
8., Lerchenfelder Gürtel, Stadtbahnbogen 37–38, Tel.: 01/409 25 05, www.rhiz.org, Öffnungszeiten: täglich ab 20.00

9. BEZIRK

Grelle Forelle

Neben arty Innenarchitektur, fairen Preisen und einem eigens für den Club angefertigten High-End-Soundsystem wird hier der Techno-Gemeinde ein feines Booking geboten. Mit zwei Floors und einem Chill-out-Bereich kommt der Club locker auf Flex-Größe. Musik: Techno, House und alles drum herum. Wer mit dem Auto anreist und nach einer durchfeierten Nacht nicht mehr imstande ist, damit nach Hause zu fahren, kann es im angeschlossenen Parkhaus für drei Euro 24 Stunden lang stehen lassen. Sogar eine eigene Küche mit mehr als nur Käsetoast und Würstel gibt es. Einige Regeln gelten allerdings: Kein Einlass unter 21. Keine Vorverkaufstickets. Keine Gästeliste. Es sind keine Tischreservierungen möglich – first-come, first-served. Es dürfen keine Fotos geschossen werden. Kontakt kann per E-Mail über die Internetseite aufgenommen werden.
9., Spittelauer Lände 12, www.grelleforelle.com, Öffnungszeiten: Fr, Sa 23.00–6.00 (und ein paar Special Dates)

Werk

Direkt neben der Grellen Forelle gelegen, bietet das Werk Platz für alle Kunstliebhaber und Feierfreudigen. Vor allem, wenn man mit kleinem Budget auskommen muss. Das Publikum ist jung und alternativ. Außerdem unter-

stützt das Werk mehrere humanitäre und soziale Hilfsprojekte und hat das Ziel, Kunst auch finanziell schwächeren Menschen zugänglich zu machen.
9., Spittelauer Lände 12, Stadtbahnbogen 331–333, www.daswerk.org, Öffnungszeiten: je nach Veranstaltung

WUK

Alternatives Kulturzentrum in einer alten Lokomotivfabrik. Heute gibt es hier Probenräume für Bands, drei Kindergruppen, verschiedene Schulen, Galerien, Workshop-Räume, ein Restaurant-Café (das WUK-Beisl) und den großen Konzert- und Theaterraum inklusive Foyer. Im grün belaubten Innenhof kann man auf Heurigenbänken Bier trinken, sein Fahrrad unter Anleitung reparieren und im Sommer den Shows der einmonatigen Gratis-Konzertschiene „Platzkonzerte" beiwohnen.

WUK

9., Währinger Straße 59, Tel.: 01/40 12 10, www.wuk.at, Öffnungszeiten: je nach Veranstaltung

16. BEZIRK

The Loft

Bar, Café und Club in einem. Im Café finden Ausstellungen und kleinere Konzerte statt. Im Keller tanzt man ausgelassen zu lauter Musik. Die Menschen sind wie der Club – easy und leger. Musik: Elektro und House.
16., Lerchenfelder Gürtel 37, www.theloft.at, Öffnungszeiten: Mi, Do 19.00–2.00 Fr, Sa 20.00–4.00, So, Feiertag je nach Event

Die Auslage

Die Auslage am Gürtel bemüht sich um ein wirklich gutes Programm. Musikalisch gibt es von Hip-Hop über Disco bis zu Deep House und Techno alles, was das Herz begehrt. Konzerte und Lesungen finden regelmäßig statt. Außerdem wird die Auslage, um ihrem Namen gerecht zu werden, von jungen Künstlerinnen und Künstlern immer wieder neu gestaltet.
16., Lerchenfelder Gürtel 43, www.club-auslage.at, Öffnungszeiten: Fr–Sa 23.00–6.00

Bars – Die Klassiker

Loos Bar

Top!

Klein, fein, legendär und sicher die schönste Bar der Stadt. Manche sagen, in Wien gibt es nicht eine Bar – es gibt nur eine einzige Bar. Wer einmal da war, kann sich dem Charme der Loos Bar nur schwer entziehen. Marianne Kohn, die wunderbar kratzbürstige Betreiberin, ist eine Legende und kennt nicht nur Modegrößen wie Helmut Lang, Bruce Weber und Franca Sozzani, sondern auch alle Nachtgeschöpfe und Trunkenbolde dieser Stadt.
1., Kärntner Durchgang 10, Tel.: 01/512 32 83, www.loosbar.at, täglich 12.00–4.00

INTERCONTINENTAL BAR

Bonbonniere Bar
Herrlich plüschig und intim mit Pianospieler und besonders freundlicher Barfrau.
1., Spiegelgasse 15, Tel.: 01/512 68 86, Öffnungszeiten: Mo–Sa 18.00–2.00

EDEN BAR

Die Eden ist eine Legende. Heute ist zwar nicht mehr viel dran am sprichwörtlichen „Reden in der Eden", wo sich bereits Louis Armstrong, Romy Schneider und Ella Fitzgerald die Nächte um die Ohren geschlagen haben. Doch bei gepflegter Livemusik (von Italo-Schlagern bis Rock 'n' Roll) und in intimen Logen lässt es sich auch heute noch gut Champagner und Gin Tonic trinken. Zu späterer Stunde und bei entsprechendem Alkoholspiegel kann es schon passieren, dass man völlig enthemmt das Tanzbein schwingt. By the way: Auch Kate Moss und Juergen Teller haben hier schon abgefeiert. They loved it!

1., Liliengasse 2, Tel.: 01/512 74 50, www.edenbar.at, Öffnungszeiten: Do–Sa 22.00–4.00, So Ruhetag, Achtung: Sommerpause!

Blaue Bar
Eine kleine, elegante und ganz in dunkelblauem Samt gehaltene Bar im Hotel Sacher. Drinks, kleine Speisen und die legendären Sacherwürstel werden serviert. Eine intime, gediegene Oase für Business-Dates oder nach einem Opernbesuch und ähnlich respektablen Dingen.
Hotel Sacher, 1., Philharmonikerstraße 4, Tel.: 01/514 561 053, www.sacher.com, Öffnungszeiten: täglich 10.00–2.00

Fabios Bar Lounge
Die Fabios Lounge ist ab Mittag aktiv wie ein Bienenstock – People-Watching, Business-Talk oder fröhliches Schnattern mit aufgetunten Freundinnen. Für viele andere Suchende ein „Place to be", um nächtens noch schnell ein, zwei Gläschen zu kippen und anzubandeln.
1., Tuchlauben 4–6, Tel.: 01/532 22 22, www.fabios.at, Öffnungszeiten: Mo–Sa 9.00–1.00

Intercontinental Bar
Ein wunderbarer Ort für ein Tête-à-tête oder um einfach nur in Ruhe einen Whisky Sour zu trinken und ein Clubsandwich zu genießen. Das 1970er-Jahre-Design und ein riesiger Lobmeyr-Kristallluster krönen das Ambiente.
Hotel InterContinental Wien, 1., Johannesgasse 28, Tel.: 01/711 22-0, www.vienna.intercontinental.com/intermezzo-bar, Öffnungszeiten: täglich 18.00–2.00

Bristol Bar
Das Ambiente in der Bristol Bar ist exklusiv und edel. Pfirsichfärbige Polstermöbel und Teakholz getäfelte Wände, Teppichboden – und es ist immer was los. Ein bunter Mix aus Hotelgästen, Opernbesuchern und Nachtgeschöpfen. Die Bristol Bar ist die älteste „American Bar" Wiens, bereits seit dem 19. Jahr-

hundert wird man hier mit Cocktails bis in die Nacht hinein verwöhnt.
1., Kärntner Ring 1, Tel.: 01/51 51 65 35, www.bristol-lounge.at, Öffnungszeiten: täglich 16.00–1.00

Szenebars

Roberto American Bar

Top!

Unter einem riesigen Perlenluster mixen Roberto Pavlovic und seine Crew herrliche Drinks. Wer einen Platz an der Theke erwischt, kann sich glücklich schätzen. Es gibt Abende, da ist die kleine Bar so voll, dass man beim besten Willen nicht mehr bei der Tür reinkommt. Dann muss man in die Loos Bar ausweichen.
1., Bauernmarkt 11–13, Tel.: 0676/942 90 01, www.robertosbar.com, Öffnungszeiten: täglich ab 14.00
1., Jasomirgottstraße 7, nähere Infos auf der Website

Cin Cin Buffet

Neben hauseigenem Spumante zum Anstoßen gibt es in dieser klitzekleinen Tagesbar italienische Köstlichkeiten, wie Prosciutto, Fenchelsalami, Aufstrichen und Formaggi in gestoasteten Broten. Etwas was es in dieser Art in Wien zuvor noch nicht gab. Italianita at it´s best - cin cin!
1., Schottenbastei 2, Tel.: 0664/431 77 42, www.cincinbuffet.at, Öffnungszeiten: Mo–Fr 7.30–22.00, Sa 10.00–17.00

Kleinod

Top!

So heißt eine kleine Bar in der Wiener Innenstadt, die von vier Gastronomen geführt wird. Die nur 49 Quadratmeter große Bar setzt vor allem auf süße und fruchtige Drinks. Es soll in erster Linie den Mädels schmecken, dann ist die Stimmung besser, so die Ansage. Dementsprechend gut geht der Laden: Aufriss und Anbandeln, Abend für Abend.
1., Singerstraße 7, Tel.: 01/512 03 25, www.kleinod.wien, Öffnungszeiten: Mo–Sa 15.30–4.00, So 17.00–2.00

Stadtbar

Ihren Namen trägt sie zu Recht, denn das Lebensgefühl Wiens ist Teil der Stadtbar - die Bar verbindet klassische und moderne Elemente. Ein Wiener Szenelokal, wo immer was los ist und fesche Menschen ihre Aufwartung machen.
1., Hanuschgasse 3, Tel.: 0664/162 09 66, www.stadtbar.wien, Mo–Sa ab 17.00

Franz von Hahn

1360 Kilo Beton, 150 Meter Holz und 210 Meter Stahl, beschienen durch eine Lichtinstallation von Beauty Parlour (www.beautyparlour.at) vereinen sich in der Rotensterngasse 8 zu einer puristisch anmutenden Bar. Ähnlich minimalistisch liest sich auch die Getränkekarte. Statt auf ausgefallene Cocktails konzentriert man sich auf Klassiker zwischen Cuba Libre, einer Auswahl an Gins, Rums und Whiskeys, mit denen man es sich an den Tischen und der

WEITER AUF SEITE 142 →

ROBERTO AMERICAN BAR

Joya Adler

Studentin

Die besten Clubs, um in Wien auszugehen und bis in die frühen Morgenstunden zu tanzen?

Mit *Pratersauna*, *Boulangerie* und *VIE i PEE* ist man immer auf der sicheren Seite. Die Lokale sind miteinander verbunden, und man kann sicher sein, dass in einem der Clubs was los ist. In der Pratersauna gibt es After Hours, wo man buchstäblich vom Abend bis in den Morgen durchtanzen kann. Im *Club U* im Otto-Wagner-Pavillon finden mehrmals im Jahr die Rhinoplasty-Partys und der Kibbutz Klub statt – die sollte man nicht verpassen. Und im August gibt es die Feste und Tanzpartys des ImPuls Tanz Festival im *Kasino am Schwarzenbergplatz* und im *Burgtheater Vestibül.*

Ihre Lieblingslokale, um vor einer langen Nacht noch einen Happen zu sich zu nehmen?

Am liebsten gehe ich mit Freunden ins *Mochi* im zweiten Bezirk. Und für den großen Hunger ins *Miznon*, wo es herrliches israelisches Essen inklusive lebhafter Tel-Aviv-Atmosphäre gibt. Im Sommer bin ich am liebsten im *Heuer am Karlsplatz* – DJs und sehr gute Drinks!

Wohin mit den besten Freundinnen, um coole Jungs zu treffen?

In die Bar *Franz von Hahn* und in die *Tonstube* im sechsten Bezirk.

Und wohin mit Menschen, die ein Partywochenende in Wien feiern wollen?

Freitags in den *Volksgarten* – zwei Dance Floors und eine eigene Imbissbude im Lokal. Und wenn man einen gelungenen Mix aus ausgehfreudigen Hipsters und Kreativszene sucht, empfehle ich die Partys im *Brut* und im *Celeste*.

Pratersauna, Boulangerie, VIE i PEE – 2., Waldsteingartenstraße 135 / *Club U* – 1., Karlsplatz Otto-Wagner-Pavillon / *Kasino am Schwarzenbergplatz* – 1., Schwarzenbergplatz 1 / *Burgtheater Vestibül* – 1., Universitätsring 2 / *Mochi* – 2., Praterstraße 15 / *Miznon* – 1., Schulerstraße 4 / *Heuer am Karlsplatz* – 4., Treitlstraße 2 / *Franz von Hahn* – 2., Rotensterngasse 8 / *Tonstube* – 6., Laimgrubengasse 5 / *Volksgarten* – 1., Burgring / *Brut* – 1., Karlsplatz 5 / *Celeste* – 5., Hamburgerstraße 18

Bar inmitten guter Musik und netter Atmosphäre gemütlich machen.
2., Rotensterngasse 8, www.franzvonhahn.at, Öffnungszeiten: Mo–Fr 18.00–2.00, Sa 19.00–2.00

Bar3
Der Stil der Bar ist ganz im typischen 20er und 30er Jahre Flair, rote Polstermöbel, edel, aber gemütlich und ein Zitat von Marlene Dietrich auf der Karte. Zu trinken gibt's Klassiker, die für viele schon in Vergessenheit geraten sind und die Küche versorgt ihre Gäste bis zu später Stunde.
3., Salesianergasse 25/1, Tel.: 01/710 61 24, www.bar3.at, Öffnungszeiten: Di–Do 17.00–1.00, Fr–Sa 17.00–2.00

Miranda *Top!*
Miranda ist die kleine Schwester des If Dogs Run Free und kommt ebenfalls aus der Finkh-Lokalschmiede. In Pastelltöne gehüllt, erzeugt das Lokal eine einladende, heitere und unprätentiöse Atmosphäre, die zum Verweilen einlädt. Hinter der langen, grünen Theke aus brasilianischem Granit weiß man, wie gute Cocktails zubereitet werden. Die Auswahl ist zwar überschaubar, dafür wechselt sie saisonal, und die Qualität stimmt. Empfehlenswert: Der „Damascus Sour" mit selbst angesetztem Kardamom-Honig-Sirup.
6., Esterhazygasse 12, Tel.: 01/952 87 94, www.mirandabar.com, Öffnungszeiten: Mo–Do 18.00–2.00, Fr, Sa 18.00–3.00

Luster
Das Lokal trägt seinen Namen aufgrund der markanten Inneneinrichtung. Doch nicht nur der imposante Luster ist etwas Besonderes, auch die Räumlichkeiten selbst, die Teil der Wiener Werkstätte Szene waren, sind echt sehenswert. Von 12.00-15.00 bekommt man hier einen „Luster-Lunch", der sich aus Angeboten der Wochenkarte zusammensetzt.
6., Windmühlgasse 32, Tel.: 01/264 23 64, www.luster.bar, Öffnungszeiten: Mo 11.30–16.00, Di–Do 11.30–2.00, Fr 11.30–3.00, Sa 17.00–03.00

Mon ami
Montag bis Donnerstag kann man hier gemütlich beisammen sitzen, es herrscht Wohnzimmeratmosphäre mit Retro-Style. Ab Donnerstag startet der Clubbetrieb, DJs legen ab 20h auf und man fühlt sich wie auf einer WG-Party, im großen Stil. Das mon ami bietet gleichzeitig auch Raum für Kleinkunst und Poetry-Slams. Der aktuelle Veranstaltungsplan findet sich auf der Website.
6., Theobaldgasse 9, Tel.: 0650/743 44 66, www.monami.at, Öffnungszeiten: Mo–Sa 18.00-2.00

R&BAR

Abseits von Konventionen und Klischees findet man in der R&Bar in Wien-Neubau ein Lokal, in dem mit nonchalanter Hingabe und Liebe zum Detail die italienisch angehauchte Küche von Andrea Cipriano mit schicken Drinks von der Bar zusammengeführt wird. Eine bunte gläserne Wand hin zur Küche, Vintage-Möbel und fein gesetzte, zeitgenössische Akzente machen die R&Bar schon am späten Nachmittag zum perfekten Ort für einen kulinarisch erfreulichen Abstecher.

7., Lindengasse 1, Tel.: 01/522 44 47, www.dierundbar.com, Öffnungszeiten: Di–Fr 11.00–24.00, Sa 9.00–24.00, So 9.00–16.00

Rinkhy

Ein Abend im Rinkhy ist auf jeden Fall etwas Besonderes. Tische gibt es nämlich nur drei! Die Inneneinrichtung ist einfach aber gemütlich und im skandinavischen Stil. Kleine Köstlichkeiten werden hier in der Vitrine als Tapas (zwischen 4-8€) angeboten, perfekt für ein abendliches Achterl.

7., Zieglergasse 37, Tel.: 0650/739 92 69, Öffnungszeiten: Mo–Sa 17.30–0.00

DIE PARFÜMERIE BAR

Die Parfümerie Bar

Top!

Die Lokalbetreiber meinen es ernst mit dem Namen, denn viele der Cocktails werden hier mit Duftstoffen angereichert. Der Fokus liegt selbstverständlich auf Cocktails -Spritzer und Bier gibt es zum Glück aber auch. Das Innenleben der Bar ist schummrig, das ist dem tropischen Dekor geschuldet, die Stimmung ist herrlich ungezwungen.

7., Neustiftgasse 84, www.dieparfuemerie.net, Mo–Do 18.00–2.00, Fr, Sa 18.00–4.00

Tür 7

Hinter einer unscheinbaren Pforte in der Buchfeldgasse verbirgt sich die Boutiquebar Tür 7. Sie funktioniert nach dem während der Prohibitionsjahre in den USA entstandenen Speakeasy-Prinzip. Das heißt, wer hier trinken

MIRANDA

MAST

will, muss sich zuerst anmelden (Reservierungen telefonisch oder via E-Mail) und anschließend an der richtigen Tür klingeln. Ganz dem Namenskonzept entsprechend, stehen 7 Cocktails auf der Karte, die mit viel Können und Erfahrung zubereitet werden.
8., Buchfeldgasse 7, Tel.: 0664/546 37 17, www.tuer7.at, Öffnungszeiten: 21.00–4.00

Café Leopold im MQ Hof

Wer Lust hat nach einem heißen Tag den Abend ausklingen zu lassen und sich mit ein paar Freunden in geselliger Runde zu treffen, für den ist das Café Leopold im MQ Hof die perfekte Adresse.
7., Museumsplatz 1, Tel.: 01/522 23 91, www.cafeleopold.wien, Öffnungszeiten: Mo-Fr 9.30–1.00, Sa, So, Feiertag 9.30–24.00 (im Winter geschlossen)

The Birdyard

Top!

Mit Blick auf die Lange Gasse kann man im oberen ruhigen Ambiente Köstlichkeiten der Brüder Liu genießen. Unten ist es lauter und bunter, hier ist die Bar, exotisch schön und surreal gestaltet. Bunte Vögel und Pflanzen schmücken die Wand. Auch die Cocktailkarte ist ähnlich farbenfroh und kreativ.
8., Lange Gasse 74, Tel.: 01/402 46 24, www.thebirdyard.at, Öffnungszeiten: Di–So 17.30–23.00 (Eatery), Di–So 18.00–2.00 (Bar)

Mast

Zwei preisgekrönte Spitzensommeliers, betreiben in der Porzellangasse ihre eigene Weinbar. Begleitet von Spitzenkoch Martin Schmid, der für bodenständiges Essen zum edlen Tropfen sorgt. Besonderes Augenmerk wird hier auf Regionalität und biologische Nachhaltigkeit gelegt.
9., Porzellangasse 53, Tel.: 01/922 66 79, www.mast.wine, Öffnungszeiten: Mi–Fr

THE BIRDYARD

12.00–14.00, 18.00–22.00, Sa, So 18.00–22.00

Krypt Bar

Top!

8 Meter unter der Erde liegt das Ziegelsteingemäuer, mit goldenen Lüftungsrohren an der Decke. Eine schwebende Treppe führt hinab - die Architekten wurden für die Renovierung des Krypt, beim American Architecture Prize ausgezeichnet. In diesem coolen, leicht sakralen Ambiente werden Cocktails nach Art des Hauses kredenzt.
9., Wasagasse 17, www.krypt.bar, Öffnungszeiten: Di–Do 18.00–2.00, Fr–Sa 20.00–4.00

Al Banco Aperibar

Inmitten des Areales des Erste Campus, lässt es sich in der Al Banco Aperibar auch tagsüber auf das Dolce Vita anstoßen. Mittags wird typisch Italienisches serviert, für den kleinen Hunger gibt es hausgemachte Torten und gefüllte Cornetti. Unser Tipp: für an der Bar Sitzende gibt's Getränke billiger.
10., Am Belvedere 1, Tel.: 05/010 014 600, www.albanco.at, Öffnungszeiten: Mo–Fr 8.30–21.00

Bei mir

Qualität, Service, Ambiente, Atmosphäre – der inoffizielle Geheimtipp in Ottakring bringt alle Voraussetzungen für einen entspannten Abend mit. In der bezaubernden Neighbourhood-Bar versorgt einen Lokalchef Matthias Habringer mit Kaffee der niederösterreichischen Rösterei Petrus, Tee von Demmer, selbst gemachten Limonaden, ordentlichen Schank- sowie einigen Craft-Bieren und jeder Menge Cocktails der eher klassischen Art.
16., Speckbachergasse 47, Tel.: 0650/366 67 00, www.beimir.at, Di–Do 19.00–1.00 Fr, Sa 19.00–2.00

Wanda Weg

Caterin und Love-Connection Managerin

Sie haben ein Kochbuch mit dem Titel „Schmatzfatz" herausgebracht. Darin huldigen Sie dem Wiener Sound mit einer persönlichen Tracklist. Wie sieht die aus?

1. Nino aus Wien: „Es geht immer ums Vollenden" – dabei denke ich an den *Stadtsaal* und das *Haus des Meeres*, das Ninos Großvater mit initiiert hat.
2. Skero: „Gfrei di" – ein unvergesslicher Abend mit Christopher Just und alten Hip-Hop-Platten in der *Grellen Forelle*.
3. Bilderbuch: „OM" – die Freundin des Leadsängers wohnt neben dem *Radlager*, und die Jungs parken ihren Tourbus immer vor der Tür.
4. Bunny Lake und die großartige Sängerin Teresa Rotschopf beim *Popfest Wien*.
5. Falco: „Hoch wie nie" – Erinnerungen an wilde Nächte im U4 Anfang der Neunzigerjahre und an meine Jetset-Reisen, als ich für Falco Schlagzeug gespielt habe.
6. Gustav: „Soldat_in oder Veteran?" – das Lied gegen Selbstmitleid in the City of Freud, Sex und Death.
7. Naked Lunch: „Military Of The Heart" – erinnert mich an Sommernächte im *MuseumsQuartier*.
8. Sofa Surfers: „Word In A Matchbox" und deren Release-Party im Lokal *Zweitbester*.
9. Hansi Lang: „Keine Angst" – meine Philosophie: Wovor du dich fürchtest, das ziehst du an.
10. Hakon und die Jungfrauen: „Nicaragua" – weil ich Idealisten und Weltverbesserer liebe.
11. Fuzzman: „Cowboy of Love" – der Glaube, dass wir alle verbunden sind und Liebe uns retten kann.

Stadtsaal – 7., Mariahilfer Straße 81 / *Haus des Meeres* – 6., Fritz-Grünbaum-Platz 1 / *Grelle Forelle* – 9., Spittelauer Lände 12 / *Radlager* – 4., Operngasse 28 / *Popfest Wien* – 1., Karlsplatz vor der Karlskirche (im Juli) / *MuseumsQuartier* – 1., Museumsplatz 1 / *Zweitbester* – 5., Heumühlgasse 2

LIMATE

© Galerie Nathalie Halgand

Kunst, Kultur & Festivals

ES GIBT UNZÄHLIGE MÖGLICHKEITEN, IN DIE KUNSTSZENE EINZUTAUCHEN. JUNGE GALERIEN, KUNSTRÄUME UND NEUE FORMATE BELEBEN DIE STADT.

WIENS KUNSTSZENE hat viel zu bieten, und doch wird sie im internationalen Vergleich oft zu Unrecht unterschätzt. Institutionen und Museen wie die *Albertina*, das *Belvedere*, die *Kunsthalle* und das *mumok* bieten regelmäßig Ausstellungen auf internationalem Niveau. Ob man nun durch die schönen, historischen Räumlichkeiten des *Kunsthistorischen Museums* wandeln und die Werke altbekannter Meister betrachten oder lieber an einem lauen Sommerabend im *T-B A21* eine Performanceserie besuchen möchte: Das Wiener Programm liefert unzählige Möglichkeiten, in die Kunstszene einzutauchen – und die Dichte der Galerien ist beachtlich. Die Seilerstätte mit der *Galerie Krinzinger*, die Schleifmühlgasse rund um die *Christine König Galerie* und die Eschenbachgasse u.a. mit der *Galerie Martin Janda* zählen zu den Hotspots – zumindest bisher. Der Mut junger Galerist(inn)en und Kurator(inn)en, neue Formate zu testen, war in den vergangenen Jahren überschaubar – doch das ändert sich– mit Galeristinnen wie Sophie Tappeiner, die in großartiges Programm, teils feministisch ausgerichtet, präsentiert. Galten zuvor Galeristen wie *Emanuel Laye*r als die „Jungen" – obwohl sie sich schon seit Jahren erfolgreich auf internationalen Messen präsentieren –, weht nun definitiv ein frischer Wind.

Abseits der Kunstgrätzel Schleifmühlgasse, Seilerstätte und Eschenbachgasse gibt es neue Routen, die nicht nur aufgrund der Diversität unterschiedlicher Architekturen spannend sind, sondern auch, weil es dort viele junge Künstlerinnen und Künstler zu entdecken gibt. Der mögliche Ausgangspunkt dieser Route ist nicht ganz unbekannt: *Lisa Kandlhofer* startete ihre Galerie bereits vor drei Jahren.

Spannend auch der Raum der *One Work Gallery*, die der Künstler Salvatore Viviano am Getreidemarkt betreibt. Die Galerie ist so klein, dass gerade einmal eine Arbeit pro Ausstellung und Künstler präsentiert werden kann; bzw. entspricht eben das dem Konzept der One Work Gallery. Klassische Öffnungszeiten gibt es nicht; die große Glasfront zum Getreidemarkt funktioniert wie eine 24 Stunden-Ausstellungsfläche. Zuwachs gibt es vis-à-vis, wo sich die *Galerie Crone* aus Berlin in den ehemaligen Räumlichkeiten der Galerie Mezzanin eine Dependance eingerichtet hat. Kurator *Cornelis van Almsick* zeigt hier neben etablierten Positionen regelmäßig die Arbeiten junger Künstler und Studenten: für wenige Tage, in einem kleinen Hinterzimmer. Von der Galerie Crone ist man schnell in der Stiegengasse, wo *Nathalie Halgand*

im Frühjahr 2016 ihre Galerie eröffnete. In den hellen, klassischen Altbauräumen, die auf den Naschmarkt blicken, führte Halgand bis 2015 gemeinsam mit Nicholas Platzer die Urban Art Gallery Inoperable. Nach 69 erfolgreichen Ausstellungen widmen sich die beiden nun neuen Projekten. Halgand konzentriert sich mit ihrer Galerie auf junge, aufstrebende Positionen unterschiedlicher Medien.

Einen weiteren Geheimtipp findet man hinter dem Wiener Rathaus: Die Räume von *Vin Vin* liegen im Keller des Wohnhauses in der Bartensteingasse 14. Ein kleines, zweigeteiltes Kellerabteil wurde zu einem Ausstellungsraum umfunktioniert. Das klingt skurril. Und zugegeben, das ist es auch! Doch ein Besuch lohnt sich allemal, denn der Künstler Vin della Corte hat ein spannendes Programm. Auch die bekannten Off-Spaces – wie *Das Weiße Haus*, *nadaLokal* und der *Projektraum Viktor Bucher* – bekommen Zuwachs. *Kevin Space* versteht sich als kuratorisches Kollektiv, das von vier jungen Frauen gegründet wurde. Fanny Hauser, Carolina Nöbauer, Denise Helene Sumi und Franziska Sophie Wildförster präsentieren aktuelle internationale und lokale Entwicklungen der bildenden Kunst in der Volkertstraße im zweiten Bezirk. Nicht ortsgebunden – und gerade deswegen sehenswert – ist auch das Format der Pop-up-Shows von *Locomot*. Doch ob frisch dabei oder bereits etabliert: In Wiens Kunstszene ist für jeden das Richtige dabei! — SABRINA MÖLLER

Albertina – 1., Albertinaplatz 1 / *Belvedere* – 3., Prinz-Eugen-Straße 27 / *Galerie Sophie Tappeiner* – 1., An der Hülben 3 / *Kunsthalle Wien* – 7., Museumsplatz 1 / *mumok* – 7., Museumsplatz 1 / *Kunsthistorisches Museum* – 1., Maria-Theresien-Platz / *T-B A21* – 2., Augarten Contemporary, Scherzergasse 1A / *Galerie Krinzinger* – 1., Seilerstätte 16 / *Christine König Galerie* – 4., Schleifmühlgasse 1A / *Galerie Martin Janda* – 1., Eschenbachgasse 11 / *Galerie Emanuel Layr* – 1., Seilerstätte 2 / *Galerie Lisa Kandlhofer* – 4., Brucknerstraße 4 / *One Work Gallery* – 3., Getreidemarkt 11/3 / *Galerie Crone Wien* – 3., Getreidemarkt 14 (Eingang Eschenbachgasse) / *Cornelis van Almsick* – www.vanalmsick.at / *Galerie Nathalie Halgand* – 6., Stiegengasse 2 / *Vin Vin Gallery* – 1., Bartensteingasse 14 / *Das Weiße Haus* – 1., Hegelgasse 14 / *nadaLokal* – 15., Reindorfgasse 8 / *Projektraum Viktor Bucher* – 2., Praterstraße 13/1 / *Kevin Space* – 2., Volkertstraße 17 / *Locomot* – www.locomot.at

competitions are for
horses, not artists

Galerien

1. BEZIRK

Galerie nächst St. Stephan
Grünangergasse 1, Tel.: 01/512 12 66, www.schwarzwaelder.at, Öffnungszeiten: Di–Fr 11.00–18.00, Sa 11.00–16.00

Galerie Sophie Tappeiner
1., An der Hülben 3, Tel.: 0664/88929621, www.sophietappeiner.com, Öffnungszeiten: Mi-Fr 12.00–18.00, Sa 11.00–15.00 und nach Vereinbarung

Galerie Krinzinger
Seilerstätte 16, Tel.: 01/513 30 06, www.galerie-krinzinger.at, Öffnungszeiten: Di–Fr 12.00–18.00, Sa 11.00–16.00

Galerie Elisabeth & Klaus Thoman
Seilerstätte 7, Tel.: 01/512 08 40, www.galeriethoman.com, Öffnungszeiten: Di–Fr 12.00–18.00, Sa 11.00–16.00

Plattform für junge Kunst – Bäckerstraße 4
1., Bäckerstraße 4, Tel.: 0676/555 17 77, www.baeckerstraße4.at, Öffnungszeiten Di-Fr 11.00–19.00, Sa 11.00–17.00 und nach Vereinbarung

Galerie Mario Mauroner
Weihburggasse 26, Tel.: 01/904 20 04, www.galerie-mam.com, Öffnungszeiten: Di–Fr 11.00–18.00, Sa 11.00–16.00

Galerie Heike Curtze
Seilerstätte 15/16, Tel.: 01/512 93 75, www.heikecurtze.com, Öffnungszeiten: Di–Fr 12.00–18.00, Sa 12.00–16.00

Galerie Lukas Feichtner
Seilerstätte 19, Tel.: 01/0676 338 71 45, www.feichtnergallery.com, Öffnungszeiten: Di–Fr 10.00–18.00, Sa 10.00–16.00

Wienerroither und Kohlbacher
1., Strauchgasse 2, Tel.: 01/5339977, www.w-k.art, Öffnungszeiten: Mo–Fr 10.00–18.00, Sa 10.00–12.00

Galerie Emanuel Layr
Seilerstätte 2/16, Tel.: 01/945 17 91, www.emanuellayr.com, Öffnungszeiten: Mi–Fr 12.00–18.00, Sa 11.00–15.00

Galerie Frey
Gluckgasse 3, Tel.: 01/513 82 83, www.galerie-frey.com, Öffnungszeiten: Mo–Fr 11.00–18.30, Sa 11.00–16.00

GALERIE CRONE

CHRISTINE KÖNIG GALERIE

Croy Nielsen
1., Parkring4, Tel.: 0676/6530074, www.croynielsen.com, Öffnungszeiten: Mi–Fr 12.00–18.00, Sa 11.00–15.00

Bechter Kastowsky Galerie
Gluckgasse 3, Mezzanin, Tel.: 01/512 16 09, www.bechterkastowsky.com, Öffnungszeiten: Do, Fr 10.00–19.00, Sa 10.00–15.00

Zeller van Almsick
1., Franz-Josefs-Kai 3, Tel.:0699/10 88 19 84, www.zellervanalmsick.com, Öffnungszeiten: Mi–Sa 12.00–18.00

Galerie Ernst Hilger
Dorotheergasse 5, Tel.: 01/512 53 15, www.hilger.at, Öffnungszeiten: Di–Fr 11.00–18.00, Sa 11.00–16.00

Charim Galerie
Dorotheergasse 12, Tel.: 01/512 09 15, www.charimgalerie.at, Öffnungszeiten: Di–Fr 11.00–18.00, Sa 11.00–14.00

Galerie Konzett
Spiegelgasse 21, Tel.: 01/513 01 03, www.artkonzett.com, Öffnungszeiten: Di–Fr 11.00–18.00, Sa 11.00–17.00

Galerie Crone
Getreidemarkt 14 (Eingang Eschenbachgasse), Tel.: 01/520 38 38, www.galeriecrone.com, Öffnungszeiten: Di–Fr 11.00–18.00, Sa 11.00–15.00

Vin Vin
Bartensteingasse 14, Tel.: 0699/11 20 96 24, www.vinvin.eu, Di, Fr, Sa 12.00–15.00

GALERIENVIERTEL ESCHENBACHGASSE

Galerie Steinek
Eschenbachgasse 4, Tel.: 01/512 87 59, www.galerie.steinek.at, Öffnungszeiten: Di–Fr 13.00–18.00, Sa 11.00–15.00

Galerie Meyer Kainer
Eschenbachgasse 9, Tel.: 01/585 72 77, www.meyerkainer.at, Öffnungszeiten: Di–Fr 11.00–18.00, Sa 11.00–15.00

Galerie Krobath
Eschenbachgasse 9, Tel.: 01/585 74 70, www.galeriekrobath.at, Öffnungszeiten: Di–Fr 11.00–18.00, Sa 11.00–15.00 und nach Vereinbarung

WEITER AUF SEITE 158 →

Christina Steinbrecher-Pfandt

Künstlerische Leiterin der viennacontemporary

Was macht die Wiener Kunstszene aus?

Es gibt keine Entschuldigung, wenn man in Wien lebt und die Kunstszene nicht kennt. Die Wiener Kunstszene hat meiner Meinung nach die attraktivste Rechnung: höchste Qualität für die investierte Zeit. In kürzester Zeit und zu Fuß kann man einige der besten Museen der Welt und Galerien sehen, die ideal im Zentrum liegen und österreichische und internationale Positionen zeigen.

Wie sieht Ihr perfekter Samstag in Wien aus?

Am Wochenende verbringe ich gerne so viel Zeit wie möglich draußen. Wenn ich in Wien bin, fange ich den Tag mit Jogging im Belvedere an, denn ich wohne direkt gegenüber. Danach bringe ich meine Tochter zu den Kunstvermittlungsprogrammen ins *mumok*, *21er Haus*, *Belvedere*, *MAK* oder *KHM* und sehe mir dann parallel die Ausstellungen an. Mittagessen gehen wir im *Salonplafond* oder am Naschmarkt. Wir kaufen beim *Fisch-Gruber* ein, und meist laufen wir danach eine Runde durch die Galerien in der Schleifmühlgasse oder in der Eschenbachgasse. Oder ich mache eine Tour mit meinem alten Pinarello – im Weinviertel bin ich bei In Velo Veritas mitgefahren. Abends kochen wir gemeinsam in der Familie, ich lese meiner Tochter vor und gehe tanzen. Ich liebe es, zu tanzen oder am Abend in ein Konzert zu gehen.

Zum Business-Lunch trifft man sich …

… im *Guest House*, *Heuer*, *Grand Ferdinand* oder bei der *Herknerin*.

Wo sehen Sie sich in Wien Kunst am liebsten an?

Ich liebe die Galerien und rotiere zwischen den Museen. Immer abhängig davon, wo eine Ausstellung ist, die mir gut gefällt. Es gibt wirklich eine ganze Menge zu sehen.

mumok – 7., Museumsplatz 1 / *21er Haus* – 3., Quartier Belvedere, Arsenalstraße 1 / *Oberes Belvedere* – 3., Prinz-Eugen-Straße 27 & *Unteres Belvedere,* Orangerie – 3., Rennweg 6 / *MAK* – 1., Stubenring 5 / *Kunsthistorisches Museum Wien* – 1., Maria-Theresien-Platz / *Salonplafond im MAK* – 1., Stubenring 5 / *Fisch-Gruber GmbH* – 4., Naschmarkt Stand 33 / *The Guest House Brasserie & Bakery* – 1., Führichgasse 10 / *Heuer am Karlsplatz* – 4., Treitlstraße 2 / *Hotel Grand Ferdinand* – 1., Schubertring 10–12 / *Zur Herknerin* – 4., Wiedner Hauptstraße 36

Galerie Martin Janda
Eschenbachgasse 11, Tel.: 01/585 73 71, www.martinjanda.at, Öffnungszeiten: Di–Fr 11.00–18.00, Sa 11.00–16.00

2. BEZIRK

Projektraum Viktor Bucher
Praterstraße 13/1/2, Tel.: 01/212 69 30, www.projektraum.at, Öffnungszeiten: Di–Fr 14.00–19.00, Sa 11.00–15.00

Lust Gallery
Krummbaumgasse 2–4/12a, Tel.: 0664/282 51 70, www.thelustgallery.com, Öffnungszeiten: von Ausstellung zu Ausstellung verschieden, ansonsten Termin nach Vereinbarung

Büro Weltausstellung
Praterstraße 42/Stiege 1, Mezzanin, Tel.: 0667/430 21 91, www.artfoundation.at, Öffnungszeiten: Mo–Fr 14.00–18.00 und nach Vereinbarung

Kunstraum am Schauplatz
Praterstraße 42, Hof 2, Tel.: 0681/81 93 97 10, www.artfoundation.at, Öffnungszeiten: Mi–Fr 16.00–18.00 und nach Vereinbarung

3. BEZIRK

Gianni Manhattan
Wassergasse 14, Tel.: 0660/2962288, www.giannimanhattan.com, Öffnungszeiten: Mi–Fr 12.00–18.00, Sa 12.00–16.00 und nach Vereinbarung

4. BEZIRK

Galerie Lisa Kandlhofer
Brucknerstraße 4, Tel.: 01/503 11 67, www.kandlhofer.com, Öffnungszeiten: Di–Fr 11.00–19.00, Sa 11.00–16.00

ONE WORK GALLERY

GALERIENVIERTEL SCHLEIFMÜHLGASSE

Galerie Georg Kargl
Schleifmühlgasse 5, Tel.: 01/585 41 99, www.georgkargl.com, Öffnungszeiten: Mi–Fr 13.00–19.00

Christine König Galerie
Schleifmühlgasse 1A, Tel.: 01/585 74 74, www.christinekoeniggalerie.com, Öffnungszeiten: Di–Fr 10.00–19.00 Sa 11.00–16.00

Kerstin Engholm Galerie
Schleifmühlgasse 3, Tel.: 01/585 73 37, www.kerstinengholm.com, Öffnungszeiten: nach Vereinbarung

Galerie Gabriele Senn
Schleifmühlgasse 1A, Tel.: 01/585 25 80, www.galeriesenn.at, Öffnungszeiten: Di–Fr 11.00–18.00, Sa 11.00–16.00

Galerie Michaela Stock
Schleifmühlgasse 18, Tel.: 01/920 77 78, www.galerie-stock.net, Öffnungszeiten: Di, Mi 16.00–19.00, Do, Fr 11.00–19.00, Sa 11.00–15.00

unttld contemporary
Schleifmühlgasse 5, Tel.: 0676/765 08 66 www.unttld-contemporary.com,

Öffnungszeiten: Di–Fr 11.00–18.00, Sa 11.00–16.00

Galerie Schleifmühlgasse 12–14
Schleifmühlgasse 12–14, Tel.: 0676/735 49 10, www.12-14.org, Öffnungszeiten: Do, Fr 14.00–19.00, Sa 10.00–15.00

6. BEZIRK

Galerie Nathalie Halgand
Stiegengasse 2/3, Tel.: 0650/244 47 79, www.galeriehalgand.com, Öffnungszeiten:Mi–Fr 12.00–18.00, Sa 11.00–15.00

One Work Gallery
Getreidemarkt 11/3, Tel.: 0676/462 72 42, 24 Stunden Schaufenster und nach Vereinbarung

Knoll Galerie
Gumpendorfer Straße 18, Tel.: 01/587 50 52, www.knollgalerie.at, Öffnungszeiten: Di–Fr 13.00–18.00, Sa 13.00–16.00

Kunstbuero
Schadekgasse 6–8, Tel.: 0699/15 23 13 49 www.artfoundation.at, Öffnungszeiten: Mi, Do 15.00–18.00

Galerie Reinthaler
Gumpendorfer Straße 53, Tel.: 0669/10 68 18 71, www.agnesreinthaler.com, Öffnungszeiten: Di–Fr 14.00–18.00, Sa 12.00–15.00

7. BEZIRK

Galerie Hubert Winter
Breite Gasse 17, Tel.: 01/524 09 76, www.galeriewinter.at, Öffnungszeiten: Di–Fr 11.00–18.00, Sa 11.00–14.00

10. BEZIRK

HilgerBROTKunsthalle, HilgerNEXT, project room@NEXT
Absberggasse 27, Tel.: 01/512 53 15-200, Öffnungszeiten: Do–Sa 12.00–18.00

Kunsträume/Project Spaces

Franz-Josefs-Kai 3
Nach Beendigung der Ausstellungstätigkeit der BAWAG Contemporary haben die Eigentümer des Hauses, das Sammlerehepaar Franziska und Christian Hausmaninger, beschlossen, die Räumlichkeiten für eine weitere kulturelle Nutzung zu besonderen Mietkonditionen zu überlassen. Die Projekte sind in den Bereichen zeitgenössische Kunst, Architektur, Urbanismus, Design und in interdisziplinären Formaten angesiedelt.
1., Franz-Josefs-Kai 3, www.franzjosefskai3.com,

WEITER AUF SEITE 162 →

GALERIE NATHALIE HALGAND

Marlies Wirth

Kunsthistorikerin & Kuratorin im MAK

Die perfekte Route für einen Streifzug durch die Wiener Kunstszene?
Das Schöne an Wien ist, dass es nicht nur die eine perfekte Route gibt! Nicht nur, weil ich dort arbeite, würde ich auf jeden Fall das *MAK* empfehlen. Viele wissen gar nicht, dass das MAK die einzige permanente Fassadeninstallation von James Turrell hat („MAKlite" seit 2004). Ansonsten starte ich oft im vierten Bezirk. Die Galerien in der Schleifmühlgasse vertreten interessante und vorwiegend jüngere Künstlerpositionen. Dann geht es weiter über den Naschmarkt zur *Secession* – ein Garant für ein gutes Programm in Wien.

Was sind Ihre persönlichen Hotspots für Mode, Design und Entspannung?
Wien hat hier sehr viel Potenzial. Ich mag die jungen Modedesigner Roshi Porkar, Petar Petrov, Astrid Deigner, Rani Bageria oder Wendy & Jim. Ein Hotspot, der Mode und Design konzeptuell verbindet, ist *Park* in der Mondscheingasse. Interessant ist auch die Designgalerie *Rauminhalt*, wo u.a. Arbeiten von Patrick Rampelotto zu sehen sind, oder die Schauräume der *Wittmann Möbelwerkstätten*, wo man Möbel von Marco Dessí entdecken kann. Entspannen kann ich definitiv bei *Propaganda* – dort gibt es neben dem perfekten Haarschnitt auch Kunst und Design zu sehen.

Wo feiert es sich in Wien am besten?
Immer dort, wo meine Freunde sind. Am besten sind die ungeplanten Abende, die unendlich ausufern können. Das ist nicht unbedingt ortsgebunden – ich kann am Karlsplatzbrunnen genauso Spaß haben wie in der *Loos Bar* oder im Underground Gay Club … Es kommt auf die Atmosphäre an, und die machen die Menschen!

Ihr Lieblingsort in Wien?
Ich habe ein Faible für Inseln. Ein Lieblingsort ist also auf jeden Fall die Donauinsel. Allerdings muss man den richtigen Spot erwischen, die Gegend kann im Sommer sehr überlaufen sein. Meinen Lieblingsplatz kann ich nicht verraten, aber: Länger Radfahren lohnt sich!

MAK – 1., Stubenring 5 / *Secession* – 1., Friedrichstraße 12 / *Park* – 7., Mondscheingasse 20 / *Rauminhalt* – 4., Schleifmühlgasse 13 / *Wittmann Möbelwerkstätten* – 1., Friedrichstraße 10 / *Propaganda* – 9., Berggasse 5/1 / *Loos Bar* – 1., Kärntner Durchgang 10

Öffnungszeiten: von Ausstellung zu Ausstellung verschieden (siehe Homepage)

Locomot
Locomot steht für die Bewegung von Ort zu Ort. Mit ihren Pop-up-Shows bespielen die „modernen Nomaden" der österreichischen Kunstszene diverse temporäre Ausstellungsflächen. Dadurch versuchen sie eine beispiellose Begegnung zwischen Kunst, Raum und Zeit zu erzeugen.
www.locomot.at

Kunstsalon im Fluc
Aus einem als „fluctuated rooms" geplanten temporären Kunstprojekt im Jahr 2001 ist ein etablierter, aber dennoch fluktuierender Club entstanden: das Fluc am Praterstern. Angesiedelt an einem der größten Verkehrsknotenpunkten Wiens und immer wieder von städtebaulichen Umbauarbeiten bedroht, hat man aus der Container-Unterbringung eine Philosophie gemacht, einen Hybrid aus öffentlichem und sozialem Raum. Nach wie vor unter der Leitung einer Künstlergruppe betreibt man neben dem Musikclub einen „In der Kubatur des Kabinetts" genannten Kunstsalon.
2., Praterstern 5, www.fluc.at, Öffnungszeiten: von Ausstellung zu Ausstellung verschieden (siehe Homepage)

Kevin Space
Fanny Hauser, Carolina Nöbauer, Denise Helene Sumi und Franziska Sophie Wildförster schufen mit dem Kevin Space eine Plattform für aktuelle internationale und lokale Entwicklungen in der bildenden Kunst. Mit flexiblen Formaten und wechselnden Ausstellungen werden diese von dem engagierten „kuratorischen Kollektiv" in Dialog zueinander gesetzt. Dabei testet man das Potenzial des Kunstraums als Ort des sozialen Zusammentreffens und dynamischen Wechsels aus.
2., Volkertstraße 17, www.kevinspace.org, Öffnungszeiten: Fr, Sa 15.00–18.00 und nach Vereinbarung

KEVIN SPACE

wellwellwell
wellwellwell versteht sich als Non-Profit-Kunstraum für junge, zeitgenössische Kunst. Er wurde im März 2014 von Studenten der Universität für angewandte Kunst gegründet und versucht eine intime, ungezwungene Atmosphäre zu schaffen, in der es reichlich Platz für künstlerisches Lernen, Experiment und Diskussion gibt. Das Ziel ist, durch Ausstellungen, zusammengestellt von wechselnden Kuratoren, das Werk aufstrebender Künstler in den Fokus einer breiteren Öffentlichkeit zu rücken.
4., Mittersteig 2A, (Eingang Rienößlgasse 20), Tel.: 0680/219 98 05, www.wellwellwell.at, Öffnungszeiten: Sa 16.00–18.00 und nach Vereinbarung

Ve.Sch – Verein für Raum und Form in der bildenden Kunst
Das Ausstellungsprogramm in den aufgelassenen Lagerräumlichkeiten basiert auf dem Prinzip der Carte blanche, unkuratiert und ohne Vorgaben, und wird zumeist in der Bar festgelegt, die den Charme des Ortes ausmacht.
20., Wehlistraße 27b, Tel.: 0664/112 90 10, www.vesch.org, Öffnungszeiten: siehe Website

Das Weiße Haus
2007 von Elsy Lahner und Alexandra Grausam gegründeter, mittlerweile etablierter Kunstverein. Nach Lahners Wechsel als Kuratorin in die Albertina führt Grausam mit einem Team den Raum weiter. Flexibilität ist Programm. So steht der Name, der anfangs einfach für das Gebäude der ersten Adresse stand, für die vielfältigen Möglichkeiten in der Ausstellungspraxis.

1., Hegelgasse 14, Tel.: 01/236 37 75, www.dasweissehaus.at, Öffnungszeiten: Di–Fr 13.00–19.00, Sa 12.00–17.00

Hinterland

Der Verein zur Vernetzung internationaler und nationaler Aktiver in der Kunstwelt ist zum einen ein gewitztes Modelabel aus dem Umfeld von Design, Architektur und Kunst, zum anderen ein Kunstraum. Im Sommer wird der Außenraum mit Paletten als „Krongarten" mit vielfältigsten Minzsorten begrünt.
5., Krongasse 20, Tel.: 01/581 23 59, www.art.hinterland.ag, Öffnungszeiten: Do, Fr 15.00–19.00, Sa 11.00–15.00

Futuregarden

Obwohl bereits eine Institution in der Wiener Kunstszene, wirkt hier alles ein bisschen improvisiert. Gerade deswegen fühlt man sich aber so wohl in dieser kargen, dunklen Bar, die der Galerist Amer Abbas neben seiner eingesessenen Galerie, dem Kunstbuero, betreibt. Ein klassischer Ort zum Abhängen für alle Künstler und Kunstaffinen.
6., Schadekgasse 6, Tel.: 01/585 26 13, Öffnungszeiten: Mo–Do 18.00–2.00, Fr, Sa 18.00–4.00, So 20.00–2.00

Wiener Art Foundation

Der Kunstverein Wiener Art Foundation umfasst zwei Ausstellungsorte aus dem Umfeld von Amer Abbas (Kunstbuero, Futuregarden) und dient neben der Vermittlung von aktueller Kunst und Kunstdiskursen auch als Drehscheibe für Künstlerinnen und Künstler.
6., Schadekgasse 6/9, Tel.: 0667/430 21 91, www.artfoundation.at, Öffnungszeiten: von Ausstellung zu Ausstellung verschieden (siehe Homepage)

WUK – Werkstätten- und Kulturhaus

1981 bezog – vorerst interimistisch – der 1978 gegründete Verein zur Schaffung offener Kultur- und Werkstättenhäuser das Gelände einer ehemaligen Lokomotivfabrik und gilt somit als Dinosaurier unter den selbst verwalteten Kultureinrichtungen. Im Gebäudekomplex befindet sich neben der Kunsthalle Exnergasse und der Fotogalerie Wien auch die Kunstzelle – Wiens wohl kleinster Kunstraum in einer ausrangierten Telefonzelle.
9., Währinger Straße 59, Informationsbüro: Tel.: 01/401 21-0, Öffnungszeiten

Informationsbüro: Mo–Fr 9.00–20.00,
Sa, So, Feiertag 15.00–20.00
Kunsthalle Exnergasse:
kunsthalleexnergasse.wuk.at
Fotogalerie Wien: www.fotogalerie-wien.at

mo.ë

mo.ë (gegründet 2001) in den ehemaligen Räumlichkeiten der k. u. k. Orden- und Medaillenmanufaktur Mandelbaum am Brunnenmarkt ist ein Veranstaltungsraum, Atelierhaus sowie Artist-in-Residence-Programm, das seinen Fokus auf die Produktion und Sichtbarmachung von Kunst und Kultur (bildende Kunst, Improvisationsmusik, Theater, experimenteller Film, Lesungen etc.) legt.
17., Thelemangasse 4/1, www.moe-vienna.org

Gesso

Im Szene-Niemandsland von Floridsdorf, von den Wienern liebevoll Transdanubien genannt, führt Andreas Reiter Raabe seit 2012 in einem ehemaligen Gassenlokal eines Genossenschaftswohnbaus den Kunstraum Gesso. Die Reise lohnt sich. Liest man die Listen der an den Ausstellungen beteiligten Künstler, würde man eher an eine geistreiche museale Präsentation denken als an einen Off-Space.
21., Donaufelderstraße 73, 5.04 A–B,
www.gessoartspace.com, Tel.: 0699/12 10 50 81,
Öffnungszeiten: Mo, Do 17.00–19.00

Galerien für Fotografie

Leica Galerie Wien
1., Walfischgasse 1, Tel.: 01/236 74 87,
www.leicastore-wien.at, Öffnungszeiten:
Mo–Sa 10.00–18.00

PhotographersLimitedEditions
1., Bauernmarkt 14, Tel.: 01/533 70 96,
www.photographerslimitededitions.com,
Öffnungszeiten: Mo–Fr 10.00–18.30,
Sa 11.00–16.00

Galerie Johannes Faber
4., Brahmsplatz 7, Tel.: 01/505 75 18,
www.jmcfaber.at, Öffnungszeiten: Di–Fr
14.00–18.00, Sa 11.00–17.00
(im August nur nach Vereinbarung)

WestLicht – Schauplatz für Fotografie
7., Westbahnstraße 40, Tel.: 01/522 66 36-60,
www.westlicht.com, Öffnungszeiten:
Di, Mi, Fr 14.00–19.00, Do 14.00–21.00,
Sa, So, Feiertag 11.00–19.00

Galerie Raum mit Licht
7., Kaiserstraße 32, Tel.: 01/524 04 94,
www.raum-mit-licht.at,
Öffnungszeiten: Di–Fr 14.00–18.00,
Sa 11.00–14.00

WEITER AUF SEITE 169 →

OSTLICHT

© atelier karasinski

Kunsthistorisches Museum Wien – 1., Maria-Theresien-Platz / *Secession* – 1., Friedrichstraße 12 / *Galerie Nathalie Halgand* – 6., Stiegengasse 2 / *Ramasuri* – 2., Praterstraße 19 / *Demel* – 1., Kohlmarkt 14 / *Café Sacher* – 1., Philharmonikerstraße 4

Jacqueline Nowikovsky

Expertin für zeitgenössische Kunst bei Bonhams International in London

Sie sind in Wien aufgewachsen und erst kürzlich nach London gezogen. Was wird Ihnen besonders fehlen?
Wien ist wie eine Wunderkammer – trotz der überschaubaren Größe birgt diese Stadt unendliche Möglichkeiten, neue magische Details zu entdecken, wenn man mit offenen Augen durch die Straßen und Gassen spaziert. Die Kunstkammer im *Kunsthistorischen Museum* ist der beste Beweis dafür. Das Nebeneinander von geschichtsträchtiger Tradition und Mut zu zeitgenössischer Avantgarde ist in Wien einzigartig, weswegen mir die *Secession* auch so ans Herz gewachsen ist. Überhaupt ist die Anzahl an Weltklassemuseen in einer vergleichsweise so kleinen Stadt ein absolutes Unikum!

Wien hat eine spannende Off-Szene, und seit Kurzem gibt es auch Zuwachs an jungen Galerien. Wen sollten wir ganz besonders im Blick behalten?
Es gibt so viele spannende Projekträume und Pop-ups. Ein Space, der hoffentlich lange Bestand haben wird, ist die gerade eröffnete *Galerie Nathalie Halgand*. One to watch!

Bei welchem jungen Wiener Modelabel kaufen Sie am liebsten ein?
Ich habe soeben die Entwürfe von Arthur Arbesser für mich entdeckt: frisch und zeitlos zugleich! Außerdem finde ich die romantischen Designs von Lena Hoschek großartig und sehr feminin.

Wo trinken Sie in Wien Ihren Kaffee?
Ein gutes Gespräch beginnt mit einer guten Melange! Mein derzeitiger absoluter Lieblingsspot ist das *Ramasuri* im zweiten Bezirk. Fabelhafte Küche und unübertroffener Kaffee! Und natürlich die Klassiker im *Demel* oder im *Café Sacher*.

Der erste City Guide für stilbewusste Frauen

Abwechslungsreich, gut recherchiert und amüsant. Die City Guides „for Women only" sind für stilbewusste Frauen, die das Besondere suchen und eine Stadt in all ihren Facetten genießen wollen. Up to date und gefüllt mit handverlesenen Tipps, werden Hotspots für Mode, Beauty, Kunst, Design und Kultur vorgestellt – man schweift über Märkte und durch grüne Oasen, besucht vergnügliche Restaurants und Bars und landet schließlich auf den richtigen Partys. Mit vielen persönlichen Tipps von Insiderinnen aus Mode, Kunst und Society.

HAMBURG
Broschur, 13,5 x 21 cm, 208 Seiten, ca. 200 Abbildungen
ISBN 978-3-7106-0276-4 € 24,-

ZÜRICH
Broschur, 13,5 x 21 cm, 208 Seiten, ca. 150 Abbildungen
ISBN 978-3-7106-0201-6 € 24,-

Brandstätter

OstLicht
10., Absberggasse 27, Tel.: 01/996 20 66, www.ostlicht.at, Öffnungszeiten: Mi–Sa, Feiertag 12.00–18.00

HISTORISCHE FOTOGRAFIE

Photoinstitut Bonartes

Das Institut widmet sich der Erforschung, Bewahrung und Vermittlung historischer Fotografie aus dem Großraum Mitteleuropa, vornehmlich Österreich, von deren Anfängen bis in die 1930er-Jahre. Der Besuch ist jederzeit gegen Voranmeldung möglich, es werden auch Führungen angeboten. Geleitet wird das Institut von Monika Faber, einer der profiliertesten Fotohistorikerinnen des Landes.

1., Seilerstätte 22,
Tel.: 01/236 02 93,
www.bonartes.org,
Besuch jederzeit gegen Voranmeldung

Kunstnews & Kunsttermine

www.artmagazine.cc
www.esel.at
www.keenonmag.com

KÖR

Kunst im öffentlichen Raum Wien bietet auf www.koer.at eine Auflistung sämtlicher temporären und permanenten Projekte der Stadt. Gesucht werden kann im Index unter anderem nach Künstlern, Bezirken oder Entstehungsjahren.
Oder als Buch: „Wem gehört die Stadt? Wien – Kunst im öffentlichen Raum seit 1968". Herausgegeben von Kunst im öffentlichen Raum GmbH, Kunsthalle Wien, Bettina Leidl & Gerald Matt, Wien/Nürnberg 2009.

KUNSTHISTORISCHES MUSEUM

Museen & Ausstellungsräume

Kunsthistorisches Museum
Die Gemäldegalerie des KHM ging aus den Kunstsammlungen des Hauses Habsburg hervor und zählt weltweit zu den bedeutendsten ihrer Art. Schwerpunkte liegen auf der venezianischen Malerei des 16. Jahrhunderts (Tizian, Veronese, Tintoretto), der flämischen Malerei des 17. Jahrhunderts (Peter Paul Rubens, Anthonis van Dyck), auf altniederländischer Malerei (Jan van Eyck, Rogier van der Weyden) und altdeutscher Malerei (Albrecht Dürer, Lucas Cranach). Zu den Höhepunkten gehören Bilder von Pieter Bruegel dem Älteren sowie Meisterwerke von Vermeer, Rembrandt, Raffael, Caravaggio und Velázquez. Der Theseustempel im Volksgarten, einst für Antonio Canovas Theseusskulptur errichtet (die sich heute auf der Haupttreppe des KHM befindet), wird heute von der zeitgenössischen Abteilung des Museums mit Rauminterventionen internationaler Künstler bespielt.
1., Maria-Theresien-Platz, Tel.: 01/525 24.00–0.00, www.khm.at,

Öffnungszeiten: täglich 10.00–18.00, Do 10.00–21.00 (Münzkabinett schließt um 18.00)

Albertina

Die Albertina ist im Besitz einer der größten grafischen Sammlungen der Welt mit berühmten Blättern wie Dürers „Feldhase", „Betende Hände" oder Rubens' Kinderstudien. Werke von Schiele, Cézanne, Klimt, Kokoschka, Picasso und Rauschenberg werden in Wechselausstellungen gezeigt. Die Dauerleihgaben aus der Sammlung Batliner spannen den Bogen vom französischen Impressionismus über den deutschen Expressionismus zur russischen Avantgarde bis in die Gegenwart. Seerosen von Monet, Tänzerinnen von Degas, Mädchenbildnisse von Renoir sind hier ebenso vertreten wie Gemälde von Beckmann, Macke, Chagall, Malewitsch, Rothko, Rainer und Katz.
1., Albertinaplatz 1, Tel.: 01/534 83-0,
www.albertina.at,
Öffnungszeiten: täglich 10.00–18.00
Mi, Fr 10.00–21.00

Wiener Secession

Die Vereinigung bildender Künstlerinnen und Künstler zeigt als unabhängiges Ausstellungshaus aktuelle Entwicklungen der österreichischen wie internationalen Kunst, die Auswahl hierfür wird von den Mitgliedern nach ausschließlich künstlerischen Gesichtspunkten getroffen. Der Beethovenfries von Gustav Klimt kann im Keller des Architekturjuwels von Josef Olbrich besichtigt werden.
1., Friedrichstraße 12, Tel.: 01/587 53 07,
www.secession.at,
Öffnungszeiten: Di–So 10.00–18.00

Künstlerhaus

Eigentümer des von Anton Weber 1868 errichteten Ringstraßengebäudes ist bis heute die Gesellschaft bildender Künstler Österreichs. Die Ausstellungsprogrammatik verbindet Kunst mit Alltagskultur, Film, Musik, Design, Architekur und neuen Medien.
1., Karlsplatz 5, Tel.: 01/587 96 63,
www.k-haus.at, Öffnungszeiten: Di–Fr 14.00–18.00, Do 14.00–21.00,
Sa 11.00–18.00

Kunstforum Wien

Neben Präsentationen der klassischen Moderne und den Avantgarden der Nachkriegszeit ist das Haus seit vielen Jahren mit Ausstellungen von Künstlerinnen erfolgreich. 1999 begann man mit dem „Jahrhundert der Frauen", Birgit Jürgenssen, Frida Kahlo und Meret Oppenheim widmete man in den vergangenen Jahren Einzelausstellungen.
1., Freyung 8, Tel.: 01/537 33 26,
www.kunstforumwien.at,
Öffnungszeiten: täglich 10.00–19.00,
Fr 10.00–21.00

WIENER SECESSION

BELVEDERE

Kunstraum Niederösterreich

Ausstellungs- und Projektraum, nicht nur für Künstlerinnen und Künstler aus Niederösterreich. Konzipiert werden die thematisch orientierten, gattungsübergreifenden Gruppenausstellungen von wechselnden, international tätigen Kuratoren.
1., Herrengasse 13, Tel.: 01/904 21 11, www.kunstraum.net, Öffnungszeiten: Di–Fr 11.00–19.00, Sa 11.00–15.00

Sammlung Verbund

Seit dem Jahr 2004 baut das Stromunternehmen Verbund eine Sammlung zeitgenössischer Kunst seit 1970 auf. Der Fokus liegt auf ganzen Werkgruppen (z. B. das Frühwerk von Cindy Sherman) und Positionen der feministischen Avantgarde. Das Treppenhaus der Konzernzentrale wird als „vertikale Galerie" für Ausstellungen genutzt.
1., Am Hof 6A, Tel.: 050313/500 44, www.verbund.com, Öffnungszeiten: Siehe Website (je nach Ausstellung)

Belvedere

Die Belvedere-Schlösser wurden als Sommerresidenz für Prinz Eugen von Savoyen (1663–1736) erbaut. Bestehend aus dem Oberen und dem Unteren Belvedere sowie dem weitläufigen Garten, zählt es zu den schönsten barocken Bauwerken Europas und beherbergt heute eine der bedeutendsten Sammlungen österreichischer Kunst vom Mittelalter bis zur Gegenwart. Die Gustav-Klimt-Gemäldesammlung bildet das Herzstück im Oberen Belvedere. Höhepunkte: Klimts goldene Bilder „Der Kuss" (1907/08) und „Judith" (1901) sowie Meisterwerke von Schiele und Kokoschka. Werke des französischen Impressionismus sowie die wichtigste Sammlung des Wiener Biedermeiers bilden weitere Schwerpunkte.
3., Prinz-Eugen-Straße 27, Tel.: 01/795 57-0, www.belvedere.at, Öffnungszeiten: täglich 10.00–18.00

21er Haus

Der ursprünglich für die Brüsseler Weltausstellung 1958 von Karl Schwanzer konzipierte Stahlskelettbau gehört mittlerweile zum nahegelegenen Belvedere. Neben Ausstellungen zeitgenössischer Kunst beheimatet das 21er Haus das Blickle Kino, den Salon für Kunstbuch, die Artothek des Bundes und als Leihgabe Werke aus der Fritz Wotruba Privatstiftung.
Schweizer Garten, 3., Arsenalstraße 1, Tel.: 01/795 57-0, www.21erhaus.at, Öffnungszeiten: Mi–So 11.00–18.00, Mi, Fr bis 21.00

KUNST HAUS WIEN. Museum Hundertwasser

Hier ist die größte Sammlung des österreichischen Ausnahmekünstlers Friedensreich Hundertwasser zu sehen. Ausgehend von den zukunftsweisenden Ideen Hundertwassers in den Bereichen Ökologie und Gesellschaftspolitik, wird hier versucht, einen Ort für Künstler und Kreative zu schaffen, die sich kritisch und visionär mit heiklen Themen auseinandersetzen.
3., Untere Weißgerberstraße 13, Tel.: 01/71 20 49 10, www.kunsthauswien.com, Öffnungszeiten: täglich von 10.00–18.00

Wien Museum

Das Wien Museum ist eine Mischung aus Kunst- und historischer Sammlung, die Wiens Weg durch die Jahrhunderte zeigt. Exponate aus dem 19. Jahrhundert wie Möbelstücke,

WEITER AUF SEITE 174 →

Kristina Kulakova

—

Digital Video Producer and Editor in Chief of #viennacontemporaryMag

—

Sie sind die Initiatorin des Instagrammer-Events „Empty Museum". Was macht diese Veranstaltung so einzigartig?

Mit „Empty Museum" biete ich sowohl den Art Institutions als auch den Instagrammern eine spannende Gelegenheit. Die Instagrammer können außerhalb der regulären Öffnungszeiten in den leeren Räumen des Museums „spielen". Mit kreativen Influencern macht das viel Spaß, und es entstehen großartige Fotos. Ich genieße diese Events, weil Instagrammer immer wieder versuchen, mit den Kunstwerken auf unterschiedliche Art und Weise zu interagieren. So wird auch die Kunst einem neuen Publikum zugänglich gemacht. Ein Publikum, das durch die Posts auf Instagram hoffentlich auch zum Museumsbesuch motiviert wird.

Wo starten Sie am liebsten in den Tag?

Den Samstag beginne ich am liebsten auf dem Markt. Als ich im zweiten Bezirk gewohnt habe, war es der Karmelitermarkt, danach der Naschmarkt. Derzeit lebe ich im achten Bezirk und starte meinen Tag am Brunnenmarkt. Nach dem Einkaufen frühstücke ich ausgiebig in einem der Cafés und lese dabei ein Buch. Unter der Woche gehe ich als Erstes auf einen Kaffee im *Kaffeemodul* oder bei *Coffee Pirates.*

Ihr Lieblingsmuseum?

Ich liebe die *T-B A21* im Augarten. Derzeit verbringe ich aber viel Zeit im *KHM.* Es hat eine sehr spezielle Atmosphäre. Diese Art von Luxus kann man in Wien täglich erleben.

Das Beste an Wien …

… sind die Kaffeehäuser! Man bekommt das Gefühl, dass alles und jeder warten kann, wenn man dort sitzt. Alles läuft ein bisschen wie in Zeitlupe ab, aber das hat eine gewisse Schönheit.

Kaffeemodul – 8., Josefstädter Straße 35 / *Coffee Pirates Vienna* – 9., Spitalgasse 17 / *Thyssen-Bornemisza Art Contemporary* – 2., Augarten Contemporary, Scherzergasse 1A / *Kunsthistorisches Museum Wien* – 1., Maria-Theresien-Platz

Kleider, Kunstgewerbliches, sogar die rekonstruierte Wohnung des Dichters Franz Grillparzer samt originaler Einrichtung und das Wohnzimmer von Adolf Loos befinden sich hier. Das Museum beherbergt außerdem eine hochkarätige Klimt-Sammlung, die im Rahmen des Jubiläumsjahres 2012 zum 150. Geburtstag des Künstlers erstmals zur Gänze präsentiert wurde. Auch die Modesammlung kann sich mit mehr als 22.000 Objekten sehen lassen. Themenausstellungen gibt es das ganze Jahr über.
4., Karlsplatz, Tel.: 01/505 87 47-8, www.wienmuseum.at, Öffnungszeiten: Di–So, Feiertag 10.00–18.00; geschlossen am: 1.1., 1.5., 25.12.

Sammlung Friedrichshof – Stadtraum

Die Sammlung Friedrichshof betreibt seit Anfang 2012 im Wiener Galerienviertel Schleifmühlgasse einen Stadtraum. Die dort gezeigten Kunstwerke verweisen auf die zweimal jährlich wechselnden Ausstellungen am Friedrichshof (dem Ort des ehemaligen kommunitären Lebensexperimentes um den Aktionisten Otto Muehl, ca. 60 km südöstlich von Wien).
4., Schleifmühlgasse 6, im Hof rechts, www.sammlungfriedrichshof.at, Öffnungszeiten: Di–Fr 14.00–18.00, feiertags geschlossen

MQ – MuseumsQuartier

Eines der größten Kunst- und Kulturareale der Welt, einer der urbansten Plätze der Stadt. Zwischen den barocken Hofstallungen (heute quartier21) und der Winterreithalle (heute Kunsthalle Wien) entstanden zwei Museumsneubauten, besiedelt wurde der Ort mit Kulturinstitutionen, Künstlerstudios, Shops und Cafés. Die Passagen zu den Höfen sind verschiedenen Themen gewidmet (Literatur, Street-Art, Comic, Typografie etc.), in den Höfen selbst laden im Sommer „Enzi" und „Enzo" genannte Sitzgelegenheiten zum Verweilen ein.
7., Museumsplatz 1, Tel.: 01/523 58 81, www.mqw.at

Leopold Museum

Das Leopold Museum beherbergt nicht nur die umfangreichste Egon-Schiele-Sammlung der Welt, sondern auch Hauptwerke Gustav Klimts, etwa das Gemälde „Tod und Leben". In keinem anderen Museum Wiens kann man das Fin de Siècle so hautnah miterleben und Zeuge der Geburt der Moderne werden. Ein weiterer Fokus liegt auf der österreichischen Zwischenkriegszeit, die Maler wie Albin Egger-Lienz, Anton Kolig und Herbert Boeckl hervorgebracht hat.
MuseumsQuartier, 7., Museumsplatz 1, Tel.: 01/525 70-0, www.leopoldmuseum.org, Öffnungszeiten: täglich 10.00–18.00, Do 10.00–21.00

Kunsthalle Wien

An zwei Standorten lokalisiert, ist die Kunsthalle das Ausstellungshaus der Stadt Wien für

MQ – MUSEUMSQUARTIER

MUMOK – MUSEUM MODERNER KUNST STIFTUNG LUDWIG WIEN

Gegenwartskunst und deren Diskurs. In den thematischen Gruppenausstellungen und Einzelpräsentationen wird das Augenmerk auf internationale wie lokale künstlerische Positionen gerichtet.
Standort MuseumsQuartier: 7., Museumsplatz 1
Standort Karlsplatz: 4., Teitelstraße 2, Tel.: 01/521 89-0, www.kunsthallewien.at, Öffnungszeiten beider Standorte: Mo–So 11.00–19.00, Do 11.00–21.00

mumok – Museum moderner Kunst Stiftung Ludwig Wien

Die Sammlung im dunkelgrauen Basaltquader des mumok beinhaltet zentrale Werke von klassischer Moderne, Pop-Art, Fluxus, Film- und Medienkunst. Zudem versteht sich das mumok als Kompetenzzentrum des Wiener Aktionismus.
MuseumsQuartier, 7., Museumsplatz 1, Tel.: 01/525 00-0, www.mumok.at, Öffnungszeiten: Mo 14.00–19.00, Di–So 10.00–19.00 Do 10.00–21.00

Sigmund Freud Museum

Das Sigmund Freud Museum zeigt in den ehemaligen Wohn- und Praxisräumen Sigmund Freuds eine Dokumentation zum Leben und Werk des Begründers der Psychoanalyse. In einem Videoraum werden Aufnahmen aus seinem Privatleben gezeigt, kommentiert von seiner Tochter Anna Freud. Die berühmt-berüchtigte Couch gibt es leider nicht zu sehen (sie steht in London), dafür aber Freuds Antikensammlung und Original-Mobiliar.
9., Berggasse 19, Tel.: 01/319 15 96-19, www.freud-museum.at, Öffnungszeiten: Di 10.00–18.00, Mi 10.00–16.30

Bälle

Life Ball

Der Life Ball ist die größte Benefizveranstaltung in Europa zugunsten HIV-positiver und aidskranker Menschen. Die glamouröse Veranstaltung ist heute weit über die Grenzen Österreichs hinaus bekannt. Zur Eröffnung findet am Wiener Rathausplatz eine Modeschau mit hochkarätiger internationaler Model- und Celebrity-Besetzung statt.
Life-Ball-Büro, Tel.: 01/595 56 00, www.lifeball.org

Opernball

Einmal im Jahr wird die Wiener Staatsoper zum festlichen Ballsaal. Der Ball der Bälle ist der Höhepunkt der Ballsaison – es kommen dafür Gäste aus der ganzen Welt angereist.

WIEN MUSEUM

Kleiderordnung: Damen im großen Abendkleid und Herren im Frack. Der Opernball findet immer am Donnerstag vor dem Aschermittwoch (meistens Februar, manchmal Anfang März) statt.
Büro des Wiener Opernballs, www.wiener-staatsoper.at, Kartenbestellungen ausschließlich schriftlich (siehe Website)

Philharmonikerball

Der Philharmonikerball findet in den Räumen des Wiener Musikvereins statt. Ein hoch eleganter Ball im Jänner – mit hochrangigen Besuchern aus Kultur, Politik und Wirtschaft.
Musikverein, 1., Bösendorferstraße 12
Karten- und Ballbüro: 1., Kärntner Ring 12, Tel.: 01/505 65 25, www.wienerphilharmoniker.at

Fête Impériale

Dieser elegante Sommerball findet Ende Juni oder Anfang Juli in der Hofreitschule statt.
Spanische Hofreitschule Wien, 1., Michaelerplatz 1
Kartenreservierungen: Tel.: 01/533 90 31-27 sowie unter www.oeticket.com; www.fete-imperiale.at

FESTIVALS

Wiener Festwochen

Die Wiener Festwochen sind eines der großen Kultur-Highlights der Stadt. Künstlerische Vielfalt ist bei dem Festival, das während sechs Wochen im Mai und Juni stattfindet und ein facettenreiches Programm an Opern, Konzerten, Theater, Performances, Installationen und Lesungen an den unterschiedlichsten Spielstätten zeigt, Trumpf. Die Festwochen bieten einen Blick auf ein beeindruckendes Panorama des internationalen zeitgenössischen Theaters. Seit 2016 ist der Kulturmanager Tomas Zierhofer-Kin Intendant des Festivals, dessen Eröffnungsfeier alljährlich auf dem Rathausplatz als Open-Air-Spektakel bei freiem Eintritt über die Bühne geht.
Tel.: 01/589 22-11, www.festwochen.at

Tanz

ImPuls Tanz

Top!

Wien ist immer noch eine Stadt des Tanzens, nicht nur in der Vergangenheit, in den Tagen des Wiener Kongresses, sondern auch in der Gegenwart. Auch moderne Formen des Tanzes sind in der Stadt präsent, wie das Festival ImPuls Tanz beweist. Von Mitte Juli bis Mitte August wird in Wien getanzt. Jeden Abend auf diversen Bühnen vom Volkstheater bis zum Kasino am Schwarzenbergplatz. Tagsüber kann man unter einem Riesenangebot an Workshops für Laien und Profis im Arsenal auswählen. Die Lounge im Burgtheater sorgt für das Abendprogramm und DJ-Lines. Gemütliches Abhängen, viele junge Menschen, internationales Flair und tanzen, tanzen, tanzen.
Tel.: 01/523 55 58, www.impulstanz.com

IMPULS TANZ

Design & Kunst

Vienna Design Week

Top!

Die Vienna Design Week hat zum Ziel, das vielfältige Schaffen in den Bereichen Produkt-, Möbel-, Industrie-, Grafik- und experimentelles Design erlebbar zu machen. „Design formt unsere materielle Kultur, unse-

ren Alltag, es prägt unsere Lebensstile und Moden und ganz grundlegend unser ästhetisches Empfinden. Dieses weitreichende Bedeutungsspektrum gibt sowohl Anlass, Design zu feiern, als auch, sich kritisch mit Design auseinanderzusetzen." Das Festival hat sich beides zur Aufgabe gemacht. Es werden Ausstellungen, ortsspezifische Installationen, Themen-Specials, Diskussionsveranstaltungen, Filmprogramme und Gelegenheit zum Feiern oder Networking angeboten.
Tel.: 01/890 63 93
www.viennadesignweek.at

viennacontemporary

Die viennacontemporary ist eine internationale Messe für zeitgenössische Kunst mit Fokus auf Zentral- und Osteuropa. Neben verschiedenen Bereichen wie Malerei, Grafik, Skulptur, Fotografie, Media und Installation hat man auch die Möglichkeit, die Performance Nite, Podiumsdiskussionen sowie Präsentationen zu besuchen. Die vienna contemporary findet in der Karl-Marx-Halle und an zahlreichen Off-Locations statt.
www.viennacontemporary.at

Parallel Vienna

Parallel Vienna ist eine Satellitenmesse und kuratierte Gesamtschau, die zeitgleich zur viennacontemporary in Wien abgehalten wird. Parallel Vienna bündelt die urbanen Kräfte zeitgenössischer Kunstproduktion und bietet einen Einblick in die unterschiedlichen Szenen, Communities und Schauplätze der Stadt Wien. Sie nutzt dabei etwa die weitläufigen Räumlichkeiten der Alten Post im ersten Bezirk als Plattform für Gegenwartskunst und zeigt junge, aufstrebende sowie bereits etablierte künstlerische Positionen. Sie versammelt Kunstinitiativen aller Art – Kunstvereine, Galerien, Project Spaces, kuratierte Projekt- und Künstlerräume – unter einem Dach.
www.parallelvienna.com

Vienna Art Week

Die Vienna Art Week findet Mitte November statt. Wiener Kunstinstitutionen, Museen und Galerien sowie andere Programmpartner präsentieren Programme wie Spezialführungen durch Sonderausstellungen über das Gallery Weekend, Podiumsdiskussionen, Vorträge, ausgedehnte Künstlergespräche, Ausstellungseröffnungen, Installationen, Interventionen und Performances sowie ausgewählte Veranstaltungen in Privatunternehmen, die zeitgenössische Kunst fördern.
Tel.: 01/402 25 24, www.viennaartweek.at

VIENNA DESIGN WEEK

curated by_vienna

curated by_vienna ist ein Galerienfestival in Wien. 20 teilnehmende Galerien laden internationale Kuratorinnen und Kuratoren nach Wien ein, um in ihren Galerien Ausstellungen zu einem spezifischen Thema zu kuratieren: 1 Thema, 20 Kurator(inn)en und 20 unterschiedliche Perspektiven in 20 verschiedenen Galerien. Das Festival wird von der Wirtschaftsagentur Wien initiiert und läuft von September bis Mitte Oktober.
www.curatedby.at

WEITER AUF SEITE 180 →

Antje Mayer-Salvi

Gründerin und Chefredakteurin des C/O Vienna Magazines

Ihr Online-Magazine C/O Vienna widmet sich der Kreativszene. Wo entstehen neue spannende Projekte und Hubs im Bereich Urban Design, Architektur?
"Urban Design" auf britischem Niveau gibt es in Wien leider nicht. Ein spannender – weil eher improvisierter – urbaner Stadtraum ist das Donaukanalufer mit seinen Buden, Gaststätten und Bänken. Bei Sonnenuntergang am Wasser sitzen, ein Flaschenbier zischen, der Verkehr rauscht oben, die Donau fließt unten. Herrlich!

Was inspiriert Sie momentan am meisten in dieser Stadt?
Der 10. Bezirk! Dort wuselt es, dort findet das multikulturelle Leben statt, dass Wien ausmacht. Durch den neuen Hauptbahnhof und das Sonnwendviertel ziehen jetzt auch die Mittelstandsfamilien und Hippster ins einstige Arbeiterviertel und mit ihnen auch die Galerien und Ateliers. Ein Besuch am legendären Viktor-Adler-Markt ist ein Muss.

Wo trifft man die Kunst-, Kultur- und Kreativszene denn eigentlich?
Revival! Die trifft sich mittlerweile wieder in den schönen Kaffeehäusern vom Café Sperl bis zum genial-muffigen Café Heumarkt. Das abgeranzte Café Weidinger am Lerchenfelder Gürtel ist immer (wieder) hoch im Kurs. Liegt es daran, dass sich die neu eröffneten Lokale alle so ähneln? Sonst noch: Café Engländer, Filmbar im Österreichischem Filmmuseum, Loos Bar, Lazy Life, Le Troquet.

Die schönste Parkbank, um sich eine Verschnaufpause zu gönnen …
… ist eindeutig die gegenüber des Theuseustempels im Volksgarten. Da blickt man nämlich auf die marmorne Statue eines nackten, schönen Jünglings. Wenn dann die Rosen in den vielen Beeten noch blühen, ist man im Film.

www.co-vienna.com

Viktor-Adler-Markt – 10., Viktor-Adler-Markt / *Café Sperl* – 6., Gumpendorferstrasse 11 / *Café Heumarkt* – 3., Am Heumarkt 15 / *Café Weidinger* – 6., Lerchenfelder Gürtel 1 / *Café Engländer* – 1., Postgasse 2 / *Filmbar im Österreichischen Filmmuseum* – 1., Augustinerstraße 1 (im Gebäude der Albertina) / *Loos Bar* – 1., Kärntner Durchgang 10 / *Lazy Life* – 7., Burggasse 44 / *Le Troquet* – 7., Kirchengasse 18 / *Theseustempel im Volksgarten* – 1., Volksgarten / *Café Anzengruber* – 4., Schleifmühlgasse 19

HELMUTS ART CLUB

Helmuts Art Club

Wiener Kreativagentur, die in Zusammenarbeit mit Künstlern und Institutionen Kunstprojekte, Ausstellungen und Objekte organisiert und kuratiert.
Mehr unter: www.helmutsclub.com

sound:frame

Das sound:frame Festival setzt sich mit audiovisuellen Ausdrucksformen im musealen und performativen Kontext auseinander. Interkreativität und Vernetzung von Musikern, Künstlern und Theoretikern aus den Bereichen Visuals, Medienkunst, Architektur, Design und Musik bilden die Basis der jährlich wechselnden thematischen Orientierung des „Festival for audiovisual expressions". Die Schnittstellen von Bewegtbild und elektronischer Musik werden an verschiedenen Wiener Locations ausgelotet.
www.soundframe.at

Donaufestival

Top!

An jeweils zwei Wochenenden im Frühjahr findet im niederösterreichischen Krems eines der international spannendsten Festivals für zeitgenössische Kunst und Kultur statt. Grundpfeiler des Festivals bilden Performance und Musik, was jedoch keinerlei Beschränkung gegenüber anderen Kunstformen darstellt. Von Avantgarde bis Pop, von Aphex Twin über The Melvins bis Wiener Symphoniker und von Peter Weibel über God's Entertainment bis Santiago Sierra reicht das Spektrum der Künstler, die hier schon ihre Arbeiten vorgestellt haben.
Tel.: 02732/90 80 33, www.donaufestival.at

Forward Festival

Das Forward Festival für Kreativität, Design, Kommunikation und Interdisziplinarität versammelt jährlich die weltweit besten Köpfe dieser Genres, wie etwa die Designerin Paula Scher von Pentagram New York, das norwegisch/US-amerikanische Architekturbüro Snøhetta oder den Grafikdesigner Stefan Sagmeister und seine Partnerin Jessica Walsh, die den BesucherInnen Einblick in ihre Arbeitsprozesse und Erfolgsgeschichten geben.
More info: www.forward.com

Mode

MQ Vienna Fashion Week

Die Fashion Week findet Anfang September statt und bietet Kollektionspräsentationen von österreichischen Designerinnen und Designern. Neben den Shows werden auch Side-Events geboten. An einem Abend zeigt die Austrian Fashion Association die Kollektionen einer Auswahl an geförderten und für die Modepreise der Stadt Wien und des Bundeskanzleramts nominierten jungen Modedesignerinnen und -designern.
MuseumsQuartier, 7.,
Museumsplatz 1,
www.mqviennafashionweek.com,
www.austrianfashionassociation.at

Blickfang

Jungdesigner und Werkstätten präsentieren Designobjekte, Möbel und Accessoires. Der MINI Design Award wird vergeben. Kartenverkauf direkt im MAK.
www.blickfang.com

Fesch'Markt

Das Marktfestival verwandelt die Ottakringer Brauerei zweimal jährlich in einen Treffpunkt der unabhängigen Kreativszene und bringt dabei Kunst, Design, Performances und Partys zusammen. Junge Designlabels und Künstler

verkaufen hier Mode, Schmuck, Accessoires, Grafik, Produktdesign und bildende Kunst, Junggastronomen sorgen für das leibliche Wohl. Ergänzt wird der Markt durch wechselnde Side-Events an verschiedenen Zusatz-Locations.
Ottakringer Brauerei, 16., Ottakringerplatz 1, www.feschmarkt.info

Fotografie

ViennaPhotoBookFestival

Als Treffpunkt für Fotografen, Sammler, Buchhändler und Fans versteht sich das noch junge ViennaPhotoBookFestival. Obwohl es 2014 erst zum zweiten Mal stattfand, erhält es schon großen Zuspruch und vergibt nun mit dem ViennaPhotoBook-Award auch einen Förderpreis für junge Fotobuchkünstlerinnen und -künstler. Neben Ausstellungen und Buchverkauf laden spannende Lectures und ein Partyprogramm in die Galerien OstLicht und Anzenberger.
www.viennaphotobookfestival.com

Literatur

O-Töne

O-Töne ist ein beliebtes österreichisches Literaturfestival mit renommierten europäischen Schriftstellerinnen und Schriftstellern. Die Open-Air-Lesungen sind eine Plattform für Schriftsteller und an Literatur Interessierte. Es dauert von Anfang Juli bis Ende August.
MQ-Höfe, bei Schlechtwetter Arena 21, www.o-toene.at

Buch Wien

Die internationale Buchmesse bietet jedes Jahr im November ein umfangreiches Programm für Erwachsene, Jugendliche und Kinder. Im Mittelpunkt stehen Begegnungen mit Autorinnen und Autoren im Rahmen von Lesungen, Diskussionen und Vorträgen sowie die Vorstellung der Buchneuerscheinungen des Herbstes. Die Lesefestwoche als Abendschiene der Buch Wien findet an Veranstaltungsorten in ganz Wien statt, vielfach bei freiem Eintritt.
www.buchwien.at

Kriminacht

Die Wiener Kriminacht wird im September an zahlreichen Veranstaltungsorten in der ganzen Stadt abgehalten, darunter in vielen Kaffeehäusern. Österreichische Autorinnen und Autoren sowie internationale Krimistars lesen bei freiem Eintritt aus ihren Büchern.
www.kriminacht.at

Rund um die Burg

Das Literaturfestival bietet immer im Frühjahr Literatur im öffentlichen Raum, genauer gesagt zwischen Burgtheater und Café Landtmann. Hier lesen zahlreiche Autorinnen und Autoren aus ihren Werken, und Wiener Buchhändler präsentieren Neuerscheinungen. Der Eintritt ist frei.
www.rundumdieburg.at

MQ VIENNA FASHION WEEK

POPFEST WIEN

Musik

Jazz Fest Wien
Das Jazz Fest Wien ist ein modernes, urbanes Festival, das Jazz und verwandte Genres präsentiert. Es traten schon Jazzgrößen wie Keith Jarrett, Oscar Peterson und auch Stars wie R.E.M. oder Ray Charles auf. Orte: u.a. Wiener Staatsoper, Wiener Rathaus und die Hundertwasser-Fernwärmeanlage.
Ticket-Center, Tel.: 01/408 60 30,
www.viennajazz.org

Wien Modern
Wien Modern ist ein Festival für Musik der Gegenwart. Die Vermittlung und Kommunikation zeitgenössischer Musik wird dabei in den Mittelpunkt gestellt. Außerdem werden spannende Bühnenwerke und Eigenproduktionen uraufgeführt.
Orte: Wiener Konzerthaus, Dschungel Wien, Elektro Gönner u.v.m.,
www.wienmodern.at

Popfest Wien
Top!

Das Popfest Wien präsentiert jeden Sommer bei freiem Eintritt auf und rund um den Karlsplatz ein Wochenende lang die aktuell spannendsten österreichischen Acts. Seit 2013 sind jährlich wechselnde Kuratorinnen und Kuratoren aus der österreichischen Musikszene für das Programm verantwortlich. Besonders nett: die aufgrund des benachbarten Brunnens „Seebühne" genannte Open-Air-Bühne vor der Karlskirche.
www.popfest.at

Donaukanaltreiben
Das kostenlose Musik- und Kulturfestival entlang des Donaukanals findet an drei Tagen Ende Mai/Anfang Juni statt und bietet von der Franzensbrücke bis hinauf zur Spittelau ein buntes Programm aus Livekonzerten, DJ-Sets, Workshops und kulinarischen Erlebnissen. Besonders Eilige oder alle mit müden Beinen schippert das Wiener Bootstaxi von Location zu Location.
www.donaukanaltreiben.at

Waves Vienna
Das Club- und Showcase-Festival wird Anfang Oktober entlang des Donaukanals und im ersten Bezirk veranstaltet. Neben einigen etablierten Acts liegt der Fokus auf neuen, noch großteils unbekannten Bands, die es von Club zu Club zu entdecken gibt. Das Spektrum reicht dabei von Elektronik bis Alternative und Rock. Die Waves Vienna Music Conference ist Teil des Festivals und bietet Lectures, Panels und Workshops. Tickets für die Veranstaltungen sind online erhältlich.
www.wavesvienna.com

Wean Hean
Das seit 2000 im Frühjahr stattfindende Festival feiert das Wienerlied in all seinen Facetten – von ganz traditionell bis modern mit Einflüssen aus Blues, Pop und Klassik. Über einen Zeitraum von zwei Wochen geben zahlreiche Musiker an verschiedenen Orten in der Stadt ihr Liedgut zum Besten.
Ticketinfos auf derHomepage.
www.weanhean.at

Film

Viennale

Top!

Die Viennale ist ein österreichisches Filmfestival, das jährlich von Mitte Oktober bis Anfang November stattfindet. Gezeigt werden neue Filme aus aller Welt sowie nationale und internationale Premieren. Neben Spielfilmen aus unterschiedlichen Genres widmet man auch dem Dokumentarfilm und experimentellen Werken einige Aufmerksamkeit. Großer Beliebtheit erfreuen sich die historischen Retrospektiven in Zusammenarbeit mit dem Österreichischen Filmmuseum sowie die Tributes und Hommagen, die im Rahmen des Festivals bedeutende Persönlichkeiten aus dem Filmbiz nach Wien bringen. Dazu gibt es Diskussionen, Publikumsgespräche und viele gute Partys!

Tel.: 01/526 59 47, www.viennale.at

Filmfestival & Sommerkino auf dem Wiener Rathausplatz

Bei diesem Open-Air-Festival werden von Juni bis August bei freiem Eintritt Opern, Ballette sowie Weltmusik- und Jazzkonzerte auf einer riesigen Leinwand vor dem Rathaus gezeigt. Gastro-Stände mit Gerichten aus aller Welt sorgen für die kulinarische Untermalung.

www.wiener-rathausplatz.at/sommerkino.html

Kino unter Sternen, Kino wie noch nie, Kino am Dach

Im Sommer wird Wien zum Paradies für Freiluft-Filmfans. Die schönsten Orte, um sich unter freiem Himmel Klassiker der Filmgeschichte, Arthouse-Filme oder aktuelle Hollywood-Streifen anzusehen, sind Karlsplatz, Augarten und das Dach der Wiener Hauptbücherei.

Kino unter Sternen, Karlsplatz:
www.kinountersternen.at
Kino wie noch nie, Augarten:
www.kinowienochnie.at
Kino am Dach, Hauptbücherei:
www.kinoamdach.at/kino-am-dach/

Vienna Independent Shorts

Österreichs größtes Festival für Kurzfilm, Animation und Video bringt seit 2004 Ende Mai/Anfang Juni die besten internationalen und nationalen Kurzfilme auf die große Leinwand. Neben den Filmen, die in diversen Wettbewerbskategorien laufen, widmen sich kuratierte Programme einem Schwerpunktthema. Das Rahmenprogramm bilden Diskussionen und Partys.

Tickets online erhältlich, www.viennashorts.com

Diverse

Soho in Ottakring

Ursprünglich aus einer Künstlerinitiative entstanden, ist Soho in Ottakring ein Kunst- und Stadtteilprojekt, das alle zwei Jahre in Wiens 16. Bezirk durchgeführt wird. Das Festivalprogramm besteht aus einer bunten Mischung aus Konzerten, Kino, Ausstellungen, Gesprächen, Lesungen und Performances. Mitmachen ausdrücklich erwünscht!

www.sohoinottakring.at

VIENNALE

Edita Malovčić

Schauspielerin & Sängerin

Wie schön wäre Wien ohne die Wiener. Können Sie sich dem anschließen?

Man muss sich nur den Klischee-Wiener vorstellen: grantig, nörgelnd, überheblich. Genau diese Attribute finde ich manchmal erfrischend ehrlich. Man kann sich da so schön reiben. Es gibt aber auch das andere Wien – multikulti, jung und dynamisch.

Wienerlied oder The Vienna Sound – warum ist der wieder so populär?

Es gab immer Phasen, in denen die Welt ein Auge auf österreichische Musik geworfen hat. Ich denke da an Falco oder Kruder & Dorfmeister. Meine Theorie: dass dies alle 10 bis 20 Jahre passiert. In Ländern wie Frankreich oder Italien hat man seine Künstler immer gefeatured. Langsam passiert dass auch im deutschsprachigen Raum, auch ohne Schlager singen zu müssen.

Der Wiener Schmäh, wo gibt es den – im Leben und auf der Bühne?

Es gibt ein paar Cafés und Bars, in denen ich mich köstlich amüsieren kann. Eines davon ist das *Café Siebenbrunnen*, das meine Mutter führt. Seit über dreißig Jahren ist dieser Ort Bestandteil meines Lebens. Das Publikum ist sehr gemischt, vom Arbeiter bis zum Geschäftsmann. Die zweite Instanz ist die *Loos Bar* mit ihrer Geschäftsführerin Marianne Kohn, auch die Patin genannt – die hat immer die besten Geschichten parat, von Andy Warhol bis Helmut Lang.

Wo liegen Wiens kreative Ecken?

Im Prinzip sind es die Wohnzimmer der Menschen. Abgesehen davon ist das für mich der siebente Bezirk, die Läden sind hier nicht nur dem Mainstream verfallen. Gute Stimmung herrscht im Sommer am Donaukanal und im vierten und fünften Bezirk mit all den Cafés und dem *Naschmarkt*.

Café Siebenbrunnen – 5., Reinprechtsdorfer Straße 29 / *Loos Bar* – 1., Kärntner Durchgang 10 / *Naschmarkt* – 6., Rechte und Linke Wienzeile bis zur Kettenbrückengasse

© Flakon Augarten by Wendy & Jim

Architektur, Interiors Design

*EIN CROSSOVER VON
KUNST, DESIGN UND ARCHITEKTUR.
DAS WIENER FIN DE SIÈCLE MIT
HOFFMANN UND DER
WIENER WERKSTÄTTE IST IMMER
NOCH LEBENDIG UND WIRD VON
JUNGEN DESIGNERN NEU
INTERPRETIERT.*

„*LIFE IS SHORT*, art is long, architecture endless“ – dieser Leitspruch von *Friedrich Kiesler* wird noch lange gültig sein. Denn der Architekt und Forscher war ein visionärer Denker und hat vieles vorweggenommen, was in der Contemporary-Art-Szene längst selbstverständlich ist: nämlich ein Crossover von Kunst, Design und Architektur. Genau diese Themen rocken Wien und sollen das Sightseeing noch vielfältiger machen. Kiesler brachte schon 1924 das Geistesleben des Wiener Fin de Siècle mit Josef Hoffmann und der Wiener Werkstätte zusammen. Beides ist in Wien noch immer lebendig und wird von jungen Designerinnen und Designern neu interpretiert und diskutiert.

Kieslers Manifest „Jedes Element eines Gebäudes oder einer Stadt, ob es sich um Malerei oder Skulptur, um Inneneinrichtung oder technische Ausstattung handelt, wird nicht als Ausdruck einer einzelnen Funktion aufgefasst, sondern als Kern von Möglichkeiten, der eine Korrelation mit den anderen Elementen entwickelt […]“ wurde etwa mit Design von Architekt *Gregor Eichinger*, der in den 1980er-Jahren Vorreiter der neuen Wiener Designbewegung war, wunderbar ins Heute umgesetzt. Er interpretiert bei Architektur und Design Räume um und bezieht das soziale Milieu mit ein. Etwa bei seinem neuen flashig-bunten privaten Boudoir, zu sehen bei *Wohndesign Seliger.*

Auch der geplante Umbau des seit Eislaufgenerationen beliebtesten Platzes vor dem *Hotel InterContinental* wird noch lange für Unstimmigkeiten und eine große Baustelle sorgen. Hier vor Ort kann man sich das geplante Projekt vor Augen führen: Auf dem großen Areal, das neben dem Hotel aus den 1960er-Jahren auch den *Wiener Eislaufverein* beherbergt, soll bei der Umgestaltung ein Neubau in Form eines Wohnturms für Luxuswohnungen entstehen. Aber Hochhäuser in Wien sind so eine Sache. Auch das erste *Hochhaus* in Wien in der *Herrengasse*, bis heute ein Architekturjuwel, war damals heftig umstritten, mussten doch 1913 deswegen ein Palais der Familie Liechtenstein und der beliebte Bösendorfer-Konzertsaal weichen. Jetzt stellte die UNESCO-Kommission fest, dass das geplante Hochhaus am InterContinental-Areal nicht mit dem Welterbe-Prädikat für das historische Zentrum Wiens kompatibel ist. Denn der 73 Meter hohe Weinfeld-Turm würde das historische Barock-Panorama, den Canaletto-Blick, vom *Schloss Belvedere* Richtung Zentrum gefährden. Aber wer im Hotel InterContinental an der Bar unter dem prächtigen Kristallluster

cakesdose

© Kiesler Foundation

© Kiesler Foundation

mit Stadtparkblick einen Cocktail schlürft, wünscht sich vielleicht, dass die Zeit hier doch ein wenig stehen bleiben möge.

Ein weiteres Objekt, das im etwas desolaten Originalzustand auf seine Renovierung wartet, ist die fantastische *Villa Beer*, gebaut von Josef Frank. Die Villa aus den frühen 1930er-Jahren steht in einem großen, mittlerweile verwilderten Garten in der Hietzinger Wenzgasse. Garten und Villa verfallen, da sich der neue Besitzer und die Stadt nicht darüber einig werden, was mit dem Frank-Erbe passieren soll. Dafür kann man die etwa zur gleichen Zeit entstandene und neu renovierte *Werkbundsiedlung* im selben Bezirk besichtigen. Josef Frank übernahm 1932 die Gesamtleitung der Musterhaussiedlung und auch die Auswahl der eingeladenen Architekten, die dort 70 Häuser bauten. Heute noch greifen Möbeldesigner immer wieder auch auf Franks bekannte florale Interior-Entwürfe zurück. Wie etwa Architekt Eichinger, der eine Wohnzimmerbar, kunstvoll von Hand gefertigt, mit floralen Holzintarsien nach Josef Frank dekorierte (ebenfalls zu sehen bei Wohndesign Seliger). Auch die *Neue Wiener Werkstätte* ist aktueller denn je. So haben die *Wittmann Möbelwerkstätten* nicht nur eine Re-Edition der Sitzmöbel von Friedrich Kiesler produziert. Kürzlich schenkten sie dem *Museum für angewandte Kunst* 50 Skizzen und Zeichnungen des Architekten Josef Hoffmann aus ihrem Archiv. Wittmann, bekannt für Kooperationen mit jungen Architekten, fertigte auch die Sofas für das neueste Projekt der erfolgreichen Wiener Architektengruppe *BEHF*. Zu sehen im neuen *Wein & Co-Shop & Restaurant* nahe dem Wiener Stephansplatz, wo man jetzt umgeben von spannender Architektur und bequemen Sitzmöbeln bis Mitternacht essen und shoppen kann. Wie schön, dass Hoffmann, Frank, Kiesler & Co. bis heute mit den Entwürfen junger Designer und Architekten verbunden sind und so die Zukunft dieser Stadt mitgestalten.
— FLORENTINA WELLEY

Österreichische Friedrich & Lilian Kiesler Privatstiftung – 6., Mariahilfer Straße 1B / *Gregor Eichinger Offices* – 2., Praterstraße 33 / *Seliger GmbH* – 18., Gersthofer Straße 2C / *Hotel InterContinental* – 3., Johannesgasse 28 / *Wiener Eislaufverein* – 3., Lothringerstraße 22 / *Hochhaus Herrengasse* – 1., Herrengasse 6–8 / *Schloss Belvedere (Canaletto-Blick)* – 3., Prinz-Eugen-Straße 27 / *Villa Beer* – 13., Wenzgasse 12 / *Werkbundsiedlung* – 13., Woinovichgasse / *Neue Wiener Werkstätte* – 1., Schottenring 35 / *Wittmann Möbelwerkstätten* – 1., Friedrichstraße 10 / *Museum für angewandte Kunst (MAK)* – 1., Stubenring 5 / *BEHF Corporate Architects* – 7., Kaiserstraße 41 / *Wein & Co* – 1., Jasomirgottstraße 3

Architektur

Architektur im Ringturm

Egal, ob „Ungarn: Bauten der Aufbruchszeit" oder „Spätmoderne Slowakei: Gebaute Ideologie" – in Wiens zweitältestem Hochhaus aus den 1960er-Jahren (das älteste steht in der Herrengasse) finden immer wieder feine Architekturausstellungen, meist zum Thema sozialer Wohnbau, statt. Wer will, fährt im Haupthaus eine Runde mit dem Paternosteraufzug.

Ausstellungszentrum im Ringturm,
1., Schottenring 30, www.aitt.at,
Öffnungszeiten:
Mo–Fr 9.00–18.00, freier Eintritt

Hochhaus in der Herrengasse

Das erste Hochhaus in Wien, von Siegfried Theiss und Hans Jaksch 1932 erbaut, ist immerhin 50 Meter hoch – mit ein Grund für den scharfen Wind, der einem entgegenbläst, wenn man die benachbarte Rolltreppe bei der U-Bahn-Station Herrengasse hinauffährt. Wenigstens ein bisschen NYC-Flair in der Innenstadt, nicht zuletzt auch durch die Verjüngung des Baus nach oben, die für die frühen Skyscrapers in Manhattan typisch ist.

1., Herrengasse 6–8,
www.hochhausherrengasse.at

Loos-Haus, Loos Bar, Knize & Comp.

Auf den Spuren von Adolf Loos: Erst ein Besuch beim Loos-Haus am Michaelerplatz, das immer noch durch seine klare Modernität besticht – der Entwurf stammt aus dem Jahr 1909 –, danach in den elegantesten Laden Wiens, den Loos von 1910 bis 1913 gestaltete: zum berühmten Herrenausstatter Knize. Die großzügigen Umkleidekabinen laden zum Verweilen ein, dazu an einem Whisky nippen und Zigarillo rauchen – die Aschenbecher in den Kabinen sind schließlich noch original. Doch für einen guten Drink empfiehlt sich doch eher die Loos Bar, deren einzigartigem Charme sich auch Stars wie Quentin Tarantino – während seines Wien-Besuchs war die Loos Bar sein verlängertes Wohnzimmer – nur schwer entziehen können.

Loos-Haus: 1., Michaelerplatz 3
Knize & Comp.: 1., Graben 13
Loos Bar: 1., Kärntner Durchgang 10
www.loosbar.at

Postsparkasse

Das achtstöckige Gebäude ist ein Jugendstil-Juwel und eines der meistfotografierten Bauwerke von Otto Wagner. Zwischen 1904 und 1906 erbaut, verwendete Wagner die damals neuen Materialien Stahlbeton und Aluminium. Die gesamte Fassade ist mit quadratischen

WU CAMPUS

Marmortäfelchen und Aluminiumapplikationen belegt.
1., Georg-Coch-Platz 2,
Tel.: 01/599 05, www.ottowagner.com,
Öffnungszeiten: Mo–Fr 8.00–17.30

UNIQUA Tower

Der Tower des Architekten Heinz Neumann ist mit seinen Lichtspielen an der Fassade sicher das konsequenteste Bauwerk österreichischer Medienarchitektur. Die weiten Glasfronten der Konzernzentrale signalisieren Offenheit. Das bunte LED-Spiel genießt man am besten beim abendlichen Spaziergang am Donaukanal.
2., Untere Donaustraße 21

WU-Campus

Top!

In vier Jahren Bauzeit entstand auf dem Gelände zwischen Messe und Prater ein moderner Campus. Um das zentrale Library & Learning Center gruppieren sich fünf Gebäudekomplexe, geplant von internationalen Stararchitekten wie Zaha Hadid und Hitoshi Abe, darunter auch die Österreicher BUSarchitektur. Neben klassischen universitären Bereichen finden sich auf dem Campus auch ein Café, eine Bäckerei, ein Supermarkt, Buchhandlungen, ein Kindergarten und ein Sportzentrum. Imposant ist die Fassade aus Cortenstahl.
WU (Wirtschaftsuniversität Wien), Vienna University of Economics and Business, 2., Welthandelsplatz 1,
Tel.: 01/313 36-0, www.wu.ac.at/campus

Haus Wittgenstein

Top!

Das Haus Wittgenstein in Wien gilt als einer der Marksteine der Baukunst des 20. Jahrhunderts. Paul Engelmann, ein Schüler von Adolf Loos, wurde 1925 von Margarethe Stonborough mit der Planung des Stadthauses betraut. Der Bruder der Auftraggeberin, der Philosoph Ludwig Wittgenstein, wurde auf Wunsch wenig später in die Planungsarbeit einbezogen. In der Ausführung manifestiert sich seine eigenwillige und einzigartige Architektursprache: vom Raumbegriff bis zum Detail einer Bodenfuge. Eine Baukunst, die den Eindruck von elementarem Bauen vermittelt, aber gleichzeitig von feinnerviger Künstlichkeit zeugt. Heute beherbergt das Haus das bulgarische Kulturinstitut, ist aber auch für Ausstellungen oder Veranstaltungen zu mieten.
Haus Wittgenstein, Kulturabteilung der bulgarischen Botschaft, 3., Parkgasse 18,
Tel.: 01/713 31 64,
www.haus-wittgenstein.at,
Öffnungszeiten für Hausbesichtigungen: Mo–Fr 7.00–22.00, Sa 7.00–18.00 (Ferien siehe Website) sowie nach Voranmeldung

21er Haus

1962 wurde der von Karl Schwanzer 1958 für die Weltausstellung in Brüssel gebaute Pavillon als Museum eröffnet. 2011 wurde es von Adolf Krischanitz umfangreich saniert und zum 21er Haus umgestaltet. Das Untergeschoß wurde freigelegt und das Gebäude, das von der Österreichischen Galerie Belvedere bespielt wird, durch einen Turm ergänzt.
Schweizergarten, 3., Arsenalstraße 1,
www.21erhaus.at, Öffnungszeiten:
Mi–So 11.00–18.00, Mi, Fr bis 21.00

WEITER AUF SEITE 196 →

Nadja Zerunian

—

Designerin

—

Welche DNA hat Wien im Vergleich zu Städten wie London, Paris oder New York?

Wien hat ein zugängliches und eklektisches kulturelles Angebot. Die *Viennale*, die *Vienna Design Week*, die *Festwochen*, um nur ein paar zu nennen. Die sympathische Größe und die Vielfalt an Kulturen lassen Platz für Kreativität und tolle Initiativen. Nach Jahrzehnten im Ausland bin ich zuerst zaudernd, aber nun doch eine begeisterte Wienerin geworden.

Wohin gehen Sie in Wien, wenn Sie sich für Ihre Arbeit inspirieren lassen wollen?

Für den echten Kickstart oder um die Rastlosigkeit zu zähmen, verstecke ich mich an der Theke vom *Demel* und spiele große weite Welt.

Handwerk ist das Um und Auf bei Ihrer Arbeit – welche Werkstätten in Wien lieben Sie besonders?

Die absoluten Favoriten sind die *Metallwerkstatt Hufnagl & Söhne* und die *Kunstspenglerei Ludwig Kyral*: Immer ein großes Lächeln, nix ist ein Problem, alles ist möglich. Großartig.

Wo suchen Sie Erholung? Was sind Ihre Lieblingsplätze oder geheimen Orte?

Am liebsten gönne ich mir einfach so zwischendurch immer wieder ein paar Minuten im *Theseustempel* bei den von Jasper Sharp fantastisch kuratierten Ausstellungen.

Welche Souvenirs aus Wien entsprechen Ihren Ansprüchen an gutes Handwerk?

Die *Altmann & Kühne*-Schätze sind immer die perfekte kleine Verführung! Ein anderes prachtvolles Mitbringsel sind natürlich die Alpha-Becher von *Lobmeyr* – da kann man klein anfangen und jeden zur Sucht erziehen.

www. zerunianandweisz.com

www.viennale.at / *www.viennadesignweek.at* / *www.festwochen.at* / *Demel* – 1., Kohlmarkt 14 / *Metalldesign Hufnagl & Söhne* – 12., Schallergasse 7 / *Kunstspenglerei Ludwig Kyral* – 14., Cumberlandstraße 24 / *Theseustempel* – 1., Volksgarten / *Altmann & Kühne* – 1., Am Graben 30 / *J. & L. Lobmeyr* – 1., Kärntner Straße 26

Stadtbahnstationen von Otto Wagner, 1894–1898
Nicht nur in Paris haben die Metro-Stationen Charme. Die von Otto Wagner gestalteten Wiener Stadtbahnstationen zählen zu den Musterbeispielen des Jugendstils – das Apfelgrün des Holzes und Metalls hat noch immer Signalwirkung. Acht der historischen Bauwerke sind original erhalten. Am bekanntesten ist jenes am Karlsplatz, in dem sich ein Café befindet.
Wien Museum, Otto-Wagner-Pavillon, 4., Karlsplatz, Tel.: 01/505 87 47-85177, www.wienmuseum.at, Öffnungszeiten: März–Oktober: Di–So, Feiertag 10.00–18.00, geschlossen: 1. Mai sowie an allen Feiertagen, die auf einen Montag fallen

Gasometer
Die vier Architekten Jean Nouvel, Coop Himmelb(l)au (Wolf D. Prix), Manfred Wehdorn und Wilhelm Holzbauer revitalisierten jeweils einen der vier ehemaligen Gasbehälter aus dem Jahr 1896. Hier kann man einkaufen, ins Kino gehen, essen und natürlich auch wohnen. Mit der U-Bahn nur 15 Minuten vom Stephansplatz entfernt.
11., Guglgasse 8, www.gasometer.at

KLASSIKER SCHLOSS SCHÖNBRUNN
Nicht von ungefähr die beliebteste Sehenswürdigkeit Wiens. Kaiserin Sisis ehemalige Sommerresidenz bezaubert mit ihrer wunderbaren Parklandschaft. Abseits des barocken Palasts sind auch der Tiergarten – der älteste noch bestehende Zoo der Welt – und die Gloriette auf dem Hügel oberhalb des Schlosses sehenswert. Das Schloss und seine Gärten dienten auch zahlreichen Filmproduktionen als Schauplatz, unter anderem dem James-Bond-Film Der Hauch des Todes, Marie Antoinette *mit Kirsten Dunst und den drei* Sissi-*Filmen mit Romy Schneider. Der Eingangsbereich zum Schlosspark wurde von den s & s Architekten neu adaptiert.*
13., Schönbrunner Schlossstraße 47, Tel.: 01/811 13-0, www.schoenbrunn.at Ticketverkauf & Einlass in die Prunkräume ab 8.00

Sandleitenhof

Die 1.531 Wohnungen wurden zwischen 1924 und 1928 errichtet. Die Architekten Josef Tölk, Emil Hoppe, Siegfried Theiß, Franz Matuschek, Franz von Krauß, Otto Schönthal und Hans Jaksch realisierten erstmals ein neues Bauprogramm für menschenwürdige Wohnungen: hell, trocken, mit Wasserleitung und WC. Noch heute gilt dieser Wohnbau als vorbildlich, denn die kommunale Wohnhausanlage in Ottakring war wie ein eigenständiges Dorf konzipiert: mit Geschäften, Cafés, einer Kirche, einer Bank, einer Post und vielen sozialen Räumen für Sport und Spiel. Seit 2014 wird das Viertel mit dem lokalen Charme vergangener Zeiten revitalisiert. Viele junge Künstler leben schon jetzt im Umfeld.
Wohnhausanlage Sandleiten, 16., Sandleitengasse 43–47, Rosenackerstraße 2–24., Rosa-Luxemburg-Gasse 1–9, Liebknechtgasse 36, Gomperzgasse 1–5, www.wienerwohnen.at/hof/193/ Wohnhausanlage-Sandleiten.html

DC-TOWER

MAK – Expositur Geymüllerschlössel

Das Geymüllerschlössel in Pötzleinsdorf wurde 1808 im Auftrag des Wiener Bankiers Johann Jakob Geymüller (1760–1834) als „Sommergebäude" errichtet. Hier atmet man den Geist verschiedener Epochen, denn zwischen originalen Möbeln aus dem frühen 19. Jahrhundert werden zeitgenössische Kunst und Design ausgestellt. 1997 wurde Hubert Schmalix' Skulptur „Der Vater weist dem Kind den Weg" (1996) im Park der Anlage aufgestellt, 2004 der Skyspace „The Other Horizon" (1998/2004) des amerikanischen Künstlers James Turrell.
18., Pötzleinsdorfer Straße 102, Tel.: 01/01/71 13 62 31, www.mak.at, Öffnungszeiten: Mai bis Dezember jeweils So 11.00–18.00 (genauer Zeitraum siehe Website)

Karl-Marx-Hof

Top!

Der Karl-Marx-Hof wurde in den Jahren 1927 bis 1930 errichtet. Architekt war der Stadtbaumeister Karl Ehn, ein Schüler Otto Wagners. Der Gebäudekomplex umfasst ca. 1.350 Wohnungen und ist einen Kilometer lang. Aufgrund der Ausdehnung wurde er auch „Ringstraße des Proletariats" genannt. Der Karl-Marx-Hof hat wie andere Gemeindebauten dieser Zeit einen gewissen Festungscharakter: Torbögen, kleine Fenster, strategisch wichtige Lage an einer Einfahrtsstraße. Seit 2010 beherbergt der Waschsalon Nr. 2 in der Halteraugasse 7, wo im Erdgeschoß immer noch Wäsche gewaschen wird, eine Dauerausstellung zur Geschichte des „Roten Wien".
19., Heiligenstädter Straße 82–92, www.wienerwohnen.at/hof/220/ Karl-Marx-Hof.html

Donau-City

Zwischen Donau und UNO-City wurde ein reizvoller Kontrast zum historischen Wien geschaffen. Die signifikantesten Gebäude sind der Ares-Tower des Architekten Heinz Neumann und der Andromeda-Tower von Wilhelm

Holzbauer. Weitere Hochhäuser stammen unter anderem von Coop Himmelb(l)au, Delugan Meissl und Hans Hollein. Der Masterplan für das multifunktionale neue Stadtzentrum am linken Donauufer stammt von Adolf Krischanitz und Heinz Neumann.
22., Donau-City-Straße 7, www.viennadc.at

DC-Tower
Die DC-Towers (Donau-City-Towers) sind zwei vom französischen Architekten Dominique Perrault entworfene Wolkenkratzer in der Wiener Donau-City. Der DC-Tower 1 ist das höchste Gebäude Österreichs, mit 250 Meter Höhe allerdings nur der zweithöchste Turm Wiens (Nummer 1 ist nach wie vor der Donauturm mit 252 Meter). Der Bau seines kleinen Bruders, DC-Tower 2, ist bereits in Planung, wird allerdings nicht vor 2017 beginnen. Sehenswert: das Hotel Meliá Vienna mit einem luxuriösen Café im Foyer sowie Restaurant und Bar auf dem Dach mit der Aussichtsterrasse und einem fantastischen Blick über Wien.
22., Donau-City-Straße 7, www.dctowers.at

Design

MAK *Top!*
Das Museum für angewandte Kunst beherbergt neben einer Schausammlung zeitgenössischer und angewandter Kunst mit baulichen Interventionen von Künstlern wie Heimo Zobernig, Hermann Czech oder Jenny Holzer auch eine umfangreiche Studiensammlung. Die Museumsobjekte – von 1900 bis zur Gegenwart – sind in einheitlichen Vitrinen zu besichtigen und nach Material wie Glas, Keramik, Textil etc. geordnet. Besonders spannend: Das neue, vom Designstudio EOOS gestaltete MAK Design Labor erweitert den im 20. Jahrhundert geprägten Designbegriff auf frühere Epochen und versteht sich als offenes Labor, das sich stets wandelt und Neues bietet.
1., Stubenring 5, Tel.: 01/71 13 60, www.mak.at, Öffnungszeiten: Di (MAK NITE©) 10.00–22.00, Mi–So 10.00–18.00, Mo geschlossen

Auktionshaus Dorotheum *Top!*
Zum Ersten, zum Zweiten und zum Dritten! Wer Lust am Mitsteigern hat, muss ins Palais Dorotheum gehen. Das 1707 gegründete Auktionshaus ist das größte für Kunst und angewandte Kunst im deutschen Sprachraum. Es finden dort fast täglich Auktionen statt. Hier gibt es alles, was das Samm-

lerherz begehrt: Gemälde, Skulpturen, Design, grafische Arbeiten, Porzellan und Schmuck aus verschiedenen Jahrhunderten und sogar Pelze. In der Galerie kann man auch unabhängig von Auktionen Antiquitäten erwerben.
1., Dorotheergasse 17, Tel.: 01/515 60-0, www.dorotheum.com, Öffnungszeiten: Mo–Fr 10.00–18.00, Sa 9.00–17.00, an So während der Auktionswoche 14.00–17.00

Artcurial

Top!

Artcurial ist eines der größten europäischen Auktionshäuser mit internationalem Anspruch. 2014 eröffnete man in Wien das dritte Büro innerhalb Europas. Der Standort fungiert als Treffpunkt der Kunst- und Kulturszene und bietet ein breit gefächertes Programm von Buch- oder Werkpräsentationen bis zu Ausstellungen. Tipp: Während der „Artcurial Expertentage" (mehr Informationen siehe Homepage) kann man hier seine Kunstwerke unentgeltlich schätzen lassen.
1., Rudolfsplatz 3, Tel.: 01/535 04 57, www.artcurial.com/en/artcurial-austria, Öffnungszeiten: Mo–Fr 9.30–12.30, 14.00–18.00 (Bitte um telefonische Voranmeldung)

Kiesler Stiftung

Immer wieder zeigt die private Stiftung interessante Ausstellungen von Designern und Architekten vergangener Epochen wie Paul T. Frankl, einem Wiener Designer in New York und Los Angeles. Außerdem sind die seltenen Entwürfe und Re-Editionen des Designers, Architekten und Künstlers Friedrich Kiesler zu sehen.
Österreichische Friedrich und Lillian Kiesler Privatstiftung,
6., Mariahilfer Straße 1B/Top 1,
Tel.: 01/513 07 75, www.kiesler.org,
Öffnungszeiten: Di–Fr 9,00–17,00 sowie nach Vereinbarung

Hofmobiliendepot – Möbel Museum Wien

Das Hofmobiliendepot beherbergt eine hochkarätige Möbelschau vom Barock bis zur Wiener Moderne und zu zeitgenössischem österreichischem Möbeldesign. Ein Sis(s)i-Pfad führt durch die Dauerausstellung „Sissi im Film – Möbel einer Kaiserin".
7., Andreasgasse 7, Tel.: 01/524 33 57, www.hofmobiliendepot.at, Öffnungszeiten: Di–So 10.00–18.00, an manchen Montagen (siehe Website)

Shops – Die Klassiker

J. & L. Lobmeyr

Top!

Hier werden seit 1823 die Glaskultur und die Kunst der Lichtgestaltung perfektioniert. Das Stammhaus auf der Kärntner Straße ist eines der letzten original erhaltenen Häuser aus der Ringstraßenzeit. Neben den Entwürfen von Josef Hoffmann für Lobmeyr finden sich hier etablierte Marken wie Meißen, Augarten, Herend, Rosenthal, Robbe & Berking oder Cristofle. Daneben punktet das Traditionshaus mit seinen Kooperationen mit zeitgenössi-

WEITER AUF SEITE 202 →

J. & L. LOBMEYR

Angelika Fitz

—

Direktorin Architekturzentrum Wien

—

Wenn Sie Lust auf Wiens Multikulti-Gesellschaft haben, wohin gehen Sie dann?

Wenn es ums Essen geht, wird die kulturelle Vielfalt von fast allen geschätzt. Daher findet man inzwischen an vielen Ecken Lokale von Neo-Wienerinnen und -Wienern. Zwei möchte ich aber besonders hervorheben: Im *Purple Eat* am Meidlinger Markt und im *Habibi & Hawara* im ersten Bezirk kochen erst kürzlich nach Wien geflüchtete Menschen köstliche Gerichte aus ihren Heimatländern.

Zu welchen architektonischen Highlights schicken Sie Ihre Freunde, wenn sie auf Wien-Besuch sind?

Wiens soziale Wohnbauten sind ein Muss. Angefangen von den Ikonen des „Roten Wien" wie dem *Karl-Marx-Hof* über die *Werkbundsiedlung*, die Türme von *Alt-Erlaa* mit Schwimmbädern am Dach bis zu aktuellen Bauprojekten. Am besten beginnt man den Rundgang im *Architekturzentrum*: Die permanente Ausstellung zur österreichischen Architektur bietet die perfekte Einführung.

Was sind Ihre Lieblingslokale oder -orte?

An lauen Sommerabenden zieht es mich oft zur Donau. Ob *Alte Donau* oder *Donauinsel*: lauschige Lokale wie das *Neu Brasilien*, 20 Kilometer Stadtwildnis und ein Strand mit U-Bahn-Anschluss – das kann schon was.

Was macht Wien so speziell?

Kultur und Grün, Internationalität und erschwinglicher Wohnraum – in Wien lässt es sich auf hohem Versorgungsniveau wundervoll „raunzen". Aktuell sehe ich aber eine junge Generation, die die Dinge selbst in die Hand nimmt und die Stadt mitgestalten will. Das wird spannend.

Purple Eat – 12., Meidlinger Markt, Rosaliagasse / *Habibi & Hawara* – 1., Wipplingerstraße 29 / *Karl-Marx-Hof* – 19., Heiligenstädter Straße 82 / *Werkbundsiedlung* – 13., Lainz / *Wohnpark Alt-Erlaa* – 23., Anton-Baumgartner-Straße 44 / *Architekturzentrum Wien* – 7., Museumsplatz 1/13 / *Alte Donau & Donauinsel* – 22., in wenigen Minuten mit den U-Bahn-Linien U1 und U6 erreichbar / *Gasthaus Neu Brasilien* – 22., An der unteren alten Donau 61

schen Designern wie Tino Valentinitsch, Stefan Sagmeister oder Patrick Rampelotto.
1., Kärntner Straße 26,
Tel.: 01/512 05 08-88, www.lobmeyr.at,
Öffnungszeiten: Mo–Fr 10.00–19.00,
Sa 10.00–18.00

Augarten Flagship-Store
Ein Himmel voller Geschirr verursacht beim Eintreten ein zauberhaftes Klirren. Designer Philipp Bruni war für Umbau und Neugestaltung des Shops verantwortlich, wobei zeitgenössisches Porzellandesign neben kostbaren alten Stücke der k. u. k.-Manufaktur steht.
1., Spiegelgasse 3, Tel.: 01/512 14 94,
www.augarten.at, Öffnungszeiten:
Mo–Sa 10.00–18.00

Woka Lamps Vienna
Die Liste der Designer, für deren Arbeiten Woka die Herstellungsrechte besitzt, liest sich wie ein Who's who des Wiener Designhimmels. Neben Lampen von Josef Hoffmann und Koloman Moser findet man hier Decken-, Wand- und Bodenleuchten sowie Lüster von Adolf Loos, Otto Wagner und Carl Witzmann. Objekte junger Designer erweitern das Angebot.
1., Singerstraße 16, Tel.: 01/513 29 12,
www.woka.com,
Öffnungszeiten: Mo–Fr 10.00–18.00,
Sa 10.00–17.00

Zur Schwäbischen Jungfrau
Ein Juwel am Graben: Das von Hanni Vanicek geführte Geschäft ist seit 1720 der edelste Wäscheausstatter Wiens, wo der Legende nach schon Kaiserin Maria Theresia ihre Spitzentaschentücher bestellte und Lady Di und die Rockefellers noble Tisch- und Bettwäsche orderten – herrlich für Hochzeitsgeschenke. Ein Blickfang am Aufgang zur ersten Etage sind die „Jungfrau"-Gemälde von Johann Nepomuk Mayer und Johann Kupelwieser.
1., Graben 26, Tel.: 01/535 53 56,
www.schwaebische-jungfrau.at,
Öffnungszeiten: Mo–Fr 10.00–18.30.00,
Sa 10.00–17.00

BIOGENA FLAGSHIP-STORE

Design- & Interior-Shops

Biogena Flagship-Store
Ein großer Baum bildet das Zentrum des Raumes und zieht die Besucher direkt in die Welt der Medical Cosmetics hinein. Gemütliche Sitzgelegenheiten und eine Lagerfeuerstelle vermitteln, dass es in dem neuen Flagship-Store um Zeit für sich selbst und das eigene Wohlbefinden geht. In diesem Store-Konzept kann man sich in Ruhe mit den Mikronährstoffpräparaten „made in Austria" auseinandersetzen, sie direkt im Geschäft über Order-Screens auswählen und dann von einem Store-Roboter entgegennehmen. „Wir wollen mit unserem Angebot möglichst vielen Menschen ermöglichen, ein attraktives und fantastisches Leben zu führen", erklärt Biogena-Eigentümer Albert Schmidbauer.
1., Seilergasse 2,
Tel.: 01/391 00 10,
www.biogena.com
Öffnungszeiten: Mo–Fr 9.00–18.30,
Sa 9.00–18.00

Stamm Concept
Glas und Tafelkultur stehen im Mittelpunkt des kleinen Ladens bei der Peterskirche. Hier gibt es immer wieder Vernissagen von jungen Designern, die ihre neuen Objekte zeigen, etwa eine Dose von Jaime Hayón, der für Baccarat eine wunderbar raffinierte Symbiose von Kristallglas und Porzellan entwarf.
1., Landskrongasse 1, Tel.: 01/535 18 23, www.stamm.at, Öffnungszeiten: Mo–Fr 11.00–19.00, Sa 10.00–17.00

designfunktion
Wenn man Designklassiker schätzt oder sich einen innovativen, funktionellen Arbeitsbereich wünscht, ist man hier richtig. Der Treffpunkt für Architekten, Unternehmer und Privatpersonen hat zeitlose Eleganz von 1930 bis heute im Programm: Mies van der Rohe, Charles und Ray Eames, Le Corbusier, Charlotte Perriand, Eileen Gray, Jean-Marie Massaud, Franco Albini, Alfredo Häberli, Ron Arad, Konstantin Grcic, Jaime Hayón und viele mehr.
1., Bauernmarkt 12, Tel.: 01/533 29 87, www.designfunktion.at, Öffnungszeiten: Mo–Fr 9.00–18.00

prodomoWindows
Wer Richtung Graben unterwegs ist, sollte unbedingt in die Naglergasse einbiegen. Dort werden bei prodomoWindows – den Fenstern zur Stadt – immer wieder neue Themen in Szene gesetzt. Egal, ob Designklassiker, Outdoor- und Kunststoffmöbel, Leuchten, Handwerk oder junges Design.
1., Naglergasse 29, Tel.: 01/533 83 82, www.prodomowindows.at, Öffnungszeiten: Di–Fr 10.00–18.30, Sa 10.00–17.00, Mo geschlossen

Lederleitner Home *Top!*
Einst ein Kino, jetzt ein 600 Quadratmeter großer Concept-Store für Design, Geschirr und liebevoll zusammengestellte Lifestyle-Accessoires, u.a von La Bruket, Royal Copenhagen, See Concept und Riess, sowie gut ausgewählte internationale Zeitschriften und Bücher. Wer hier nicht fündig wird …

LEDERLEITNER HOME

1., Tuchlauben 7A, Tel.: 01/537 11 11, www.lederleitner.at, Mo–Fr 10.00–19.00, Sa 10.00–18.00

NWW – Neue Wiener Werkstätte Flagship-Store
Tradition, Handwerk, Design – die spannende Schnittstelle von jungen Designern und alter Handwerkskunst wurde vom Architekturbüro BEHF in Szene gesetzt. Im Shop finden sich sämtliche Wohnthemenwelten der österreichischen Möbelfirma: vom funktionellen Büro über die moderne Wohnküche bis zum futuristischen Hotelzimmer.
1., Schottenring 35, Tel.: 01/406 36 05, www.nww-flagshipstore.at, Öffnungszeiten: Mo–Fr 10.00–18.30, Sa 10.00–17.00

Vitra Showroom
Auf 750 Quadratmeter kann man hier Büro- und Wohnmöbelwelten durchwandern. Die Langlebigkeit von Materialien, Konstruktion und Ästhetik sind bei Vitra das Wichtigste – belegt durch die Möbelentwürfe von Charles und Ray Eames bis Alfredo Häberli oder Alberto Meda, die im 20. Jahrhundert

entstanden sind und seither nichts von ihrer Aktualität eingebüßt haben. Deshalb stellt man diese Klassiker noch heute her, obwohl man seit der ersten „Vitra Home Collection" (2004) auch vermehrt mit herausragenden Designern unserer Zeit zusammenarbeitet.
1., Schottenring 12, Tel.: 01/405 75 14, www.vitra.com, Öffnungszeiten: Mo–Fr 10.00–18.00, Sa 10.00–16.00

Scandinavian Design House
Wunderschöne Möbel für Garten und Terrasse, coole Accessoires für Küche und Wohnzimmer oder doch lieber ein tolles Bett von Hästens? Hier finden alle, die nordisches Design lieben, schöne Stücke. Auch im Programm: die PH-3-Pendelleuchte, ein Jubiläumsmodell von Louis Poulsen.
1., Rudolfsplatz 13a, Tel.: 01/533 23 62, www.scandinaviandesignhouse.at, Öffnungszeiten: Mo–Fr 10.00–18.00, Sa 10.00–17.00

MAK Designshop Top!
Geschenke, Spielzeug, Kataloge, Bücher, Design und Objekte der Wiener Werkstätte in allen Preisklassen. Mit seinem ausgewählten internationalen und jungen österreichischen Design sowie Klassikern und Neuentdeckungen zählt der MAK-Shop zu den Wiener Kompetenzzentren für Designprodukte.
1., Stubenring 5, Tel.: 01/711 36-228, www.makdesignshop.at, Öffnungszeiten: Di (MAK NITE©) 10.00–22.00, Mi–So 10.00–18.00 Mo geschlossen

Song Top!
Einer der schönsten Läden Wiens, gestaltet vom Architekten Gregor Eichinger – allein die Auslagen sind fast schon Kunstwerke. An den Wänden hängen Arbeiten von Franz Graf bis Marina Faust und Maison Martin Margiela Artisanal. Von Designer Paul Harden gibt es Kleider und Stühle und von Piet Hein Eek Recycling-Möbel und auch eine eigene Song-Möbellinie! Für extravagante Mode- und Designliebhaber ein Paradies und „not to be missed".
2., Praterstraße 11–13, Tel.: 01/532 28 58, www.song.at, Öffnungszeiten: Mo 13.00–19.00, Di–Fr 10.00–19.00, Sa 10.00–18.00

Rauminhalt Top!
Die Möbelgalerie setzt auf nationales und internationales Möbeldesign. Die Marmorfassade wurde von Robert Maria Stieg entworfen. Immer wieder werden Möbelentwürfe bekannter österreichischer Architekten und Designer, wie zum Beispiel Gustav Peichl, Carl Auböck, Johannes Spalt oder Patrick Rampelotto, in Ausstellungen präsentiert.
4., Schleifmühlgasse 13, Tel.: 0650/409 98 92, www.rauminhalt.at, Öffnungszeiten: Di–Fr 12.00–19.00, Sa 10.00–15.00

Patrick Kovacs
In kunsthistorischem Umfeld präsentieren sich auf rund 200 Quadratmetern ausgesuchte Wiener Möbel aus der Zeit des Biedermeier, Historismus und Jugendstils neben Objekten der 1920er- und 1930er-Jahre. Ausgewählte Möbelklassiker aus den Anfängen der Wiener Moderne von Josef Hoffmann, Koloman Moser oder Adolf Loos bilden den Fokus. Hier findet man auch gute 1950er-Jahre-Lampen.

VITRA SHOWROOM

RAUMINHALT

1., Lobkowitzplatz 1, Tel.: 01/587 94 74, www.patrick-kovacs.at, Öffnungszeiten: Mo–Fr 13.00–18.00

Mood

Der hübsche Laden von Michaela Thul und Markus Tüchler bietet ausgewähltes Design vieler renommierter Marken wie Edra, Porro, Vitra, Living Divani, Royal Botania oder Tom Dixon. Außerdem übernehmen die Shopinhaber auch die Planung von Büros, Anwaltskanzleien und Privatwohnungen. Im bezaubernden Innenhof werden Garten- und Terrassen-Outdoor-Neuheiten gezeigt.
4., Schleifmühlgasse 13, Tel.: 01/236 31 31, www.moodwien.at, Öffnungszeiten: Di–Fr 10.00–18.00, Sa 10.00–16.00

Lichterloh

Der Laden im sechsten Bezirk ist seit 1990 das Shoppingparadies für Design des 20. Jahrhunderts mit Schwerpunkt 1920er- bis 1970er-Jahre. Auf rund 700 Quadratmetern werden Klassiker Entwürfen unbekannter Designer gegenübergestellt. Es ist immer wieder schön und inspirierend, durch die Räume zu wandern.
6., Gumpendorfer Straße 15–17, Tel.: 01/586 05 20, www.lichterloh.com, Öffnungszeiten: Di–Fr 11.00–18.30, Sa 11.00–16.00

Tony Subal Contemporary

Hier gibt es französisches, italienisches und skandinavisches Design aus den 1950er-, 1960er- und 1970er-Jahren. Beratung für Restaurierung gibt es in der hauseigenen Werkstatt, und auch beim professionellen Sammlungsaufbau kann man sich beraten lassen.
6., Linke Wienzeile 70, Tel.: 01/512 19 81, www.tonysubal.com, Öffnungszeiten: nach Vereinbarung
1., Weihburggasse 11, Öffnungszeiten: Di–Fr 11.00–18.00, Sa 11.00–17.00

Designqvist

Der Hotspot für Liebhaberinnen des skandinavischen Vintage-Designs der 1950er- und 1960er-Jahre. Eyecatcher ist der Präsentiertisch in der Mitte des Ladens, auf dem fein säuberlich eine unglaubliche Sammlung an Besteck gezeigt wird. Zudem erfährt man im Blog der Halbschwedin und Besitzerin Sandra Nalepka auch mehr über Manufakturen, Materialien und Design.
7., Westbahnstraße 21, Tel.: 0680/504 70 00, www.designqvist.at, Öffnungszeiten: Di–Fr 13.00–19.00, Sa 11.00–17.00

Volta

Der Conceptstore von Cornelia Wedam-Liegler ist in die Siebensterngasse übersiedelt. Das Geschäft und auch das Angebot sind nun grö-

ßer. Die Auswahl bei Kleinmöbeln und Teppichen ist gewachsen, außerdem kann man sich hier auch hervorragend durch die verschiedensten minimalistischen Designobjekte schmökern.
7., Siebensterngasse 28,
Tel.: 0650/970 11 59,
www.voltavienna.com, Öffnungszeiten:
Mo–Fr 10.00–18.30, Sa 11.00–18.00

Die Sellerie

Top!

Vier Grafikdesigner bieten in ihrem Shop Design und Geschenke aller Art an – mit viel Liebe zum Detail selbst hergestellt und sorgfältig ausgewählt. Hier finden sich Fine Art Prints, Papierwaren, Wohnaccessoires und besondere Geschenkideen. Achtung: begrenzte Öffnungszeiten!
7., Burggasse 21/1, Tel.: 0660/777 37 66,
www.diesellerie.com,
Öffnungszeiten: siehe Homepage

MO music concept store

Auf der vergeblichen Suche nach herausragenden Lautsprechern für seine Hi-Fi-Anlage tat sich der Wiener Ronald Jaklitsch kurzerhand mit Porzellankünstlerin Anne Wolf zusammen. Heraus kamen in Handarbeit produzierte Kugellautsprecher aus dem traditionellen Material, die höchsten technischen und ästhetischen Ansprüchen gerecht werden. Ergänzt wird das MO-Sortiment durch weitere ausgesuchte Produkte rund ums perfekte Hörerlebnis.
7., Kirchengasse 40,
www.mo-sound.com, Tel.: 0699/19 52 02 07,
Öffnungszeiten: Mo, Mi–Fr 13.00–19.00,
Sa 13.00–17.00

l'adresse

Gefallen müssen die Artikel dem Mutter-Tochter Duo, so sehr, dass sie es selbst gern kaufen möchten – das ist das ausschlaggebende Kriterium, dem die Mode-, Möbel- und Accessoire-Artikel unterzogen werden. Die beiden sind aus Frankreich zugezogen, lieben Design und bieten an, was man sonst nirgendwo in Wien bekommt. Beim Stöbern entdeckt man Schätze aus Frankreich, Italien, Spanien und Brasilien.

JOHAN

7., Zollergasse 4, Tel.: 0676/6537911,
www.ladresse.at, Öffnungszeiten: Mo–Mi,
Fr 11.00–19.00, Do 11.00–20.00, Sa
10.00–18.00

Johan

Wohnen im Einklang mit der Natur, ohne auf Designansprüche verzichten zu müssen. Der neue Concept-Store in der Zollergasse leistet mit Möbeln einen Beitrag zu einer besseren Welt. Die Betreiber in ihrem 200 Quadratmeter großen Shop sind spezialisiert auf nachhaltiges Wohnen und führen Produkte namhafter nationaler und internationaler Designer wie Marco Dessi, Sebastian Herkner und Arne Jacobsen. „Alles, was du aussendest, kommt zurück", ist ihr Motto.
7., Wien Zollergasse 13, Tel.: 01/923 67 28,
www.johan-wohnen.at, Öffnungszeiten:
Di, Mi, Fr 10.00–18.00, Do 13.00–20.00,
Sa 10.00–17.00

Beranek Licht & Design

Der Laden in der Lerchenfelder Straße im achten Bezirk ist eine echte Wiener Institution, wenn es um Licht und Beleuchtungskörper geht.

8., Lerchenfelder Straße 18–24,
Tel.: 01/957 62 87, www.beranek.at,
Öffnungszeiten: Mo–Fr 9.30–17.45,
Sa 10.00–14.45

Fabbrica

Der Concept-Store präsentiert sich im Industrie-Look: Asphaltboden, rohe Ziegelwände, sichtbare Stahlträger und Beton. „So wird unser Konzept der ‚Fabrik' erlebbar", beschreiben Natascha Georgantas-Bletsas und Cornelius Bletsas ihren Store im Volksopernviertel. Hier findet man vor allem Designerstücke mit dem Schwerpunkt Polstermöbel. Dabei setzt das Duo vor allem auf maßgeschneiderte Lösungen und das Konzept einer echten Fabrik, wo der Kunde selbst in den Produktionsprozess eingreifen und zum Designer werden kann. Ergänzt wird das Portfolio mit Couchtischen, Stühlen, Esstischen, Leuchten, Teppichen etc.

9., Nußdorfer Straße 8,
Tel.: 01/310 34 06, www.fabbrica.at,
Öffnungszeiten: Mo–Fr 10.00–18.00,
Sa 10.00–14.00

Seliger

Top!

Die seit 1909 in Wien tätigen Möbelwerkstätten Seliger haben jetzt ihren Traum, Maßmöbel nach traditionellem Handwerk herzustellen und Möbelensembles zu produzieren, die nationale und internationale Designer exklusiv für Seliger entworfen haben, unter einem Dach verwirklicht. Im neu gestalteten Wiener Standort des Familienunternehmens dreht sich alles um bespoke furnishing. Neben Wohnaccessoires werden die Höhepunkte der Mailänder Möbelmesse gezeigt. Im „Chambres d'amis" präsentieren heimische Architekten und Designer ihre maßgeschneiderten Möbel von der Küche bis zum Vorzimmer. Darunter Gregor Eichinger, der mit einem pinkfarbenen Raum aus Kunststoff dem Boudoir wieder seine ursprüngliche Bedeutung zurückgibt: als Raum, der die Grenze zwischen Intimität und Öffentlichkeit neu definiert.

18., Gersthofer Straße 2C,
Tel.: 01/470 47 11-0, www.seliger.at
Öffnungszeiten:
Mo–Fr 9.00–18.00, Sa 9.00–13.00

Vintage

Bananas

Inmitten von Möbeln, Lampen, Tischen, Sesseln, Modeschmuck, Globen, Vasen und anderen Schätzen der Zeit zwischen 1950 und 1980 herrscht fröhliches Chaos. Es ist immer wieder herrlich, hier zu stöbern und mit Ernst, dem entspannten Besitzer, zu plaudern. Samstagvormittag kann es passieren, dass das Bananas zum Bersten voll ist – beliebter Treffpunkt illustrer Menschen, die zwischen Naschmarkt und Flohmarkt auf einen Café und einen Plausch vorbeischauen.

5., Kettenbrückengasse 15,
Tel.: 0664/312 94 49, www.bananas.at,
Öffnungszeiten: Di–Fr 13.00–18.00,
Sa 11.00–16.00

stereogram – Vintage Design Store

Von Art déco über Bauhaus und Pop-Art bis Memphis findet man hier Designklassiker von Le Corbusier, Arne Jacobsen oder Eero Saarinen.

SELIGER

Das Sortiment reicht vom berühmten Panton-Sessel über Artemide-Lampen bis hin zu anonymen Keramik- und Wanduhr-Schätzen.
5., Schönbrunner Straße 10, Tel.: 0699/19 20 12 33, www.stereogram.at, Öffnungszeiten: Mi–Fr 13.00–19.00, Sa 10.00–15.00

Vintagerie
Die Vintagerie ist in kurzer Zeit zur Institution für all jene geworden, die Vintage-Möbel, Lampen oder Accessoires lieben. Die netten Besitzer beraten gerne und laden schon mal auf ein Gläschen Prosecco ein, während man in den Hallen nach Schätzen stöbern darf.
6., Nelkengasse 4, Tel.: 0699/11 44 19 67 & 01/581 28 50, www.vintagerie.at, Öffnungszeiten: Mo–Fr 12.00–19.00, Sa 11.00–18.00

Galerie Zeitloos
Designklassiker des 20. Jahrhunderts mit einem Schwerpunkt auf den 1940er- bis 1980er-Jahren findet man in der Galerie Zeitloos. Von Lampen über Sitzmöbel bis Wohnaccessoires gibt es auf 250 Quadratmetern wirklich fantastische Dinge namhafter österreichischer und internationaler Gestalter, darunter Carl Auböck, Luigi Colani und Joe Colombo – perfekt restauriert, aber nicht billig!
7., Kirchengasse 44/Burggasse 47, Tel.: 0676/524 19 56, www.zeitloos.at, Öffnungszeiten: Mo–Fr 14.00–18.00, Sa 9.00–12.00 und nach Vereinbarung

Glasfabrik
Die Glasfabrik zeigt auf 2.000 Quadratmetern Altwaren, Antiquitäten und Kulturgegenstände im Originalzustand aus allen möglichen Epochen. Wer sich eine Wohnung mit persönlichen Einzelstücken einrichten möchte, ist hier richtig. Hier gibt es fast alles unter einem Dach.
16., Lorenz-Mandl-Gasse 25, Tel.: 01/494 34 90, www.glasfabrik.at, Öffnungszeiten: Di–Fr 14.00–19.00, Sa 10.00–14.00

Werkstätten & Manufakturen

Rudolf Scheer & Söhne Top!
Der Schuster stellt nicht nur seit Generationen weltbekannte Maßschuhe her. In dem original erhaltenen Geschäft aus dem 19. Jahrhundert lagern die Leisten von Kaiser Franz Joseph bis Jörg Immendorff. Der modern renovierte Keller und ein wunderbar gestaltetes Geschäft nebenan, in dem auch Contemporary Design gezeigt wird, sind sehenswert.
1., Bräunerstraße 4, Tel.: 01/533 80 84, www.scheer.at, Öffnungszeiten: Mo–Fr 10.00–18.00, Sa 10.00–16.00

Wiener Silber Manufactur
Das Unternehmen hat seine Wurzeln in einem der ältesten heimischen Kunsthandwerksbetriebe und blickt auf eine mehr als hundertjährige Geschichte zurück. 1882 gegründet, entwickelte sich die Manufaktur um 1900 zu einem wichtigen Partner der Wiener Werkstätte. Die Silberboutique in der Spiegelgasse bietet Highlights wie das „Besteck 135" nach einem Entwurf Josef Hoffmanns von 1902 oder Otto Prutschers „Besteck 181", eine Ikone des frühen Art déco. Es gibt aber auch zeitgenössische Entwürfe von Zaha Hadid, Erwin Wurm, Gregor Eichinger und Sebastian Menschhorn.
1., Spiegelgasse 14, Tel.: 01/513 05 00, www.wienersilbermanufactur.com, Öffnungszeiten: Mo–Fr 10.00–18.00 Sa 10.00–13.00

Porzellanmuseum im Augarten
Ein neues Museum mit wechselnden Porzellan-Ausstellungen und ein gemütliches Café zum Relaxen im Park mit Aussicht auf den Flakturm.
2., Obere Augartenstraße 1, Tel.: 01/211 24-200, www.augarten.at, Öffnungszeiten: Mo–Sa 10.00–18.00

feinedinge* *Top!*
Die Porzellanwaren der Wiener Manufaktur mit angeschlossenem Showroom erfreuen mit schlichten, aber außergewöhnlichen Formen und zarten Farben und Strukturen. Ob Tableware, Leuchtobjekte, Vasen oder filigraner Schmuck: Jedes einzelne der handgefertigten Produkte besticht mit viel Liebe zum Detail. Gleiches gilt für den liebevoll gestalteten kleinen Showroom, in dem das Stöbern besonders viel Spaß macht.
4., Margaretenstraße 35, Tel.: 01/954 09 18, www.feinedinge.at, Öffnungszeiten: Mo–Sa 10.00–18.00

Werkstätte Carl Auböck *Top!*
Der Maler und Designer Carl Auböck arbeitete einst für das Bauhaus. Heute führt die Auböck-Dynastie die Designmanufaktur bereits in vierter Generation weiter. Die wunderschöne Werkstätte im siebten Bezirk zeugt von handwerklichem Know-how und beherbergt auch ein umfassendes Archiv. Die Wohnaccessoires, hauptsächlich aus Horn, Leder, Messing oder Kork, werden bis heute produziert. Poetisch: die Bambus-Stehlampe, auf die Elfriede Jelinek die Hommage „Lampen am Stiel" verfasste.
7., Bernardgasse 21, Tel.: 01/523 66 31, Blog: http://werkstaette-auboeck.blogspot.com, www.werkstaette-carlauboeck.at

FEINEDINGE*

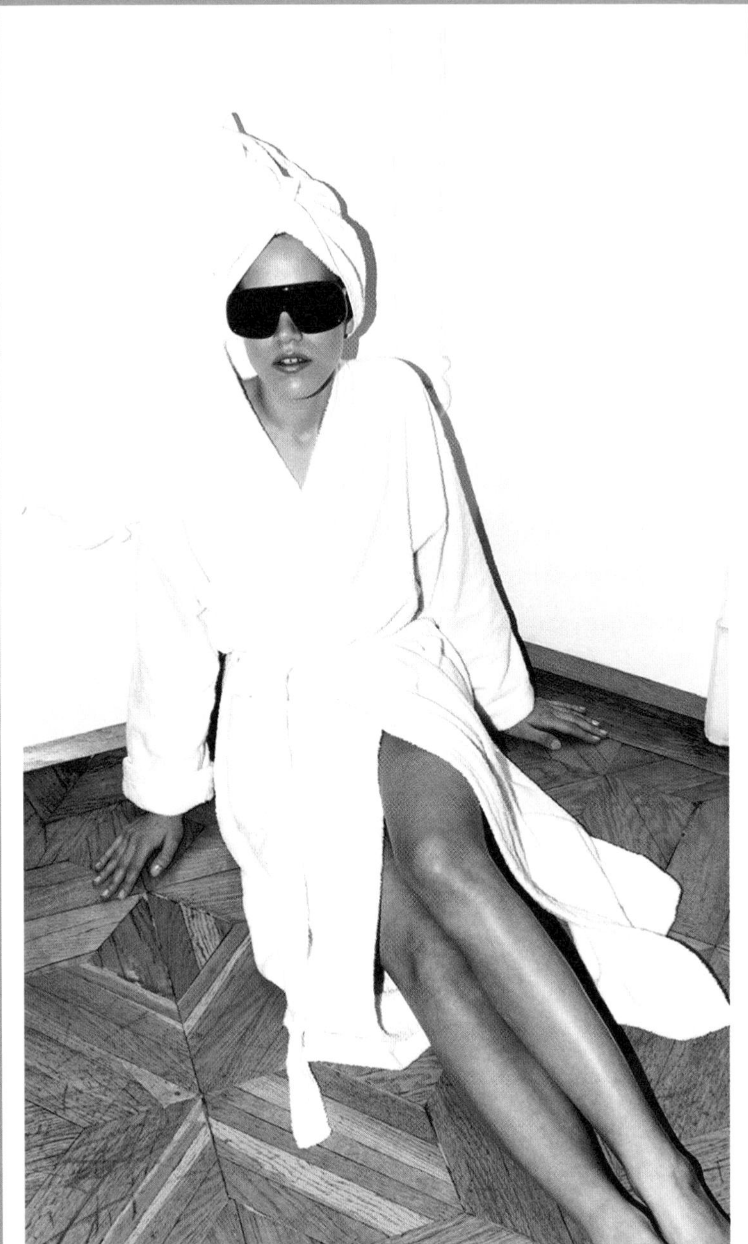

© Simon Baptist / Styling: S. Winkelmüller / Model: Nina@Wienermodels

Beauty & Entspannung

WIEN IST SCHÖN.
DIE WIENER FRAUEN SIND ES AUCH.
UND IN SACHEN DUFT UND
GREEN-GLAM HAT DIE STADT SOWIESO
DIE NASE VORNE.

WIEN ALS STADT war immer schon schön. Keine Frage. Und schöne Mädchen gab es hier auch schon seit jeher. Man denke nur an Kaiserin Sisi, deren Schönheit bis heute Horden von Touristen anlockt. Doch sie hatte Glück. Bei ihr waren es lediglich ein paar Hundert Bürstenstriche täglich, die sie brauchte, um ihr Haar zum Glänzen zu bringen, und auf das obligatorische Glas Milch für ihre rosigen Wangen, das sie jeden Tag um drei Uhr nachmittags trank, verzichtete sie ebenfalls nie. Da war sie konsequent.

Konsequent war aber auch Wiens Weg, die Welt der Beauty für sich zu erobern. Kurz vor dem Millennium war es so weit. Die Zeit der Concept-Stores brach an, und dazu gehörte eben auch, dem Mainstream ein wenig abzuschwören und nach chicen und wirkungsvollen Alternativen mit Nischencharakter zu stöbern.

Gleich neben dem Stephansdom wurde im November 1998 dann das eröffnet, was ein paar Jahre lang als der Heilige Gral für die Beauty-Aficionados galt. Der Name seiner Hohepriesterin war Nana de Bary, ihres Zeichens Pionierin, die einen klitzekleinen Store am Bauernmarkt 9 eröffnete, der mit einer Parfümerie im herkömmlichen Sinn so viel zu tun hatte wie ein Hightech-Laser mit einer Schlammpackung. Dabei war ihr Geschäft so winzig wie eine Kosmetikkabine, doch gleichzeitig groß genug, um uns ein neues Universum an Beautyprodukten zu eröffnen. Unser faltenfreier Blick auf die schönen Dinge des Lebens wurde neu geschärft. Halleluja! Es war das erste Mal, dass Naturkosmetik einen coolen Rahmen und ein rosafarbenes Logo bekam und Parfüms mit natürlichen Duftstoffen es schafften, Kultstatus zu erreichen. Kurz, die Damen der Stadt waren fortan genauso glücklich und schön wie die Jetsetterinnen, die zu Besuch kamen und deren mitgebrachte Calvin-Klein-Düfte im Gepäck ausgedient hatten. Plötzlich war da nämlich mehr als eine Ahnung, was es noch alles gab.

Nach diesem Startschuss wurde Wien aus seinem Schönheitsschlaf gerissen. Dufttempel wie *Le dix-neuf* oder *Kussmund* sind wahre Kleinode und bringen immer mehr Nischenparfüms in die Hauptstadt, die man sonst nur bei Liberty in London oder Colette in Paris in den Regalen findet. Aber nicht nur in Sachen Duft hat die Stadt rund um die Hofburg die Nase im Moment weit vorne. Auch beim neuen Trend zu naturnaher und veganer Kosmetik gibt es etwa mit dem Store *stattGarten* sowie der renommierten Parfümerie *Staudigl* jetzt Naturparfümerien, die dank Marken für Duft und Maquillage wie Terry de

be with
someone who
ruins your
lipstick
not your mascara

Gunzburg oder Pflegehypes à la L:A Bruket oder Tromborg aus Skandinavien die natürliche Schönheitspflege endgültig aus der Müsli-Ecke holen und sie zum Mittelpunkt des Clean Lifestyle adeln.

Sogar Walk-in-Beautystudios, nach denen es uns jahrzehntelang gelüstete, gibt es mittlerweile an fast jeder Ecke (etwa *BodyGO – wax and nail lounge*). Wir können uns jetzt in der Mittagspause die Nägel machen lassen wie in New York oder die Brauen nach Londoner oder Berliner Vorbild zupfen, harzen oder ganz spontan sugarwaxen lassen.

Ach ja, auch die Sache mit den Designerparfüms ist in die nächste Generation gegangen. Denn dank des Viennese Fragrance House *WienerBlut* lässt die heimische Parfumeurskunst jetzt auch Weltstädte von Los Angeles bis Tokio duften. Bei uns daheim gibt es die Kompositionen etwa im Tempel für Kristall, Glas und Tischkultur, *J. & L. Lobmeyr*. Kein Wunder, dass auch österreichische Labels von Weltrang wie Wendy & Jim oder Lena Hoschek bei ihren Parfüms auf die Duftdramaturgie von Alexander Lauber setzen.

Und wo wir gerade bei den Designern sind: Auch der Duft von Helmut Lang ist nach langen Jahren wieder zu Hause angekommen. Seine Parfüms gibt es (wieder) in Wien. *Nägele & Strubell* hat die Klassiker seit Kurzem wieder im Sortiment. Eine Heimkehr, die auch das Zitat von Romy Schneider als Sissi Lügen straft. Denn: Erinnerungen sind eben oft nicht das Schönste im Leben. Viel schöner macht uns die Vorfreude auf das, was wir von Wien in Sachen Beauty noch alles erwarten dürfen. — KATHARINA REMENY

Le dix-neuf – 1., Seilergasse 19 / *Kussmund* – 1., Habsburgergasse 14 / *stattGarten* – 4., Kettenbrückengasse 14 / *Staudigl* – 1., Wollzeile 4 / *BodyGO – wax and nail lounge* – 7., Andreasgasse 6 / *WienerBlut* – www.wienerblut.at / *J. & L. Lobmeyr* – 1., Kärntner Straße 26 / *Nägele & Strubell* – 1., Graben 27

© WienerBlut

NORD DU NORD
EAU DE PARFUM
SALE MARINO
EAU DE PARFUM
VOLKAMARIA
EAU DE PARFUM
NATURAL SPRAY
100 ML
3.4 FL. OZ.

SCHÖNMACHER – Beauty & Spas

The Ritz-Carlton Spa

Top!

Erfreulich, dass hier die naturverbundene Kosmetiklinie von Susanne Kaufmann angewendet wird, die moderne Wissenschaft und Wirkstoffe der alpinen Pflanzenwelt zur hochwirksamen Pflege kombiniert. Die Angebote sind auf moderne Zeitgenossen zugeschnitten: Ob ein Training in den frühen Morgenstunden, ein abendliches Fitnessprogramm oder Swimmingpool, Dampfbad und Sauna – im Spa des Ritz-Carlton ist für jeden etwas dabei.
1., Schubertring 5–7, Tel.: 01/311 88-423, www.ritzcarlton.com, Öffnungszeiten: Spa: täglich 6.00–22.00, Fitnessraum: 24 Stunden geöffnet, Behandlungen: täglich 10.00–20.30

Moser Milani MedSpa

Die beiden Gründer Dr. Shirin Milani und Dr. Veith Moser sind Fachärzte für plastische, ästhetische und rekonstruktive Chirurgie. Das Moser Milani MedSpa bietet kosmetische und medizinische Behandlungen unter einem Dach, von Massagen bis Gesichts- und Körperbehandlungen wie Lymphdrainage, Dermaroller, Peelings und vieles mehr.
1., Schottengasse 7/5, Tel.: 01/236 13 36, www.medspa.cc, Öffnungszeiten: Mo–Fr 9.00–19.00, Sa 9.00–17.00

Arany Spa im Park Hyatt Vienna

Das luxuriöse Spa im Park Hyatt verfügt neben einem 15 Meter langen Indoor-Pool, einem Gym mit neuester Fitnesstechnik, Sauna, Dampfbad und Saunarium über sechs großzügige Behandlungsräume, davon einen für Paare. Neben Gold, Energetic Stone oder Mother-of-Pearl-Anwendungen kann man auch Behandlungen wie Woman Rituals mit Massagen, Facials und Gesichts- oder Körpermasken mit Produkten von SkinCeuticals und Omorovicza wählen.
1., Am Hof 2, Tel.: 01/227 40-1130, www.spa-arany.at, Öffnungszeiten: täglich 7.00–22.00

Beauty Clinic

Top!

Mittels Stromimpulsen und den Power-Konzentraten von Biologique Recherche wird hier gestrafft, geliftet und geglättet. Beauty-Kennerinnen wissen, wovon hier die Rede ist: Das Verfahren „Biologique Recherche" wurde in Frankreich entwickelt, das Pariser Stammhaus befindet sich auf den Champs-Élysées

THE RITZ-CARLTON SPA

PARK HYATT VIENNA

und gilt als eine *der* Beautyadressen. Höchst erfreulich, dass es nun auch einen Ableger in Wien gibt.
1., Spiegelgasse 8/5, Tel.: 01/512 29 20, www.brclinic.at, Öffnungszeiten: Mo–Fr 10.00–19.00

ECO2SPA

Top!

Bei ECO2SPA gibt es wohltuende sowie verjüngende Gesichtsmassagen, Körperbehandlungen, Mani- und Pediküre sowie Make-up von Visagist Sergej Benedetter (nur nach Terminvereinbarung). Exklusive Produkte wie Valmont, Cellcosmet oder Maria Galland werden in Kombination mit modernsten Praktiken angewandt.
1., Parkring 12A, Tel.: 01/512 95 64, www.eco2spa.at, Öffnungszeiten: Mo–Fr 9.00–19.00, Sa nach Terminvereinbarung

nails2go

Das Spektrum an Verschönerungsmöglichkeiten reicht hier von Shellac über French Manicure, Hand- und Fußpeelings mit anschließender Massage bis zu Wimpernverlängerungen mit Seiden- und Nerzwimpern. Perfekt für spontane Beauty-Days mit Freundinnen. First come, first serve – ohne Voranmeldung!
1., Kleeblattgasse 11, Tel.: 01/890 84 23, www.laric2go.com, Öffnungszeiten: Mo–Sa 10.00–20.00

So Spa

Der fünfte Stock des von Jean Nouvel designten Sofitel Vienna Stephansdom ist ganz in Weiß gehalten. Aus Starter, Main und Desserts wählt man wie aus einer Speisekarte sein persönliches Spa-Programm. Das Treatment Arabian Dream verspricht ein Gefühl von Tausendundeiner Nacht, wobei dem Aufenthalt im Hamam ein Körperpeeling mit schwarzer Olivenseife, ein Bodywrap und eine entspannende Massage mit warmem Öl folgen. In der Ruhezone mit weißen Polsterliegen hat man einen herrlichen Blick auf das Deckengemälde von Pipilotti Rist.
2., Praterstraße 1, Tel.: 01/906 16-9406, www.sofitel-vienna-stephansdom.com, Öffnungszeiten: täglich 10.00–21.00

ECO2SPA

Sans Souci Spa Club

Das Sans Souci Spa bietet exklusive traditionelle und exotische Spa-Treatments, drei Saunen und ein Dampfbad. Hier wird die österreichische Naturkosmetiklinie Vinoble verwendet, die Silhouette-Körperbehandlung oder die hawaiianische Massage Lomi Lomi angewandt. Abgerundet wird das Angebot mit einem voll ausgestatteten Fitnessraum und einem 20-Meter-Sportschwimmbecken.

Hotel Sans Souci Wien, 7., Burgasse 2, Tel.: 01/522 25 20-795, www.sanssouci-wien.com, Öffnungszeiten: Day Spa: täglich 10.00–22.00, telefonische Voranmeldung erwünscht, Pool: 7.00–22.00, Behandlungen nach Vereinbarung bis 22.00, telefonische Voranmeldung erwünscht

Miss Nail

Die Profis in Sachen Nageldesign, klassischer Mani- und Pediküre sowie Shellac. Ein besonderes Highlight ist die Anti-Aging-Maniküre, bei der gegen Falten und Pigmentflecken pulsierender galvanischer Strom zum Einsatz kommt, der die Haut stimuliert und so das tiefere Eindringen von Pflegeprodukten in die Poren ermöglicht. Soforteffekt: prallere, gleichmäßigere Haut an den Händen.

8., Lerchenfelder Straße 156, Tel.: 01/405 29 61 und 9., Nußdorfer Straße 55, Tel.: 01/317 67 06, www.miss-nail.at, Öffnungszeiten jeweils: Mo–Fr 9.00–19.00

Help your Body

Die beiden Gesundheitscoachs Mag. Wolfgang Tomic und Susana Vacariu bieten Gesundheitsoptimierung und Anti-Aging von innen wie außen. Dabei setzten sie u.a. auf Technologien wie etwa einen Scanner, der den Antioxidantienlevel in der Zelle misst oder ein Spa-Gerät, das mit Heilstrom und individuell abgestimmten Hautpflegeprodukten gute Anti-Aging-Effekte erzielt.

9., Währinger Straße 24, Tel.: 0664/135 71 73, www.helpyourbody.at, Öffnungszeiten: Nach telefonischer Vereinbarung, weitere Informationen siehe Website.

Beauty & Haarpflege

TOPSI Beauty WoMen.Lounge

In der neuen Beauty WoMen.Lounge wird man auf 350 Quadratmetern von Kopf bis Fuß verwöhnt und verschönt. In gut ausgestatteten Kosmetikkabinen (eine davon speziell für Männer) wird Frau oder Mann auf Hochglanz gebracht. Dabei steht die Befriedigung individueller Schönheitsbedürfnisse an erster Stelle.

1., Kärntner Ring 5–7, Tel.: 01/512 52 50, www.topsi.at, Öffnungszeiten: Mo–Fr 10.00–19.00, Sa 10.00–18.00

Marionnaud

Die erste Anlaufstelle für Make-up, Parfüm und Pflege: Die Parfümerie, die ihren Ursprung in Paris, dem Ursprung der Schönheit hat, überzeugt mit Charme, Expertise und Nähe. Ob am MAC-Counter im Kaufhaus Steffl oder im Smashbox-Corner am Graben, schönheitsbewusste Kundinnen kommen hier auf ihre Kosten. Die professionellen Beauty-Profis beraten und erfüllen die Beautywünsche der Kundinnen, egal, ob glamouröses Make-up oder eine Auffrischung des Tages-Make-ups: Hier findet jede Kundin ihren Wunschlook.

Marionnaud Graben, 1., Graben 7, Tel.: 01/512 96 92, www.marionnaud.at, Öffnungszeiten: Mo–Fr 9.00–19.00, Sa 9.00–18.00
Marionnaud im Steffl, 1., Kärntner Straße 19, Tel.: 01/513 14 45, Öffnungszeiten: Mo–Fr 10.00–20.00, Sa 9.30–18.00

TOPSI BEAUTY WOMEN.LOUNGE

LE PARFUM

Douglas House of Beauty
Der Jo-Malone-Corner sowie die im oberen Stockwerk gelegene Chanel-Beauty-Kabine und das Nagelstudio werden dem Namen House of Beauty gerecht. Von SBTs Hightech-Kosmetik über Mavala-Nagellacke bis hin zu Bobbi-Brown-Make-up, einem eigenen Origins-Shop und dem einzigen Armani-Produkt-Counter der Stadt gibt es hier buchstäblich alles.
1., Kärntner Straße 17, Tel.: 01/512 42 41, www.douglas.at, Öffnungszeiten: Mo–Mi, Fr 9.00–19.00, Do 9.00–20.00, Sa 9.00–18.00

Le dix-neuf

Top!

Auf 14 kleinen, aber feinen Quadratmetern präsentieren sich hier herrliche Düfte internationaler Top-Parfumeure. Das Sortiment für Gourmet-Nasen – Insider-Marken wie Amouage, Montale, Byredo, Micallef, Nasomatto oder Histoires des Parfums – wird durch persönliche Besuche bei den Maîtres Parfumeurs permanent aktuell und spannend gehalten.
1., Seilergasse 19, Tel.: 01/890 63 66, www.ledixneuf.at, Öffnungszeiten: Mo–Fr 10.00–19.00, Sa 10.00–18.00

J. B. Filz
Hinter einem etwas unscheinbaren Eingang, den man schon gezielt ansteuern muss, um ihn nicht zu verfehlen, findet man sich in Wiens ältester Parfümerie wieder. 1809 vom ehemaligen k. u. k Hofparfumeur Jean Baptiste Filz gegründet, ist das „Duftg'wölb" bis heute unter familiärer Führung erfolgreich. Kompetenz und Wissen sind hier eine Selbstverständlichkeit.
1., Graben 13, Tel.: 01/512 17 45, www.parfumerie-filz.at, Öffnungszeiten: Mo–Fr 9.30–18.30, Sa 9.30–17.00

Le Parfum
In dem kleinen Boudoir-Shop trifft sich die Crème de la Crème der Parfümkunst. Byredo Gypsy Water aus Stockholm, Hanae Keiko Mecheri aus Japan oder Maison Francis Kurkdjians duftende Seifenblasen aus Paris sind nur ein paar der dargebotenen exquisiten Duftwässerchen aus aller Welt. Eine Überdosis an Duftmolekülen ist nicht zu vermeiden, aber das Aroma von Kaffeebohnen steht zum Neutralisieren der Nase parat. So kann dem olfaktorischen Genuss ausgiebig gefrönt werden.
1., Petersplatz 3, Tel.: 01/535 39 39, www.leparfum.at, Öffnungszeiten: Mo–Fr 10.00–19.00, Sa 10.00–18.00

Nägele & Strubell
Über die Landesgrenzen hinaus bekannt, besticht die Edel-Parfümerie mit ihrer gut sortierten Auswahl an Beauty-Favoriten: Kanebo, La Prairie, Clarins, Lancôme, Chanel, Dior und Co. Hochexklusiv ist das gleich nebenan in der

WEITER AUF SEITE 222 →

R&Bar – 7., Lindengasse 1 / *Le Troquet* – 7., Kirchengasse 18 / *Kulinarium* 7 – 7., Sigmundgasse 1 / *Volksgarten Pavillon* – 1., Volksgarten Pavillon / *Motto* – 5., Schönbrunner Straße 30 / *Peng! x Mode Talking Partys* – www.pengmag.com / *Zum Schwarzen Kameel* – 1., Bognergasse 5 / *Sophia Stolz* – www.cakeporntime.com

Lisa & Nina Haider

Sister Act PR-Agentur

Wie lässt sich das moderne Wiener Lebensgefühl beschreiben?
Lebenswert und liebenswert, mit allen Optionen. In Wien stehen einem alle Türen offen. Die Jugend kann kreativ sein und hat keine Sorgen. Wir leben hier im Paradies.

Lieblingsplätze am Spittelberg, das Grätzel, wo ihr euer Office habt?
Der Spittelberg, ein besonderer Ort - mitten in der Stadt und dennoch wie ein Dorf. In der Spittelberggasse gibt es einen Platz, mit Bäumen und einem Trinkwasserbrunnen. Setzt man sich dort auf die Bank und schließt die Augen, ist man sofort entspannt. Nach Feierabend machen wir gerne einen Stop im Rund, in der Lindengasse oder trinken ein Glas Crémant im Le Troquet, in der Kirchengasse. Bester Fisch der Stadt: Kulinarium 7 - ein kroatisches Fischlokal, zum „niederknien"!

Wo trifft man Wiens coolste Party Crowd?
Mai bis September, findet jeden Dienstag das Technocafe im Volksgarten Pavillon statt. Hier ist man immer „safe", wenn man Lust auf coole Crowd hat. Ein Klassiker, das Motto im 5. Bezirk. Unser absoluter Favorit in den Sommermonaten: Die peng! x Mode Talking-Partys, die immer an unterschiedlichen Locations stattfinden.

Wohin geht man auf ein Bier & ein Sandwich?
Wir lieben es traditionell. Da ist ein Besuch im Schwarzen Kameel ein absolutes Muss. Hier gibt es die weltbesten belegten Brötchen. Wir bestellen: 2 Mal Schinken-Kren, und zwei Mal Ei. Dazu ein Pfiff Bier.

Junge kreative Girls, die schon einiges auf die Beine gestellt haben...?
Für uns – the one and only: Sophia Stolz, auf Instagram unter „Stolzes" bekannt. Sie ist jung, super-kreativ und crazy-liebenswürdig. Eine Künstlerin mit Leib und Seele und das Tollste daran: Man kann ihre Kunstwerke essen. Sie ist eine Cake-Porn-Prinzessin.

Passage gelegene „La Mer Spa". Der Teint wird hier unter Einsatz von feinem Diamantenstaub und reinem Miracle-Broth-Elixier zum Strahlen gebracht.
1., Graben 27, Tel.: 01/533 70 22, www.naegelestrubell.at, Öffnungszeiten: Mo–Fr 9.00–19.00, Sa 9.00–18.00

Bio-Schönheits- & -Haarpflege

Kussmund

Top!

Bei Kussmund findet sich zum größten Teil biologische, in jedem Fall aber nachhaltig produzierte Kosmetik. Farbenfroh und leuchtend laden Produkte von Rodial, Tromborg, La Bruket, Verso oder Lederhaas zum Probieren ein und werden durch hübsche Accessoires ergänzt. Auch die Wimpernverlängerung ist sehr zu empfehlen (nur nach Terminvereinbarung).
1., Habsburgergasse 14, Tel.: 01/535 51 95, www.kussmund.wien, Öffnungszeiten: Mo–Sa 10.00–18.00

Naturparfümerie Staudigl

Top!

Die Créme de la Créme an Beautynaturprodukten findet man hier auf großzügigen 200 Quadratmetern. Alles was gut und nieschig ist, wie etwa die auf zahlreiche Hautprobleme abgestimmten Seren der Marke Skin Design London oder die schwedische Kultmarke Björk & Berries. Auch die Haar- und Hautprodukte des US-Labels Josh Rosebrook stehen hier im Regal und noch so vieles mehr. Das „Frauenzimmer" lädt mit rosa Neonschrift zu unterschiedlichen 20-minütigen „Skin-Work-Outs" und auch zum Augenbrauenstyling ein. Sicher einer der besten Natural Beauty-Stores der Stadt.
1., Wollzeile 4, Tel.: 01/512 82 12, www.staudigl.at, Öffnungszeiten: Mo–Fr 9.30–18.30, Sa 9.30–17.00

KUSSMUND

Aesop Store

Top!

„Wohlverdient – endlich ist Aesop auch in Wien gelandet. Beim Betreten duftet es nach Rosmarin und Zitrusfrüchten. Das Shopdesign oszilliert zwischen Labor und Galerie. Unübersehbar: Produkte, Interior und Packaging sind unglaublich perfekt aufeinander abgestimmt. Die australische Kultmarke steht eben nicht nur für Naturschönheit, sondern auch für einen visionären, zeitgeistigen und ebenso nachhaltigen Lebensstil.
1., Bauernmarkt 2A, Tel.: 01/8903071, www. aesop.com, Mo, Mi–Fr 10.00–18.30, Di 10.30–18.30, Sa 9.00.30–18.00

Wiener Seife

Top!

Das Geheimnis der Seifenherstellung ist jahrtausendealt. Einer der wenigen, der an der Tradition festhielt, war der Wiener Seifensieder Friedrich Weiss. Im Kaltrührverfahren stellte er wohlriechende und pflegende Seifen auf Kokosölbasis her. Seit 2006 führt Sonja Baldauf die Manufaktur. Seine persönliche Lieblingsseife kann man aus 70 köstlichen Kreationen wählen, wie etwa Bio-Olivenöl, Bio-Salzseife, Bio-Heilerde mit Lavendel, Lindenblüten oder Sisi-Veilchen.
3., Hintzerstraße 6, Tel.: 01/715 31 71, www.wienerseife.at, Öffnungszeiten: Mo–Fr 10.00–18.00, Samstag 10.00–16.00

stattGarten

Sind Sie auf der Suche nach ganz speziellen Mixturen für die natürliche Schönheit? Bei

WIENER SEIFE

stattGarten besteht die hohe Wahrscheinlichkeit, fündig zu werden. Dem Wunsch, „gut zur Haut sein" zu folgen, fällt bei der im Store vertretenen Auswahl an Eco-Beauty-Labels leicht. Das Beste aus der Natur gibt es zum Beispiel als Pflege von Madara Ecocosmetics, Haircare von John Masters Organics, Düfte von Eau d'Italie oder Make-up von Organic Glam.

4., Kettenbrückengasse 14, Tel.: 01/236 35 93, www.stattgarten.at, Öffnungszeiten: Mo–Fr 10.00–18.30, Sa 10.00–17.00

Saint Charles Cosmothecary & Hideaway

Top!

100 % Natur findet man bei Saint Charles in der Cosmothecary und im angeschlossenen Hideaway-Spa in zentraler Lage nahe dem Naschmarkt. Neben Label-Lieblingen wie Intelligent Nutrients, Weleda, The Organic Pharmacy, REN und Santaverde-Pflegelinien kann sich auch die Eigenmarke des Hauses sehen lassen. Probieren und gustieren ist erwünscht! Herrlich entspannend auch das Hideaway: Spa mit Santaverde-Ritual und den speziell auch auf die Schwangerschaft und die Bedürfnisse von jungen Müttern abgestimmten Weleda-Treatments.

6., Gumpendorfer Straße 33, Tel.: 0676/586 13 66, www.saint.info, Öffnungszeiten: Mo–Fr 11.00–18.30, Sa 10.00–17.00

Friseure

Die Wiener Friseure

Eniss Agrebi verschönert mit seinem Team die Köpfe der Stadt. Das Besondere an seinem Salon ist die Betonung des Nachhaltigkeitsgedankens. Die Wiener Friseure ist Österreichs erster Fairtrade-Friseursalon, ein CO_2-zertifiziertes Unternehmen und Partner von Aveda, der Naturkosmetiklinie.

1., Seilerstätte 22, Tel.: 01/403 03 13, www.diewienerfriseure.at, Öffnungszeiten: Di–Fr 10.00–20.00

Nude Hair

Top!

Zwei sympathisch unaufgeregte Frisiersalons, in denen Laura Slizkova, eine der besten Coloristinnen der Stadt, Hand anlegt und mit Produkten von Shu Uemura und ihrer eigenen Haircare-Linie Viden die Häupter verwöhnt.

SAINT CHARLES COSMOTHECARY & HIDEAWAY

LESS IS MORE & MINUSPLUS

4., Argentinierstraße 20A, Tel.: 01/504 82 63, www.nude-hair.com, Öffnungszeiten: Mo–Sa 9.30–19.00

Less is More & Minusplus *Top!*

In den Friseursalons Minusplus werden die Multitasker-Produkte von Less is More verwendet. Das Honig-Haar-Wachs kommt schon einmal als Lippenbalsam oder das Rosen-Kopfhaut-Serum als Gesichtspflege zum Einsatz. Die organische Haircare-Linie ist von Wien bis Tokio most wanted und auch via Onlineshop erhältlich. Höchste Effektivität, Wohlbefinden bei der Anwendung und der Respekt vor der Umwelt sind in diesen Salons an der Tagesordnung.

2., Taborstraße 11B, Tel.: 01/956 95 49 www.minusplus.company, Öffnungszeiten: Di, Mi 10.00–20.00, Do, Fr 10.00–20.00, Sa 10.00–16.00
6., Gumpendorferstraße 20, Tel.: 01/956 95 49
7., Lindengasse 27, Tel.: 01/956 95 49 Öffnungszeiten jeweils: Mo, Do 10.00–18.00, Di, Mi 10.00–19.00, Fr 10.00–20.00, Sa 10.00–15.00
7., Kirchengasse 22, Tel.: 01/956 95 49 Öffnungszeiten jeweils: Mo–Mi 9.00–20.00, Do, Fr 10.00–20.00, Sa 10.00–16.00

G-Room

Die beiden Salon-Spas von Renate und Martin Güntner sind Partner der Naturkosmetik-Marke Aveda und verwenden ausschließlich deren Produkte für Haar und Haut. Von Haarschnitt und Farbe über Facials und Body Treatments bis hin zu Make-up, Waxing und Maniküre/Pediküre kann man sich hier ganz im Sinne der Elemental Nature Philosophie von Aveda verwöhnen lassen und mit dem ganzheitlichen Pflegekonzept Körper und Geist in Einklang bringen.

6., Webgasse 39, Tel.: 01/595 15 68, www.g-room.at, Öffnungszeiten Di, Mi 10.00–19.00, Do, Fr 10.00–20.00, Sa 10.00–15.00

The Fringe

Einen guten Friseur zu finden ist Vertrauenssache. Bei The Fringe werkt Hairstylist Chris Yau und verpasst modernen Stadtmenschen präzise Haarschnitte und brillante Farben und kümmert sich auch um Wimpern und Augenbrauen. Und das mit viel Leidenschaft für die Sache und Produkten von John Masters.

8., Lange Gasse 2, Tel.: 0676/960 99 83, www.thefringe.at, Öffnungszeiten: Di–Fr 10.00–19.00, Sa 10.00–16.00

Julia persönlich *Top!*

Julia Nagele wollte eigentlich nie wieder als Friseurin arbeiten. Zu viel Stress, kein familienfreundlicher Beruf, am Wochenende arbeiten. Doch es gibt für sie nichts Schöneres, als wenn sich eine Kundin nach einem stressigen Arbeitstag und einem „Rundum-Styling" mit einer Umarmung bedankt, sagt sie und meint es auch so.

8., Strozzigasse 40, Tel.: 0676/330 93 73, www.juliapersönlich.com, Öffnungszeiten: Di–Sa 9.30–18.30

FITMACHER – Work-out

Femme Fitness

Abschalten, auspowern, trainieren – als Frau unter Frauen. Femme Fitness führte dieses Konzept als einer der ersten Clubs in Wien ein. Seit über zehn Jahren kann frau sich hier ungestört und in entspannter Atmosphäre auf ihre sportlichen Ziele konzentrieren

und die Männerwelt dabei einfach mal vergessen.
1., Kärntner Ring 11–13/63, Tel.: 01/512 10 20, www.femmefitness.at, Öffnungszeiten: Mo–Mi 7.00–22.00, Do, Fr 8.00–22.00, Sa, So, Feiertag 10.00–20.00

Malu

Dieses Studio ist sehr exklusiv, ein Salon lädt zum Verweilen vor oder nach dem Training bei einem Kaffee oder regenerativem Shake ein. Ein ausgeprägter Stundenplan, Personal Training und ein Spielplatz zum persönlich gestalteten Training sorgen für vielfältige Trainingsmöglichkeiten. Achtung: einige Aktivitäten sind nur für Mitglieder verfügbar, siehe Website.
1., Neutorgasse 16, Tel.: 01/5351234, www.malu.at, Öffnungszeiten: Mo–Do 6.00–23.00, Fr–So 6.00–21.00

crosszone – Functional Fitness

In den beiden crosszones innerhalb Wiens wird auf höchstem Niveau trainiert. Sandsäcke, Traktorreifen und Turnringe sind dabei neben klassischen Sportgeräten wie Medizinbällen und Langhanteln nicht unüblich. Spezielle Girls-Klassen!
1., Fischerstiege 9, Tel.: 01/361 68 00, www.crosszone.at, Öffnungszeiten: Mo–Fr täglich 6.00–20.00 für Mitglieder 19., Heiligenstädterstraße 31, Öffnungszeiten: täglich 6.00–22.00 für Mitglieder, weitere Informationen auf der Website

THE FRINGE

Supercycle

Supercycle ist ein dance-cycling Studio und ideal für alle die gern etwas Neues ausprobieren möchten. Von Pop bis Hip Hop werden hier die unterschiedlichsten Styles angeboten, wie sieht das aus? Während dem Spinning läuft Musik und zusätzlich zum Radfahren werden mit dem Oberkörper und den Armen Choreographien erarbeitet.
4., Wohllebengasse 4 & 7., Lerchenfelderstraße 63/22, www.supercycle.at, Öffnungszeiten: Stundenplan siehe Website

TI:KJU – Twerk & Dance Studio

Top!

Die Hüften wackeln lassen wie Beyoncé? Der Trend aus den USA hat es jetzt auch nach Wien geschafft. Das Twerk-out verbindet Elemente des „Twerking" mit einem Workout. Beim „twerken" stehen schnelle Bewegungen mit Hüfte und Po im Vordergrund. Auch das Erlernen von Body Isolations und Body Rolls sind Teil des Programms.
9., Nußdorfer Straße 69/1A, Tel.: 0660/477 02 23, www.twerkin.at, Öffnungszeiten: Mo–Do 16.00–21.00, Fr 17.00–20.00, Infos zur Kursanmeldung auf der Homepage oder telefonisch

Manhattan Fitness

Die Sporttempel mit integriertem Reha-Zentrum gibt es seit 27 Jahren. Das Angebot ist dementsprechend umfassend: vom klassischen Hanteltraining über Yoga, Aquafitness und Massage bis zur Physiotherapie. Speziell für Frauen: ein Ladyfitness-Bereich, in dem man ungestört trainieren kann. Pilates wird an Geräten und auf der Matte praktiziert. Nicht zu vergessen die Kinderbetreuung für Babys ab zehn Wochen!

Manhattan-Nord, 19., Heiligenstädter Lände 17, Tel.: 01/368 73 11, www.manhattan.at, Öffnungszeiten: Mo–Fr 7.00–24.00, Sa, So 8.00–22.00
Manhattan-Süd, 2345 Brunn am Gebirge, Campus 21, Tel.: 02236/313 30, Öffnungszeiten: Mo–Do 9.00–19.00, Fr, So 10.00–19.00

mamaFIT
mamaFIT bietet frischgebackenen Müttern die Gelegenheit, gemeinsam mit ihren Kindern den Körper wieder in Form zu bringen. Atmosphäre und Training sind speziell auf die Bedürfnisse von Neomüttern abgestimmt und ermöglichen es, den nachmittäglichen Kinderspaziergang mit einem Work-out zu verbinden.
Info unter Tel.: 0650/532 98 63, www.mamafit.at

Yoga

Yoga Kula
Nina Steininger und ihr Team praktizieren Vinyasa Flow, Hot Yoga (26 Positionen, die aus dem Hatha-Yoga stammen und in einem auf 40 Grad aufgeheizten Raum stattfinden) und Yoga für Schwangere.
1., Bösendorferstraße 9 (Hochparterre), Tel.: 01/504 64 15, Stundenplan: www.yogakula.at

Rooftop-Yoga im Ritz-Carlton
Sie müssen kein Hotelgast sein, um die Yogamatte auf dieser herrlichen Terrasse auszurollen. Der Blick auf Stephansdom und Karlskirche ist sehenswert.
1., Schubertring 5–7, Tel.: 0676/838 18-423, www.ritzcarlton.com, jeden Samstag im Sommer von 11.00–12.00

Yogawerkstatt
Top!

Sehr beliebt bei gestressten Stadtmenschen, die in der Yogawerkstatt Ausgleich und Bewegung suchen. Das dynamische Yoga reinigt den Körper und spricht nicht nur die Muskeln an, sondern auch die inneren Organe, die Bindegewebsschichten sowie das Nerven- und Hormonsystem.

ROOFTOP-YOGA IM RITZ-CARLTON

2., Große Mohrengasse 23 (im Hof), Tel.: 0699/11 60 51 47, Stundenplan: www.yogawerkstatt.at

bYOGA
bYOGA leitet sich vom hinduistischen Wort „Bhoga" ab und bedeutet „Lebensfreude und Genuss". Neun Yogalehrerinnen und -lehrer unterrichten einen zeitgemäßen Yogastil, vorrangig Forrest Yoga, der die Brücke zwischen traditionellem und westlichem Yoga schlägt.
3., Beatrixgasse 28, Tel.: 0664/837 22 09, Stundenplan: www.byoga.at

Yogalounge
Gleich bei Wien Mitte liegt dieses freundliche Yogastudio. Neben Hatha, Ashtanga, Yoga für Schwangere, Mama & Baby-Yoga und Jugend-Yoga wird hier Aerial Yoga in leichten Stoffhängematten praktiziert. Das Gute daran: Es wird ohne Druck auf Gelenke und Wirbelsäule ausgeübt.
3., Seidlgasse 30/Ecke Czapkagasse, Tel.: 0676/413 72 15, Termininfo & Stundenplan: www.yoga-lounge.at

Anastasia Stoyannides
Top!

Die ehemalige Tänzerin Anastasia Stoyannides unterrichtet Hatha-Yoga nach der Technik „bien tempéré" der Französin Eva Ruchpaul. Ihre Kurse sind mehrsprachig: Deutsch, Englisch und Französisch. Die Griechin gibt auch Privatstunden und unterrichtet im August als Gastprofessorin beim ImPuls Tanz.
Gemeinschaftspraxis „½ Gasse", 7., Halbgasse 25, Tel.: 0699/10 65 45 15, Termininfo & Stundenplan: www.anastasiayoga.com

MUST
HAVE
Für jede
Reise
Entdecken Sie
Happy auf Instagram
#happyreist
HAPPY
Bade Linie
Marionnaud
NEU &
NUR BEI M
HAPPY
Harmony
Marionnaud
HAPPY
Relax
HAPPY
Passion
GEL DOUCHE
GRENADE
FRUIT DE LA PASSION*
SHOWER GEL
POMEGRANATE
PASSION FRUIT*
Marionnaud
PARIS
Sei du selbst

Manhattan Fitness

Die Manhattan Sporttempel mit integriertem Reha-Zentrum gibt es seit 27 Jahren. Das Angebot ist dementsprechend umfassend. Vom klassischen Hanteltraining über Yoga, Aquafitness und Massage bis zur Physiotherapie.

Weitläufig und hell – der besondere Lifestyle des Fitnessstudios entstand nicht zuletzt dadurch, dass die Gebäude eigens für diese Zwecke errichtet wurden.

Speziell für Frauen findet man hier einen Lady-fitness-Bereich, in dem man ungestört trainieren kann. Es gibt zahlreiche Yogaklassen und einen eigenen Yoga-raum, in dem Fortgeschrittene selbst ihre Übungen machen können. Pilates wird hier sowohl an Geräten als auch auf der Matte praktiziert. Außerdem gibt es einen Shop für Work-out-Wear mit Marken wie Love Affair, Deha, Casall, Venice Beach, Yogistar u.a. Nicht zu vergessen die Kinder-betreuung für Babys ab zehn Wochen!

***Manhattan-Nord**, 19., Heiligenstädter Lände 17, Tel.: 01/368 73 11, Öffnungszeiten: Mo–Fr 7–24 Uhr, Sa & So 8–22 Uhr, http://manhattan.at*

***Manhattan-Süd**, 2345 Brunn am Gebirge, Campus 21, Tel.: 02236/37 83 36, Öffnungszeiten: Mo–Fr 7–24 Uhr, Sa & So 8–22 Uhr*

Noch eine
neue Handtasche
oder 6 Monate
Manhattan Fitness.
Gleicher Preis,
andere Wirkung.
www.manhattan.at

Auf den Sattel, fertig, los!

Stadtradler

Top!

Wer Wien seit zwanzig Jahren Tag für Tag mit einem Hollandrad durchstrampelt, muss wissen, worauf es ankommt: Design und Funktionalität. Genau dies bietet der gebürtige Niederländer Mikko Stout im ersten auf Hollandräder spezialisierten Shop Österreichs, der hochwertige Modelle der Marken Gazelle und Azor führt. Aus einer großen Auswahl an Farben, Ausführungen und dem passenden Zubehör lässt sich die individuelle Version des holländischen Kultobjekts zusammenstellen. Und wenn es bei diesem robusten Mitglied der Fahrradfamilie wirklich einmal nötig sein sollte, wird es hier auch repariert.
4., Karlsgasse 16, Tel.: 0664/340 15 68, www.stadtradler.at, Öffnungszeiten: Di–Fr 11.00–19.00, Sa 9.00–17.00

Die Radwerkstatt

Auf das Können von Willi Kasyk hat sich schon die österreichische Radrennlegende Ferry Dusika verlassen. Heute betreibt Kasyk mit seiner Radwerkstatt „the art of bicycle maintenance" – und auch das hochprofessionell, schnell und zu fairen Preisen. Fahrräder aller Art werden hier ohne vorherige Terminvereinbarung repariert, einem Service unterzogen oder auch nach Wunsch umgebaut. Wer nichts zu reparieren hat, sollte unbedingt einen Blick auf die sehr chicen Modelle der Eigenmarke werfen!
5., Margartengürtel 134, Tel.: 01/544 38 01, www.dieradwerkstatt.at, Öffnungszeiten: Mo 9.00–15.00, Di–Fr 9.00–18.00, Sa 10.00–13.00

Ciclopia

Bei Ciclopia widmet man sich ausführlich und mit viel Hingabe der individuellen „Beradung". Je nach Bedürfnis, Gewohnheit und Gelände wird das perfekte Rad gefunden. Ob Mountainbike, Stadt-, Renn- oder Tourenrad – die Auswahl an internationalen Marken und Modellen ist groß. Besonderes Feature ist das „Meinrad": Aus einem alten Stahlrahmen zaubern die Ciclopia-Mechaniker ein neues Wunschrad, bei dem sogar selbst designte Beschriftungen oder Grafiken berücksichtigt werden können.
6., Stiegengasse 20, Tel.: 01/586 76 33, www.ciclopia.at, Öffnungszeiten: Mo, Di, Mi, Fr 10.00–13.00, 14.00–19.00, Do 14.00–19.00, Sa 10.00–17.00

Elektrobiker

Hier findet man das größte E-Bike-Angebot Österreichs, bestehend aus zahlreichen internationalen Herstellern und der Eigenmarke, die in der angeschlossenen

DIE RADWERKSTATT

Manufaktur gefertigt wird. Ressourcen werden nicht nur dadurch geschont, dass sämtliche Bikes mit Ökostrom aufgeladen, sondern übrig gebliebene Fahrradkartons von Künstler Peter Sandbichler weiterverarbeitet werden. In der Elektrobiker-Fachwerkstatt wird Rundum-Service geboten, darunter auch die Montage von Nachrüstsätzen, die aus normalen Rädern elektrische machen.
7., Westbahnstraße 26,
Tel.: 01/361 99 49-0,
www.elektrobiker.com, Öffnungszeiten: Di–Fr 10.00–12.30, 14.00–18.30, im April und Mai auch Sa 10.00–15.00

IG Fahrrad

Im wahrscheinlich ältesten Radgeschäft der Stadt deutet noch einiges darauf hin, dass hier schon vor mehr als 100 Jahren Fahrräder verkauft und repariert wurden. Der beeindruckende Schubladenschrank hinter dem Tresen zum Beispiel oder der alte Holzboden, auf dem neue und gebrauchte Räder angeboten werden. Die Hauptkompetenz der IG Fahrrad liegt jedoch im Service. Für Wartung, Reparatur und Fahrradreinigung ist man hier an der richtigen Adresse – und das alles ohne Terminvereinbarung oder Voranmeldung. Oft werden die Anliegen noch am selben Tag erledigt, spätestens nach zwei bis drei Tagen ist das Rad wieder fit!
7., Westbahnstraße 28, Tel.: 01/523 51 13, www.ig-fahrrad.at, Öffnungszeiten 6., Otto Bauer Gasse 16
Sommer Öffnungszeiten: Mo–Fr 11.00–19.00, Sa 11.00–17.00.
Winter: Öffnungszeiten: Mo–Fr 11.00–19.00, Sa 11.00–15.00

Reanimated Bikes

Top!

Reanimated Bikes macht aus alten Tretmühlen wieder schnittige Stadträder. Noch funktionierende, gebrauchte Fahrradelemente werden mit neuen Verschleißteilen zu qualitativ hochwertigen Rädern und aus alten Rostlauben wieder stadtfeine und verkehrssichere Velos. Dass man mit der Rad-Reanimation der Wegwerfkultur auch noch ein Schnippchen schlägt, ist ein unterstützenswerter Nebeneffekt.
7., Westbahnstraße 35,
Tel.: 01/522 40 18,
www.reanimated-bikes.com,
Öffnungszeiten: Mo–Fr 10.00–18.00

Fahrrad-Picknick und Tweed Ride

Einmal im Jahr machen die Rennpferde auf der Galopp-Rennbahn Freudenau Platz für Drahtesel und Picknicker im Retro-Style. Dann findet hier nämlich das Fahrrad-Picknick statt, zu dem man entweder gelangt, indem man sich very British und im authentischen Outfit dem

Tweed Ride anschließt, an der Retro-Rennradrunde teilnimmt oder einfach individuell hinradelt. Dann heißt es picknicken, die Ausscheidung der nationalen Qualifikation für die Faltrad-WM in England mitverfolgen und, wenn Rad und Outfit stilecht genug sind, vielleicht sogar einen vorderen Platz beim Awsome Bike Award machen. Ganz viel Spaß gibt's obendrein.
www.fahrradpicknick.at & www.tweedride.at

Wiener Rad-WG
Die Wiener Rad-WG ist das noch in der Realisierungsphase befindliche Gewinnerprojekt des Kreativwettbewerbs Cycling Affairs, der 2013 von departure ausgeschrieben wurde. Leer stehende Wiener Gassenlokale werden dabei als sichere und wettergeschützte Fahrradunterkünfte umgenutzt, gleichzeitig werden die Rad-WGs zur Begegnungszone von Radbesitzern aus der Nachbarschaft, aber auch von Gästen. Per App können freie Stellplätze reserviert werden.
Tel.: 0699/17 14 48 90, www.radwg.at

Radmechaniker
E-Bikes zum Ausleihen oder Kaufen! Perfekt für lange Fahrradtouren durch Wien und Umgebung. Außerdem ist das Service auch bei Pannen sehr gut und schnell, und man kann einen gratis Technikcheck mit seinem eigenen Fahrrad oder E-Bike machen lassen.
2., Gredlerstraße 2, Tel.: 0664/141 58 70 & 0650/884 69 00, www.radmechaniker.at, Öffnungszeiten: März–November Mo–Fr 10.00–17.00, Dezember & Februar Mo–Fr 10.00–14.00, Winterpause: Ende Dezember bis Ende Jänner

Metallhase
Der Metallhase bietet Vierrad-Tandems für zwei oder vier Personen an. Ideal für Familien oder Paare, die Wien erkunden wollen. Die Tandems stehen sowohl zum Verkauf als auch zum Verleih. Optional gibt es auch Kindersitze oder Überdachung für regnerische Tage in Wien.
6., Mollardgasse 12A, Tel.: 01/595 11 61, www.metallhase.at

Selbsthilfewerkstatt im WUK
Wer kleinere Schäden an seinem Radl selbst reparieren möchte, kann dies in der 100 Quadratmeter-Werkstatt des WUK erledigen und aus einem riesigen Ersatzteillager schöpfen. Auch das Spezialwerkzeug ist vorhanden, ebenso wie Men-

IMPULS TANZ

schen, die sich mit Radreparaturen wirklich auskennen und gerne mit Rat zur Seite stehen. Aber Achtung, die Tat muss schon selbst vollbracht werden!
9., Währinger Straße 59, www.fahrrad.wuk.at, Öffnungszeiten: Mo–Mi 15.00–19.00, jeden ersten & dritten Samstag im Monat 13.00–17.00

Fahrradflohmärkte *Top!*

Schnäppchen gefällig, Sammlerstück gesucht? Eine Übersicht über sämtliche Fahrradflohmärkte in Wien findet man auf:
www.radflohmarkt.at

Velobis *Top!*

Im ehemaligen Gloriette-Kino findet man jetzt das Velobis. Das Radgeschäft (Verkauf und Reparatur) verfügt auch über ein angeschlossenes Bistro mit moderner europäisch-afrikanischer Küche. Kunst und Kultur sollen hier ebenfalls nicht zu kurz kommen; es finden regelmäßig Lesungen, Konzerte und Ausstellungen statt.
14., Johnstraße 1–3, Tel.: 01/786 39 80, www.velobis.com
Öffnungszeiten Bistro:
Di–Fr 17.00–24.00 (Küche bis 22.30), Sa, So 9.30–15.00
Öffnungszeiten Fahrradgeschäft:
Di–Fr 9.00–13.00, 14.00–19.00, Sa 10.00–15.00 (März bis Oktober)

Citybike

In ganz Wien gibt es mittlerweile das Citybike. Jeder, der eine Bankomat- oder Kreditkarte hat, kann sich in wenigen Minuten um einen Euro anmelden. Danach kann man per Rad ganz Wien erkunden. Die erste Stunde mit dem Citybike ist übrigens immer gratis (für jede weitere Stunde wird ein Euro berechnet)! Danach können die Räder an jedem beliebigen Standort abgestellt werden.
www.citybikewien.at

Orientierung *Top!*

Einen guten Überblick über das Wiener (Rad-)Wegenetz bieten Online-Radkarten mit integriertem Routenplaner, die auch als kostenlose Apps zur Verfügung stehen (*www.bikecityguide.org, www.anachb.at*); bei *www.bbbike.org/Wien* kann man zusätzlich zwischen bevorzugten Straßentypen wählen und unbeleuchtete Wege vermeiden.

Das luxuriöse, das kleine intime, das quergedachte und soziale oder das smarte Stadthotel: In unserer Liste finden Sie sowohl Empfehlungen der Luxuskategorie, die mit imperialem Ambiente und aufwendigem Service einem weltgewandten Publikum alles bieten, als auch Hotels, die moderne Menschen, die genau das als unnötigen Ballast empfinden und das Gegenteil suchen – etwa luftig-frisches Design, unkomplizierten Service, Platz für neue Eindrücke, Menschen und Ideen – mit offenen Armen empfangen.

Hotels

Park Hyatt Vienna**********

Das Luxushotel in einem ehemaligen Bankgebäude aus dem Jahr 1915 liegt mitten in der Stadt im Goldenen Quartier. Zur Hotelausstattung gehören ein prunkvolles Restaurant im ehemaligen Kassensaal, eine Cocktailbar und ein fabelhaftes Herrenzimmer mit Holztäfelung als Raucherlounge. Und ein Spa mit Innenpool, Fitnesscenter und Beautyanwendungen.
DZ AB 475 EURO
1., Am Hof 2, Tel.: 01/227 40 12-34,
www.vienna.park.hyatt.com

Grand Ferdinand (Boutique-Hotel)

Das Ringstraßen-Hotel setzt auf unkonventionelle Ideen und Wiener Eleganz. Einen fabelhaften Blick auf die Wiener Ringstraße kann man beim Frühstück in der Grand Étage oder beim Mini-Pool am Dach genießen. Im Grand Restaurant werden bis Mitternacht Szegediner Fischsuppe, Fleischlaberln à la Metternich oder Veilcheneis serviert.
DZ AB 200 EURO
1., Schubertring 10–12, Tel.: 01/91 88-0,
www.grandferdinand.com

Le Meridien (Boutique-Hotel)

An der Wiener Ringstraße gelegen, nur einen Katzensprung von Albertina, Burggarten und Oper entfernt. Designhotel mit toller Lage und hübschen, frisch renovierten Zimmern. Das Restaurant referenziert den Wiener Salon in einer zeitgenössischen Übersetzung.
DZ AB 175 EURO
1., Robert-Stolz-Platz 1, Tel.: 01/588 90-0,
www.lemeridienvienna.com

The Guest House (Boutique-Hotel)

Das von Sir Terence Conran gestaltete Haus will weniger Hotel als „Zuhause auf Zeit" sein. In den modernen Zimmern findet man Espressomaschinen mit Naber-Spezialröstung und Seifen von Lederhaas. Schöne Aussicht auf Oper und Albertina. Frühstück gibt es von 6.40 bis 23 Uhr.
DZ AB 260 EURO
1., Führichgasse 10, Tel.: 01/512 13 20,
www.theguesthouse.at

Hotel Topazz (Boutique-Hotel)

Das Designhotel, dessen ovale Fenster wie Augen auf die Stadt blicken, versteht sich als Hommage an die Wiener Werkstätten. Das Inventar besteht aus ökologisch einwandfreien Möbeln, der Küchenchef Valentin kocht regional.
DZ AB 218 EURO
1., Lichtensteg 3, Tel.: 01/532 22 50-929,
www.hoteltopazz.com

Sofitel Vienna Stephansdom**********

Der Glas-Tower wurde vom französischen Stararchitekten Jean Nouvel entworfen. 182 Zimmer sind in sehr minimalistischer Nouvel-Manier in Weiß oder Grau gehalten. Der Ausblick ist atemberaubend.

GRAND FERDINAND

DZ AB 240 EURO
2., Praterstraße 1, Tel.: 01/906 16-0, www.sofitel.com/Wien

MAGDAS HOTEL

Top!

Nach der Maxime „Wirtschaftlich denken, sozial handeln" wird das Hotel von zwanzig ehemaligen Flüchtlingen und zehn Hotelprofis betrieben und wurde in Kooperation mit Künstlern, Architekten und Studierenden gestaltet. Lounge, Café, Bibliothek und Garten bieten Möglichkeiten des Zusammentreffens von Touristen, Prater-Besuchern, Studierenden der angrenzenden Kunstakademie und Menschen aus aller Welt. Ausstellungen, Konzerte und „Social Dinner" finden regelmäßig in Magdas Salon *statt.*

DZ AB 59 EURO
2., Laufbergergasse 12, Tel.: 01/720 02 88, www.magdas-hotel.at, Events, Partys and more: facebook.com/magdashotel

Hotel Daniel (Budget)
Das Daniel ist ein fröhliches Stadthotel. In den Zimmern herrscht smarte Reduktion. In der loftartigen Lobby mit einer Fresh Bakery kann man essen, trinken, Zeitung lesen. Vespas oder Fahrräder und alles, was man sonst so braucht, kann man mieten.
DZ AB 98 EURO
3., Landstraßer Gürtel 5, Tel.: 01/901 31-0, www.hoteldaniel.com

Ruby Sofie Hotel (Budget) & Ruby Marie Hotel (Budget) & Ruby Lissi Hotel (Budget)
Vintage-Mobiliar und liebevolle Deko. Das Konzept: Design, Komfort und eine junge Crowd. Die Aussicht der Roof-Top-Zimmer des Ruby Marie und die Dachterrasse sind mehr, als man in dieser Preisklasse erwartet. Gutes Preis-Leistungs-Verhältnis.
DZ AB 86 EURO

PARK HYATT VIENNA

1., Laurenzerberg 2, Tel.: 01/20 55 51 80,
3., Marxergasse 17, Tel.: 01/361 96 60-60, www.ruby-hotels.com
6., Kaiserstraße 2–4, Tel.: 01/361 96 60-66

25hours Hotel****
Das 25hours Hotel besticht mit guter Lage, tollem Blick, jungem Style und lustigen Zimmern. Im Sommer ist die Dachterrasse ein Anziehungspunkt.
DZ AB 130 EURO
7., Lerchenfelder Straße 1–3, Tel.: 01/521 51-0, www.25hours-hotel.com

Sans Souci (Boutique-Hotel)
Eklektisches Design empfängt die Gäste beim Betreten der Lobby. Zimmer und Suiten sind edel gestaltet, mit Exponaten von Picasso, Roy Lichtenstein oder Allen Jones an den Wänden. Das Spa hat einen Fitnessbereich, Saunen, Dampfbad sowie einen 20-Meter-Pool. Das Restaurant La Véranda verwöhnt u.a. auch Langschläfer mit einem Sonntagsfrühstück bis 16 Uhr.
DZ AB 270 EURO
7., Burggasse 2, Tel.: 01/522 25 20, www.sanssouci-wien.com

Hotel am Brillantengrund
Mitten im 7. Bezirk liegt dieses kleine Hotel. Umgeben von Lokalen, Galerien und Shops, lernt man Wien hier sehr authentisch kennen. Die Zimmer sind eine Design-Reise in die 50er- bis 70er-Jahre. Hier sind Querdenker am Werk, die Projekte initiieren – etwa Fotoausstellungen oder Vintage-Möbelmärkte, die im Innenhof und in der zur Bar umfunktionierten Garage stattfinden.
DZ AB 69 EURO
7., Bandgasse 4, Tel.: 01/523 36 62, www.brillantengrund.com

NICOLE ADLER

schreibt seit vielen Jahren als Modejournalistin und Autorin für Magazine und Tageszeitungen. U. a. als Moderessortleiterin für *Diva* und *Kurier* und als Beauty-Editor at Large für das Magazin *Flair*. Lektorin an der Universität Wien und Herausgeberin der erfolgreichen City-Guide-Reihe *for Women only*.

www.forwomenonly.eu

ANAÏS HORN

lebt und arbeitet in Wien und Paris als Kreativdirektorin, Designerin und Fotografin. Sie studierte Kommunikationsdesign und Germanistik in Graz und Berlin. Von 2006 bis 2016 leitete sie das Art Department des Magazins *Wienerin*, seit 2008 ist sie Creative Director des österreichischen Modemagazins *Diva*. 2009 gründete sie gemeinsam mit Alexander Nussbaumer Horn Nussbaumer – Studio für visuelle Kommunikation. 2014 und 2015 graduierte sie an der Schule Friedl Kubelka für künstlerische Photographie in Wien. Seit 2014 laufende Ausstellungstätigkeit im In- und Ausland.

www.anaishorn.com

ANASTASIA EKHLAKOVA

wurde 1990 in Russland geboren. Mit 15 wurde sie von einem Modelscout entdeckt und kam so zum ersten Mal mit der Modeindustrie in Berührung. Im Zuge ihres Wirtschaftsstudiums zog sie 2011 nach Graz und begann zwei Jahre später zu fotografieren. Ihr Talent setzte sich schnell durch, und sie übersiedelte nach Wien. Seit der Gründung von Brick&Mortar, einem Tandem-Team aus Stylistin und Modefotografin, fotografiert Anastasia zusammen mit ihrer Partnerin Sweta Brik für österreichische und internationale Publikationen, u.a. für *Vogue Italia*.

www.bybrickandmortar.com

STEFANIE KATZINGER

studierte in Wien englische Literatur und zog anschließend nach San Francisco. Dort begann sie zu fotografieren, was sie später auch nach New York City brachte. Seit 2013 arbeitet sie als Fotografin für *Vice* und hatte mit der Fotostrecke „Wien ist ein Paradies" ihre erste Solo-Ausstellung in Wien. Stefanie ist nach wie vor als freiberufliche Fotografin tätig, konzentriert sich seit 2015 aber wieder auf ihr Masterstudium in englischer Literatur.

katzinger.tumblr.com

JOHANNA LAKNER

wurde 1972 in Wien geboren und studierte Fashion & Visual Merchandising an der Academy of Fine Arts in San Francisco. Seit 2004 ist sie Kostümbildnerin für Theaterproduktionen u.a. am Burgtheater, etwa für Franz Wittenbrink, Matthias Hartmann und Igor Bauersima. Ihre Tätigkeit führte sie an renommierte Häuser wie die Staatsoper Stuttgart oder die Vlaamse Opera in Antwerpen. Für Künstler wie Erwin Wurm, Zenita Komad oder Anselm Kiefer leitet sie die Artproduction. Skizzen und Zeichnungen anzufertigen, gehörte immer schon zu ihrer Arbeitsweise. Über diesen Weg kam sie auch zur Illustration, auf die sie sich spezialisiert hat.

www.johannalakner.com

Mein Dank gilt

DEN AUTORINNEN
Margit J. Mayer, Isabella Khom, Sabrina Möller, Alexandra Palla, Katharina Remeny, Stephanie Rugel und Florentina Welley

—

ANASTASIA EKHLAKOVA
für die Porträts

—

ANAÏS HORN
für Location- und Stimmungsfotos

—

JOHANNA LAKNER
für Illustrationen & Inspiration

—

BERNADETTE BRANDL
Grafik

—

ANGELA KINDERMANN
Inserate

—

HERRN HAUS, HANNAH ADLER & THERESA BITTERMANN
Redaktionsassistenz

—

sowie den
FOTOGRAFINNEN UND FOTOGRAFEN
Stefanie Katzinger (Nachtleben), *Irina Gavrich* (Aufmacher & Porträt Roshi Porkar), *Christoph Pirnbacher* (Edita Malovčić), *Laura Karasinski* (Jacqueline Nowikovsky), *Daniel Gottschling* (Nachtleben), *Simon Baptist, Simon Winkelmüller, Nina@Wiener Models* und *Sabina Reiter* (Aufmacher Beauty).

Bildnachweis

Anastasia Ekhlakova 6, 27, 35, 50, 57, 78, 83, 89, 113, 129, 135, 141, 147, 157, 161, 173, 195, 201; Anaïs Horn 6, 11, 14–17, 23, 24, 28, 30, 32, 33, 43, 52, 59, 62, 70, 71, 73-75, 92, 94, 97, 100, 101, 102, 106, 107, 108, 110, 114–116, 142, 193, 199, 202, 203, 206, 208, 222–225, 234, 235; Brillantengrund 6; Irina Gavrich 8, 45; Mühlbauer 16; Cecilia Leitinger 19; Max Mara 20; Markus Oberndorfer 20; COS 21; Steffl 22; Park 29; Kauf Dich Glücklich Wien 29; Bisovsky 37; Arbesser 39; Sagan 41; Rani Bageria 42; Gon 42; Nedra Chachua 48; Wendy & Jim 46; Schullin Wien GmbH 49; A.E. Köchert 49; R. Horns 53; Huber & Lerner 54; Herzilein 54; Lederleitner 55; Black Flowers 58; Zweigstelle 58; Buchkontor 60; Miznon 66; Marco Simonis 72; Marktlücke 80; Kommod 81; Mercado 86; Replicant GmbH 87; Pizzeria Riva 90; Marktwirtschaft 92; Shiki 93; Lingenhel 95; Vanessa Maas 99; Eselböck 105; Stefanie Katzinger 120, 123, 126, 130–132; ImPuls Tanz 176, 232; Brut 133; Daniel Gottschling 136, 137; InterContinental Wien 138; Tina Herzl 139; Die Parfümerie 143; Miranda Bar 143; Michael Gruber 144; Atelier Olschinsky 144; Studio Mato 145; Galerie Halgand 148, 159; mumok 151, 175; Galerie Crone 154; Galerie König 155; One Work Galerie 158; Kevin Space 162; OstLicht 165; Atelier Karasinsky 166; KHM 169; Jorit Aust 170; Belvedere 171; Wien Museum 175; Vienna Design Week 177; Helmuts Art Club 180; MQ Fashion Week 181; Popfest 182; Viennale 183; Christoph Pirnbacher 185; Wendy & Jim 186; Villa Beer 187; Kiesler Stiftung 190; WU-Campus 192; MAK 196; DC-Tower 197; Gerhard Wasserbauer 198; Zerunia & Weisz 198; Vitra 204; Rauminhalt 205; Seliger 207; feinedinge* 209; Simon Baptist 210; WienerBlut 215; The Ritz-Carlton 215, 216, 226; Eco Spa 217; Park Hyatt Vienna 217; Beni Mosslechner 218; Le Parfum 219; Ruth Ehrmann 223; Die Radwerkstatt 230; Annalisa Mansutti 231; Peter Provaznik 233;

Bibliografische Information der Deutschen Nationalbibliothek
Die Deutsche Nationalbibliothek verzeichnet diese Publikation in der Deutschen Nationalbibliografie; detaillierte bibliografische Daten sind im Internet über http://dnb.d-nb.de abrufbar.

1. Auflage

Lektorat: Gudrun Likar
Fotografie: Anastasia Ekhlakova, Anaïs Horn
Graphic Design: Mitra Farahmand & Bernadette Brandl
Illustrationen: Johanna Lakner
Inserate: Angela Kindermann
Bildbearbeitung: Pixelstorm Wien
Papier: Munken Polar 120 g/m^2
Projektleitung: Barbara Blaha

Gedruckt in der EU

ISBN 978-3-7106-0292-4

Christian Brandstätter Verlag
GmbH & Co KG
A-1080 Wien, Wickenburggasse 26
Telefon (+43-1) 512 15 43-0
Telefax (+43-1) 512 15 43-231
E-Mail: info@brandstaetterverlag.com
www. brandstaetterverlag.com

Designed in Austria, printed in the EU